日本の屋根に
人権の旗を
PARTⅡ

―弁護士五十有余年―

岩崎　功

日本国憲法第九七条〔基本的人権の本質〕

この憲法が日本国民に保障する基本的人権は、人類の多年にわたる自由獲得の努力の成果であって、これらの権利は、過去幾多の試練に勘へ、現在及び将来の国民に対し、侵すことのできない永久の権利として信託されたものである。

弁護士法第一条〔弁護士の使命〕

1　弁護士は基本的人権を擁護し、社会正義を実現することを使命とする。

2　弁護士は、前項の使命に基き、誠実にその職務を行い、社会秩序の維持及び法律制度の改善に努力しなければならない。

白馬三山と菜の花畑

撮影　中沢健一氏

日本の屋根に人権の旗を　ＰＡＲＴⅡ・もくじ

はじめに
――「元弁護士」と「現弁護士」と

　第十七期司法修習生の有志は、一九六五年三月、「いしずえ」会をたちあげた。翌四月司法研修所の卒業を控えて、それまでの二年間における活動母体であった青年法律家協会司法修習生部会を発展的に解消し、もうひと回り枠を拡げて、愛おしい結集体の活動を続けていこうとの思いからである。卒業生四百四十一名の三分の一以上の人たちが、会員として加入したと、私は記憶している。

　全国各地の裁判所や弁護士会に離ればなれとなった会員たちを繋ぐ絆として、機関誌『いしずえ』が随時発行されてきた。当初は、『いしずえニュース』と題していたが、中身がニュースの域を越えるにつれ、『いしずえ』に変わった。研修所を卒業して四十周年を迎える二〇〇四年秋、「法曹四十年特集」を組んだ四十五号あたりから、寄稿者が増え、内容も多彩になり、読みごたえのある冊子に仕上った。だが、その分だけ、編集者諸兄は、過重な作業を強いられ、嬉しい悲鳴をあげてきた。

　会員たち全員が後期高齢者入りした一六年の春、五十三号（同年四月三十日発行）をもって、最終号とする暗黙の了解が、編集者諸兄を含む在京の会員たちの間で成立したようである。しかし、その当時でも、全国には五十名を超える会員たちがいて、その内の誰かが編集者をかって出て、次号を敢行するかもしれない余地を残す配慮から、最終号と銘打たない次第になった。

常連の書き手に、松波淳一会員がいる。生家に近い富山県高岡市に法律事務所を構えて、イタイイタイ病（イ・イ病）・北陸スモン病・京都水俣病・高速増殖炉「もんじゅ」差止めなどの難しい裁判に取り組んだ御仁である。『いしずえ』四十五号からは、毎回かかさず寄稿し、数々の話題を提供してくれた。わけても、会員たちを驚かせもした一件は、二〇〇〇年晩秋の誕生日（満七十歳）を機に、弁護士をやめたことである。苦学して三十四歳で弁護士資格を取得したのに、日本弁護士連合会（日弁連）の表彰（在職満五十年）を待たずに、潔く弁護士登録の取消しを請求したのであった。『いしずえ』誌上では、前々から考えていたこと（七十歳の定年論）を実行したまでと記すのみで、それ以上詳しい事情は、明かしていない。ただ、弁護士なるものに幻滅したものでないことだけは、確かであろう。

財政事情の厳しい中でも、献身的な努力を重ねている日弁連の人権擁護委員会と公害委員会に、それぞれ一千万円ずつ寄付しているからである。その原資は、弁護士をやめる三年ほど前に交通事故死した長女の、自賠責保険金であった。

むしろ、私が推察するのは、大兄流の「弁護士としての矜恃」が、然らしめたのではなかろうか。大兄の証人尋問、とりわけ反対尋問のうまさは、定評があった。彼の持論（要諦は、準備、調査に尽きる。あとは、尋問の主導権を握り、質問はイエスかノーで答えられるものにするだけ）が、実証された典型例は、イ・イ病裁判の控訴審である。カドニウム説からビタミンD不足説に変節した大学教授が、三井金属鉱業側の証人として出頭した際、彼が反対尋問を担当した。それに先だって、大学図書館通いを繰り返し、推敲を重ねた尋問要綱は第三稿まで。十全な事前準備に基づく反対尋問は、公害専門の学者宮本憲一氏が、「控訴審の白眉をなす論争であり、判決に決定的な影響を与えた」と評している。控え目な大兄自身が、「大学教授が反対尋問でＴＫＯされた形となり、患者側は圧倒的な勝利を得て、三井が上告を諦めた」と報告してもいるのだから、秀逸なものであったことは、間違いなかろうに。その後における諸裁判でも、磨きをかけて、一九九八年高著『ある反対尋問』に、結実させた。

そんな大兄にとって、体力も気力も衰えて不充分なままで法廷に臨むことなど、およそ耐え難いものであったに違いない。

「定年後の日常」は、「晴読雨読」（耕すべき土地がないから、晴れの日も読書に耽るサマを表す新造語）の年金暮らし、とか。「それで、メシが喰えるのか」と心配する会員たちには、御本人の年金額のみならず、御内儀のそれまで開示したうえ、「当地では、中の下か、下の上」の生活レベルと喝破する。次いで披露に及ぶのが、彼の著述活動だ。

イ・イ病に関する長年の論考をまとめて、二〇〇二年『イタイイタイ病の記憶』を、地元出版社から刊行する。その後、『増補改訂版』『新版』『最終版』を経て、中途改題のうえ、一〇年『定本カドミニウム被害百年　回顧と展望』に仕立てあげた。これが、日本図書館協会選定図書に選ばれている。

その他に、やはりイ・イ病に関するものではあるが、右の定本とは別箇に、三冊も世に送り出している。論文にいたっては、『いしずえ』編集者諸兄に遠慮してか、その全体開示を避けているものの、冊子クラスで私の目にとまったものだけで、十二になる。

旺盛な著作活動に、講演会や座談会などの講師活動が加わる。県立イタイイタイ病資料館が開設されたこともあって、大兄への依頼は、現在も続いている。会合のために、OHPを、六十枚から百枚ほど用意するというのだから、会合の充実ぶりは、おして知るべしであろう。諸会合の際、紹介される大兄の肩書は、「元弁護士」と伝えられる。「元弁護士」のこんな著述活動に、大兄は、弁護士の法廷活動(裁判)よりも、優越的な価値を見い出したのであろうか。

ここで、はっきりさせておきたいのだが、私には、なにも、大兄を論難する意図はさらさらない。「元弁護士」の著述活動自体、社会的に意義のあることだし、実践者としての存在は、かけがえのないものだ。これからも(厳密に表現すれば、大兄は、間もなく九十路入りするのだから、力作にこだわらないで、OHPの枚数を減らしてでも)、一日も永く続けてほしいのである。

この思いを踏まえてのうえで、多少の議論を許してもらいたい。

「元弁護士」の著述活動は、大兄が従前に弁護士として繰り広げてきたものの、延長線上にあって、弁護士の仕事と矛盾するものではない。たとえ共同代理やその役割分担という形をとっても、時間的に法廷活動と両立が難しいのであれば、法廷活動を抑制するという選択肢もありえたのではないか。そもそも、弁護士の仕事は、法廷活動に限られるものではない。仮りに病気等で法廷活動が困難な事態であっても、その病状等に見合った役割や活動が、法廷活動とは別箇に残されている筈だ。

今、日本の法廷の外でも、弁護士が取り組むべき課題は、ヤマとある。弁護士界の混迷や拡大・深化する人権侵害。民主的法律制度の改変から明文改憲の策動などなど。なるほど、これらの課題は、一人の弁護士で、対処・解決できるものではない。そうであるからこそ、仲間の弁護士と結集し、広範な市民と連帯して、闘いを強めねばなるまい。

私は、馬齢を重ねて八十路入りしたけれども、まだ弁護士の看板をおろすつもりはない。「元弁護士」は、私にとって、先の話である。

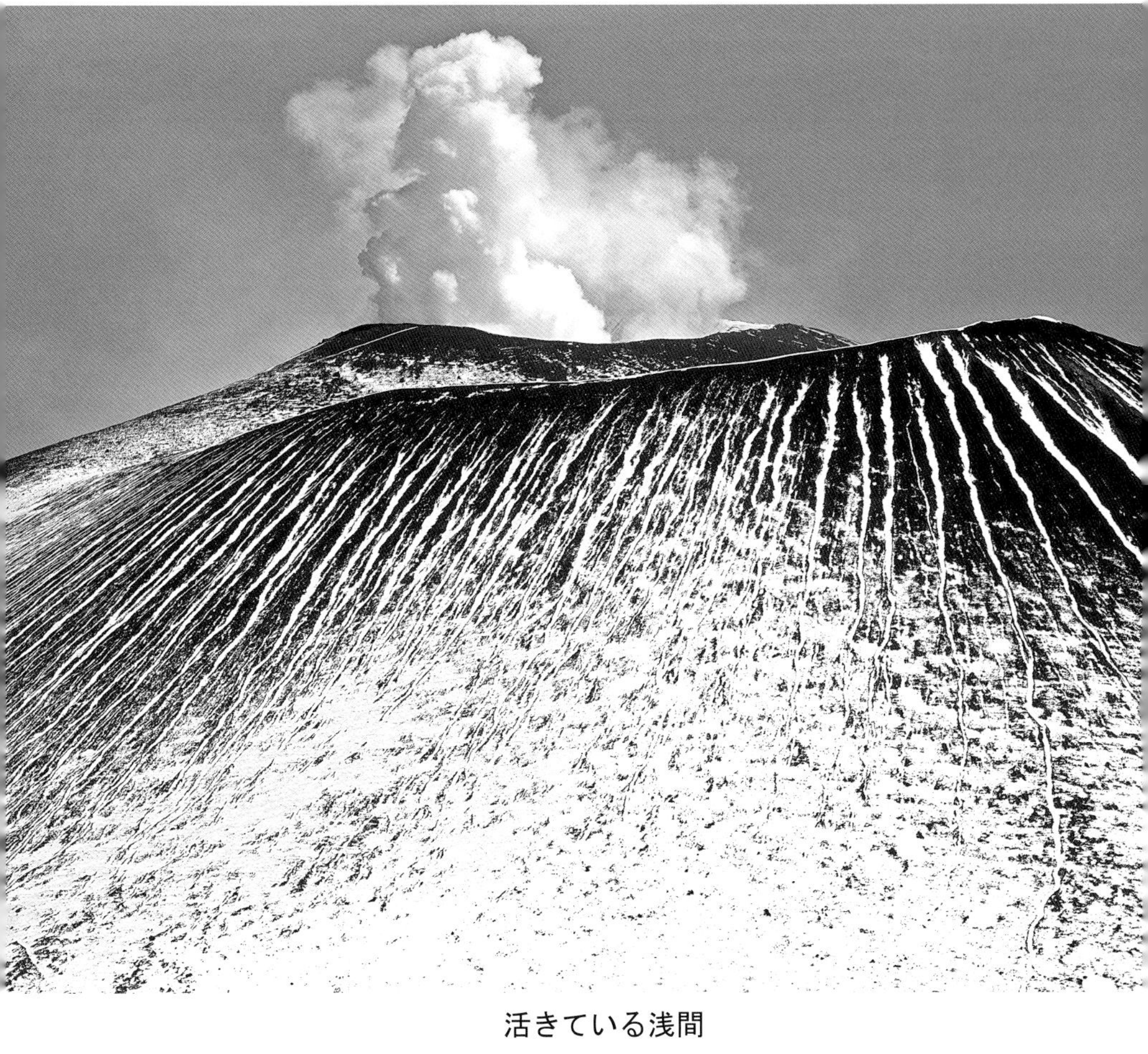

活きている浅間

撮影　中沢健一氏

第一部　闘いの記録

第一章　回想の辰野事件弁護

——無罪確定四十五周年に寄せて

一　弁護人の一日

その日、私は朝から食が進まなかった。東京の度し難いむし暑さもさることながら、午後実施予定となっている証人尋問の重圧によるものだ。尋問の成否が、そのまま実行行為者とされる被告たちの運命を決めかねない、いや、共謀関係にあるとされる被告たちの運命をも。ひいては、事件全体の帰すうを左右してしまう。

尋問要領は、数日前から準備にとりかかった。とっかえひっかえの繰り返しで、幾通りのものが仕上った。証人の答弁如何で、随時的確に対応できるようにとの目論見である。だからメモ用紙は、かなりの量になる。だが、その目通しにとらわれていたら、証人の表情の変わりや目の動きを追えない。そこで、メモの中身を頭に叩き込む作業に、午前中の時間が費やされた。

昼近く、霞ヶ関の旧東京弁護士会館内の売店で、栄養ドリンク剤なるものを買い求めて、私は、気力を奮い立たせた。

一九七一年八月二十日、東京高等裁判所第三刑事部に係属する辰野事件第二審の証拠調べに関する出来事である。予定証人は、読売新聞の記者藤岡栄一氏、五二年四月当時、同社松本支局が勤務先であった。同月三十日の払暁、発生したとされる上伊那郡美和村（現在伊那市）の非持駐在所爆破事件を取材していたので、弁護側が、「被害状況」を明らかにするために証人申請し、採用された次第であった。

「社会の公器」を唱える新聞社の記者であるかぎり、あえて嘘偽りを述べることはあるまい。その点では、私に心配はなかったものの、少なからざる不安にかられていた。いかんせん、尋問対象事項が十九年四か月も前のことで、どれだけ確かな記憶が残っているのだろうか。たとえ断片的な記憶があっても、その表白を厭うて、「記憶が定かではない」式の安易な口上に逃げてしまわないか。一応の手立ては、用意してあった。同年五月一日付同紙長野版に載った「現場写真」である。その写真は、藤岡記者以外の者が撮影する筈のないことが、事前の調査でおおかた判っていた。その写真を有効に駆使して、藤岡記者の記憶を喚起させ、証言をうまく繋げていけば、所期の目的を果たせられるのではないか……。

縁のある眼鏡をかけた長身の藤岡記者は、ダーク・スーツで固めて、証人台に立った。見るからに、ジャーナリストのイメージそのものだ。職歴や勤務状況など型通りの質問に淡々と答えていたが、そのうちに、進んで具体的に語り始めた。

「自宅では、朝八時から九時ごろの間に朝食をとるのが習慣になっています。電話を受けて間もなく、ハイヤーが迎えにきました。通信部によって現場にとんだわけですが、現場到着は九時から十時の間。どんなに遅くとも十時までにはついていた筈です。」

藤岡記者が現場で取材して写真撮影したという時刻そのものも、裁判の一つのポイントであった。そのことを念頭に置いていたかのように、最も遅いと想定される場合にあらかじめ時間枠をはめている。おそらくは、裁判所から呼出しを受けてから、ジャーナリストの一員として、自分に求められている役割を推察し、独自にそれなりの記憶喚起に努めたにちがいない。そうだとすれば、回りくどい質問は止めにして、直ちに核心に迫ろう。尋問要領は、本筋のもの一本に絞った。狙いは、適中した。

藤岡証言を要約すると、こうなる。

「現地に着いて、駐在所そのものはわかったが、爆破現場らしいものは見当たらない。駐在のうしろの方まで回ってみた。それでもわからないので、そこにいる人に聞くと、表の縁側だという。立入禁止の縄が張ってあって、その外側から写真をとった。縁側にはムシロがかけてあった。縁側の前庭にマキが散乱していたという記憶はない。現場の状況は、読売新聞長野版に載った写真の通り。その写真は、私がとったものに間違いないと思う。」

裁判所の審理が終わると、近くの弁護士会館で総括会議が開かれた。おきまりのスケジュールである。弁護団と被告団のメンバーにかぎらないで、傍聴した支援者たちも参加する反省会だ。傍聴動員のありようも含めて、法廷の内外を問わず、当日の裁判全般にわたって議論が交わされる仕組み。とりわけ、証人尋問については、担当弁護人の一挙手一投足まで俎上にのせられるのだから、弁護人にとっては、まさに煉獄の場だ。これまでに、若手弁護人は辛辣な意見に、どれだけ自尊心を傷つけられたことか。幸いなことに、当日の私は、良質な証人に恵まれたために、合格点を与えられた。

その余韻にひたる間もなく、弁護団会議がもたれた。三日後から始まる六日間におよぶ長期合宿の段取りが報告された。年末まであと四か月余を残すのみだ。年内結審が最優先課題であったから、最終弁論も視野にいれた最後の追込みを、お互いに確認し合った。

要領をえた弁護団会議がおひらきになると、翌日の予定が詰まっていた私は、慰労の小宴を辞退して、上野駅に急いだ。特急あさまに乗り込むや、極度の疲労感におそわれ、終着駅の長野まで、眠りほうけてしまった。

二　二つの写真は語る

シナリオ作家の今崎暁巳氏は、一九六五年当時、民放テレビの人気番組『判決』で名をなしていたが、その後、私の妻が勤める民間放送会社での労働組合に対する分裂攻撃とそれに立ち向かう労働者たちの闘いを、『職場の青春—闘う信越放送労働者』（労働旬報社一九七〇年一月発行）に描いて、私共とは近しい関係にあった。次いで、同氏は、『伊那谷は燃えて—辰野事件その被告と家族』（同社一九七二年一月発行）も著し、さきの法廷の場面を活写している。その一部を引く。

傍聴席で、この現場にダイナマイトをすえつけた犯人とされている福沢被告の妻けさ子と梁被告の妻順子が、身をのりだすようにして耳を傾けている。証人の一言一言に祈るような眼差しを送り、うなづくように首をふっている。

「現場の状況は憶えておられますか？」

「はい、マキとムシロの状況はこのとおりでした。」

「この警察側検証写真の現場をみて、あなたがご覧になった現場と比較していかがですか？」

弁護士はせきこむように質問を続けた。藤岡記者はじっと二つの写真をみつめてから、ゆっくりと答えた。

「この写真のように、マキは散らばっていませんでした。」

〝ありがとう……ありがとうございました〟

宮原も神戸も、感無量だった。この記者は、見たとおりに話してくれた。自分が見た現場と警察の写真にとられている現場の状況が違う、ひどく変わっていると証言した。それは、それ以上のことを何も語らなくとも、保存された現場がつくりかえられた事実を、認めたことになるのだ。

プロ作家の筆力は、さすがだ。法廷全体に目配りをしながら、在廷者それぞれの細かな動作をとらえ、宮原被告や神戸被告の胸中までをも読みとって、法廷場面を生き生きと浮かび上らせている。

「弁護士は、せきこむように質問を続けた」とあるが、私がなにも夏風邪をひいていた訳ではない。どこまで深追いの質問をしてよいのかを見定めながら、「これは、いけるぞ！」と、瞬時に判断できた高揚感をおし鎮める所作だったのであろう。

「検証写真」とは、第一審で検察側が提出した検証調書に添付された写真の一部である。警察と検察の捜査側の言い分は、こうである。「福沢と梁の両被告が、一九五二年四月三十日未明、時限発火式ダイナマイトを非持駐在所表の縁側下に仕掛け、その化学反応により爆破させて、縁側上に積まれたマキ六十余本を縁側の前庭に飛散させるなどの被害を与えた」——その有り様を証明するとして、警察側は、「同日午後六時から、爆破状況を仔細に見分し、前庭周辺から二十三箇の足跡を採取し、マッチ箱やブリキ片まで押収したうえ、多数の写真を撮影する検証作業を実施し、その結果を調書にしたため、相応の写真数葉を添付して、検証調書を完成させた」というのだ。

検証調書に添付された写真の一つが、読売新聞長野版に載った写真と、ほぼ同じ角度で撮影されている。常識的には、二つの写真は、同一の光景を映し出している筈だ。なのに、この二つの写真の内容は、まるで違う。午後六時開始の検証時まで、「被害現場」は、縄が張られて、警察官以外の者が中に入れないような措置がとられていた。ならば、藤岡記者の写真撮影後、六時間余の昼日中、現場が大きく変えられたことになる。かくては、被告たちの有罪を裏付ける筈の検証調書が、もはや捜査側の権力犯罪を証明する物的証拠に転化したといってよい。

『伊那谷は燃えて』は、正確にいえば、今崎氏と辰野事件千代田区守る会との共著で、もともとは、「事件の発生と第一審での苦難にみちた闘い」に焦点を置き、「第二審段階での本格的な真実の解明、闘いの発展が、どのような努力によって一つひとつかちとられてきたかは、続編に期待する」編集方針であったと聞く。ところが、その後藤岡記者の証人尋問に接し、急拠、同書の冒頭に新たに序章を設けて、「つくられた現場―二十年目の証言」を掲げた。一日も早く、全国の支援者たちや読者に知らせたいという執筆者たちの熱い思いが、ひしひしと伝わってくる。

三　推理作家の見識

二つの写真の食い違い問題は、もう一人の作家が世に問うてくれた。推理作家の佐野洋氏である。総合雑誌『中央公論』の一九七二年九月号に、二十八ページに及ぶ論稿を寄せている。そのものズバリの表題は、『世にも不思議な検証写真』。「世にも不思議な」という用語は、かつて小説家宇野浩二氏が、松川事件の第二審判決前に、総合雑誌『文芸春秋』（一九五三年十月号）に、『世にも不思議な物語』を寄稿して、事件に対する市民の関心を喚起するのに力があった故事にあやかったものであろう。

とまれ、佐野氏は、以前から辰野事件に強い関心を持っていたようで、裁判記録を読み、裁判を傍聴し、現地調査にも赴いた。捜査側の提出に係る物的証拠に疑問を抱くと、弁護側が試す実験にも立ち会った。宇野氏に優るとも劣らない裁判関与者である。実は、佐野氏は、『中央公論』の一九七一年四月号にも、『導火線は音を立てるか—辰野事件への疑問』と題する三十ページの論稿を寄せていたのであった。

辰野事件とは、一九五二年四月三十日の未明、上伊那郡下の辰野町にある辰野警察本署・辰野駅前派出所、東箕輪村（現在箕輪町）駐在所、伊那町（現在伊那市）にある伊那税務署、美和村（現在伊那市）にある非持駐在所の五か所が、時限発火式のダイナマイトや火焔ビンなどで襲撃され、あるいは未遂に終わる事件が発生したとされ、同地域で活動する十三名の青年たちが、被告として起訴された刑事裁判の総称である。裁判上の正式呼称は、爆破物取締罰則違反および放火未遂被告事件だ。そのうち、既遂事案は、非持駐在所と東箕輪村駐在所の二か所である。

表題にとりこまれた「導火線は音を立てるか」の論点は、直接的には、東箕輪村駐在所に関して、弁護側が第二審で提起したものである。第一審で、爆破状況を目撃したとされる警察官らは、いずれも「ダイナマイトが爆発する直前、導火線がシューシューと音を立てて燃えていたのを目撃した」と証言し、有罪の証拠に採用されている。そこで、弁護側は、その偽証を暴くために、「導火線は、燃える時、人間の耳に聴こえる音を立てない」と反論し、それに沿う鑑定書を提出したのだ。

こんなエピソードもある。一九七〇年七月の裁判所による現場検証の際、弁護側は、裁判官や検察官の目の前で、導火線の燃焼実験を披露した。当然のことながら、導火線は音を立てない。余計にも音を立てたのは、検察官の方だった。「ははあ、音がしませんねえ」と呟いてしまったからである。

この象徴的な事例を、推理作家は、好んで表題にすえたのであろうが、論稿の中身は、辰野事件全体にわたる論点に及んでいて、弁護側の主張とほぼ同じ見解が示されている。最後に、「やはり〝デッチ上げか〟」の小見出しをつけて、論稿を締めくくっている。

七一年の論稿には、二つの写真問題は、登場していない。それもその筈である。佐野氏が最初の論稿を書き進めていた時点では、まだ読売新聞長野版の写真は、弁護側の手元にも届いていなかった。だから、裁判でも、その論点は提起されていなかった。新聞写真の出現は、佐野氏にも、少なからざる衝撃を与えたにちがいない。もはや、さきの論稿では、不十分だ。裁判所の審理は終了して、判決を待つばかりの段階に及んで、このまま手を拱いているのは、「本格推理の旗手」の良心が許さなかったのではあるまいか。再びペンをとって、同総合雑誌に寄稿するに及んだ。「辰野事件第二審判決を前に」の副題を添え、冒頭に太文字で「記者の証言に裏打ちされた新聞社写真と現場の検証写真の違いの意味するものは何か」との問題提起を掲げている。

奇しくも、佐野氏も、読売新聞記者の経歴がある。在社中から推理小説を書きまくって、作家として独立した。だから、同社の出稿の手順などには精通していて、「当時の読売新聞長野版の締切時刻から逆算すると、五月一日付の紙面、つまり四月三十日組込みの紙面に、この写真がのるためには、この写真は遅くとも午後一時には撮影されていなければならないのだ」と指摘して、藤岡証言の正しさを補強する。そして、藤岡記者が写真撮影した「その数時間後に、その付近には、六、七十本のマキが、見事なまでに散らばっていた。――常識では、理解できない事態である」とする。

「マキがひとりで歩き出す筈はない。また、当日、マキの山が自然に崩れるような地震があったという記録もない。暴走トラックが、運転を誤って突っ込んだのなら、その痕跡は、はっきり残っていなければならない」との論理の運び方は、推理作家の面目躍如だ。そして、「何ものかが、手を加え、検証写真のような状況を作り出したということになろう。彼あるいは彼らは、なぜ、そんなことをしたのか」と立論し、「その答えは、しばらく置く」として、最初の論稿にも敷衍しながら、改めて辰野事件の全体に検討を加え、捜査権力に舌鋒鋭く斬り込んでいく。

その結論がこうである。

「この判決であるが、私は全員に無罪が言い渡されるものと確信している。それも、『証拠不充分』というようなものではなく、この事件全体が、権力による〝デッチ上げ〟であることを、判決理由の中に謳ったものに違いないと期待している。少なくとも、二審で新たに採用された証拠や証言などをもとに、推理すると、この事件がデッチ上げとしか考えられないからだ。」

佐野氏は、作家仲間内でも信望が厚く、推理作家協会の理事長を務めた。同氏を通じて、野坂昭如・梶山季之・生島治郎・三好徹・結城昌治らの流行作家諸氏も、公正裁判の要請に応じてくれた。辰野事件の被告たちは、願ってもない理解者に巡り合ったものである。

四　大衆の英知に学ぶ

今崎氏は、『伊那谷は燃えて』の序章の最後に記している、「ああ、これだけはっきりした真実を法廷で明らかにするだけのために、何と多くの歳月と人びとの連帯と努力が必要だったことか……」と。宮原被告の気持ちに仮託しているものの、筆者自身が抱いた率直な感想であろう。このフレーズのために、私は、手放しでは喜べない読後感を引きずってきた。「弁護人は、この十九年余なにをしていたのか」との疑問が言外に込められているのではないかと、深読みしていたからである。ここで、松川事件（一九四九年八月十七日福島市松川で発生した汽車転覆致死被告事件）での「諏訪メモ」のケースが連想される。被告のアリバイを示す決定的なメモが、最後の土壇場の最高裁判所で、尚且つ異例の提出命令によって法廷に顕出され、逆転無罪の流れをつくった。だが、そのメモは、長い間捜査側によって厳重に隠匿されてきたものであるけれども、その提出には十年はかかっていない。これにひきかえ、件の報道写真はどうだ。「事件」発生の翌日に天下に公表され、その気になれば、誰でも何時でも自由に閲覧できる状態にあったではないか。なんと、十九年余、能天気にもやり過ごしていたとは……。

やはり、私は、ここで弁明しておきたい。

私が辰野事件の弁護人になったのは、私が弁護士資格を取得した一九六五年四月である。なにも、私が進んで志願したというのでもない。当時、長野県内で唯一の共同法律事務所であった林百郎法律事務所に入所したところ、同事務所が、辰野事件弁護団の事務局的役割を担当していて、その御鉢が、新米弁護士に廻ってきたまでのこと。

第二審の審理は、同年一月から始まっていて、ちょうど控訴趣意書の陳述手続中であった。被告たち全員有罪の第一審判決が一九六〇年八月十八日に言い渡されていたから、控訴の具体的理由は、四年余前には仕上っていた計算になる。第一審の主任弁護人であった林百郎弁護士に加えて、長老の風早八十二弁護士（戦前は、大学教授を勤め、名著『日本社会政策史』を上梓している）と在京の中堅弁護士二名が、共同で作成したものだ。想定される論点は、全て網羅されているようにうかがわれる。適用法規である爆発物取締罰則（明治時代中期、自由民権運動を弾圧する目的で、勅旨を奉じて定められた代物）の違憲論などは、まさに学者の論文に匹敵する。経験豊かな弁護士たちが設定した路線に沿って審理が既に進行している状況で、駆出し弁護士は、既定路線を追尾するしか途はなかったのである。

私が進んで赴いた先は、法廷外の運動である。指南書は、松川事件であった。一九六三年九月十二日に刑事裁判としては最終決着がついて、その裁判闘争から教訓を学ぶことが、当時の若手法律家の習わしであった。私が司法修習生であった時に、主任弁護人を務めた大塚一男弁護士を招いて講義を聴くなどし、その後も同郷の先輩の誼で近しくさせていただく幸運に恵まれた。

職場・地域・学園など、至るところに、実働部隊の「守る会」をつくる。労働組合や農民組織、学者・文化人らの諸団体を広汎に結集して、対策協議会に整える。この二本立てで、それぞれの特性に見合った活動を組み込み、全体として、裁判所に「公正裁判」を要請する運動を推進するのである。

被告たちの地元である南信地域（上・下伊那と諏訪の各郡）に、六五年八月二十九日、五百名の参加者を得て、南信辰野事件対策協議会が結成された。運動は一たび動き出すと速く、六六年四月十日には、長野県レベルの辰対協へと発展した。そして、同年五月八日、第一回現地調査の実施となる。

現地調査は、裁判所や捜査側の検証と対比して、現調と略称される。「犯行現場」とされる場所で、担当弁護士が、捜査側の言い分を説明し、それに対する弁護側の主張を明らかにして、裁判での当面する問題状況を、参加者全員で考える試みである。言うまでもなく、松川事件の運動が編み出した手法だ。しかし、辰野事件の現調では、エキストラを使っての演出や模擬実験など工夫をこらして、独自色を出した。その結果、現調マニアには、「辰野の現調は、面白い」と評判になった。当初は、毎年五月上旬ころ、全国規模の現調が実施されたが、その後の運動の拡がりに応じて、時期や規模を問わず、随時、現調が繰りひろげられて、その回数三十六。辰野町の街中の目抜き通りに、「現調団歓迎」の大横断幕が張られる名物行事になった。

たしか六七年か六八年かの現調であったと記憶する。東箕輪村駐在所前で、担当弁護士が捜査側の言い分を説明していた時のことである。土木作業に従事する労働者が、異を唱えた。「導火線がシューシューと音を立てて燃えていたと説明があったが、導火線は、燃える時音を立てないものですよ。どこまで導火線が燃え進んでいるかわからないために、手を放すタイミングを誤って、雷管付のダイナマイトが爆発し、片腕をなくした例は、いくらでもあるよ」と。件の弁護士は、一瞬返す言葉を失った。

恥ずかしながら、当時の弁護団は、「導火線は音を立てて燃えるもの」との先入観にとらわれていた。被告団とても、同じだ。労働者の指摘が事実だとすれば、捜査側の目撃証言に重大な疑惑が生ずる。現調後早速に、導火線専門の技術者に照会し、何回か実験してもらうと、その結果は、労働者の指摘通りであった。あまつさえ、もっと重要な副産物がもたらされた。「導火線は、ダイナマイトが爆発しても、雷管の挿入部分は少々破損するけれども、ほぼ原型のまま残り、それほど遠くには飛ばない。なのに、検証調書には、長さ約六センチの糸くずが採取されているが、導火線の残滓とは認められまい。長さ十二センチの導火線が使われたというのに、押収されていないのは、おかしいですよ。」

そこで、同じ既遂現場とされる非持駐在所の検証調書の点検作業に移る。「マッチ箱」や「ブリキ片」などの小物が押収されているのに、大物の導火線は、やはり、どこにもないのだ。二十三箇の足跡が採取されていたけれども、福沢・梁両被告のものと一致する足跡がないことは、既に解明済みのところであった。

かくては、弁護団は、予断にとらわれることなく、物的証拠や検証調書などを、矯めつすがめつ、拡大鏡まで持ち出して細大漏さない点検作業に取り組んだ。その過程で、公判記録とは別箇の参考記録を納める袋の中から、地方紙・南信日日新聞の報道記事を撮影した写真数葉が転がり出てきた。同紙は夕刊紙で、五二年四月三十日の「事件発生」を一早く伝えたものだから、おそらくは、誰かが、その報道記事を写真撮影して、仲間内の回覧に供したものに違いない。その中に、東箕輪村駐在所玄関前を撮影したものがあった。その写真と捜査側の検証写真と比べると、ガラス戸のガラス破損状況が大きく違っている。そこで、同社に照会すると、担当記者が検証前に確かに撮影した事実が判明した。こうなると、物的証拠のみならず、捜査側の主張する「被害状況」なるものが、加工・偽装されているとの想定が、現実味をましてきた。五二年四月当時、長野県下の購読者に配布されていたと思われる全新聞紙にあたる調査を、支持者たちと一緒に開始するに及んだ。そして、七一年春ごろ、ようやくにして、読売新聞長野版の報道写真に辿りついたのであった。

一労働者の現調での指摘が、緒口となって、次から次へ重要証拠が手繰り寄せられる経緯を、書き記してきたが、正直なところ弁護士として内心忸怩たるものを禁じえない。だが、翻って考えてみれば、弁護士は、法律の知識や解釈の専門家であっても、事実の認定や自然科学的知見の面では、とても専門家とはいえまい。法律家養成課程でも、格別の研修を受けたことはない。弁護士は、科学者の意見や体験者の見聞などに、謙虚に耳を傾け、事実の認識力を高める不断の努力が求められているのではあるまいか。

五　「辰野学校」にみる常任弁護団

ついでに、第二審弁護団のありようをまとめておこう。

一九六〇年代に入ると、司法研修所出身の弁護士たちが、長野県弁護士会に登録するようになった。富森啓児弁護士（十三期）を先頭に、菊地一二（十五期）・西沢仁志（十六期）そして私（十七期）

が、順次辰野事件の弁護人に名を連ねた。それに先行組の風早弁護士と在京の中堅弁護士（六期と十期）二名がいたから、衆議院議員の予定候補者活動をも背負った林弁護士が孤軍奮闘した第一審とでは、数の面では、雲泥の差であった。形のうえでは、弁護団が整えられたかのように見えるけれども、数は、必ずしも、力にはならない。

林弁護士は、六三年秋、捲土重来を果たして、主たる活動の場を国政の壇上に移していた。風早弁護士は、高齢のため、さきの違憲論以外には関与しないことになった。在京の中堅弁護士二名は、いずれも、望まれて都内の地域法律事務所開設の責任者に選ばれ、公判にも立ち会えない状態に陥った。被告たちから頼りにされた富森弁護士は、林弁護士と同様に、政治の世界に転身した。県内の残留組は、六七年弁護士登録した小笠原稔弁護士（十九期）を加えて、キャリアの短い四名。私と研修所同期の宇津泰親弁護士を、なんとか口説き落とし、同弁護士の伝で、東京合同法律事務所の後輩田中富雄弁護士（十九期）が加わった。これが実働勢力の面々である。

法廷外の運動は、前記の通り大きく発展し、今や全国展開をめざす段階にきていた。これに比べて、法廷内の状況は、まことに心もとなかった。今だから話せるのだが、さきの控訴趣意書路線では、私は、とても勝利の展望を描ききれなかった。弁護団会議を招集しても、各弁護士の記録読みさえ区々で、集団討議に諮っても、議論はいっこうに深まらない。そんな脆弱な態勢のまま第二審の審理を進めるわけにはいかないので、不公正な証拠調べの採否にかこつけて、異議の申立から裁判官忌避の申立・即時抗告・特別抗告に及んだ。その間、実質的な審理は中断したのであるが、そこに、私と宇津弁護士の企みがあった。

辰野事件とほぼ同じ時期に、東京都の青梅市周辺で発生したとされる青梅事件（汽車往来危険被告事件）は、六六年三月二十四日最高裁で有罪判決の破棄差戻し判決を受け、東京高裁で、弁護側が、無罪に向けて攻勢的な法廷活動を展開し、差戻審の審理を一年で切り上げて、遅くとも六八年春には判決が予想されていた。その弁護団の主軸が、植木敬夫（五期）と渡辺脩（十三期）の両弁護士で、いずれも、東京合同法律事務所に所属していたので、青梅裁判の終了後、右記二名の弁護士を辰野事件の弁護団に迎えようとの魂胆である。六八年三月三十日、予想通り全員無罪の判決があり、そのまま確定した。しかし、両弁護士の常任弁護団入りについては、紆余曲折があった。弁護人選任届自体には署名していただけたが、常任弁護団入りには難色を示されたからである。「足かけ十六年に及ぶ青梅事件から解放され、裁判闘争をじっくりと総括する時間が欲しい」が、表向きの理由であった。だが、宇津情報によると、植木弁護士は、職人気質の持主で、「権力犯罪に対決する」とか「闘う弁護士の連帯」などの一般的スローガンでは動かない。当該事件で、自分がどんな役割を実際に果たせるかの見極めがつけば、自ら進んで参加するだろうと。

ならば、六九年五月四日実施予定の第六回全国現調に御招待つかまつる仕儀となったが、案の定、釘をさされてしまった。「自分は、一般支援者として参加するのだから、まちがっても、常任弁護団の一員と紹介しないで欲しい」と。

八都府県から過去最高の三百十一名が参集して、現調は大きな盛り上がりをしめした。各現場担当の弁護士も、意気があがって説明に力が入った。植木弁護士は、担当弁護士の説明や参加者の発言などに耳を傾けていたが、そのうち、独自に現場周辺を徘徊する挙に出た。現調終了後間もなくして、宇津弁護士を通して、「植木・渡辺両弁護士の常任弁護団入り受諾」の報せが届いた。

朗報にはちがいないが、早速に難題をつきつけてきた。「近いうちに、八日間の弁護団合宿を設営せよ」と。当時、私は、長野中央法律事務所に転じていて、事務所の経営責任を負っていたうえ、富森弁護士の衆院選初挑戦を後援する活動も抱えていた。林法律事務所も、事情は同じである。植木弁護士の申入れをすんなりと受け容れられる状況ではなかった。

「八日間などという長期合宿は、今までにない。短縮してもらえないか」

「私は、松川事件の上告趣意書を作成するため、青梅事件を抱えながらも、二十日間の合宿に耐えた。君たちの置かれた事情も計算に入れて、ギリギリの日数に絞っている。裁判記録を読み込むには、最低八日間は必要なんだ」

「私は、一通り記録に目を通しているので、合宿の後半に弁護団会議を設けて、その会議に参加するという特別の取扱いをしてもらえないだろうか」

「弁護団合宿は、全員が集中して一緒に取り組むことに意義がある。随時、お互い同士、疑問や意見を交わし合いながら、理解を拡げ深めていくものだ。そもそも、記録に目を通すことと記録を読み込むとは、違うのだよ」

「すると、私にも、『記録を読み直せ』ということでしょうか」

「膨大な記録の中から、思い当たるものだけを取り出して、目を通す方法では、事件の核心をつかめないよ。たとえて言えば、『記録を縦に並べて看ろ』だ。つまり、捜査記録や証拠書類を、時系列に配して、捜査方針の変更やそれが証拠の収集や自白の変遷に、どんな関係をもっているか分析する。それには、継続的な集団討議が必要だ。結論が出ない留保事項であっても、当面の統一見解を確認しなければ、前には進めない事柄だってあるじゃないか。」


六九年七月二十五日から同年八月一日まで、下諏訪町の山間にある鉱泉旅館で、合宿が挙行された。合宿費用は、支援者たちの浄財で賄うことができたが、弁護費用は、第一審以来自前であった。同年四月に長野県弁護士会に登録したばかりの松村文夫・加藤洪太郎両弁護士（両者共に二十一期生）も新たに加わり、総勢十名となった。植木弁護士を筆頭に先輩たちが、両新人を含む若手たちに、厳しくも温かい指導や助言を施し、若手たちも、貪るように記録の読込みに専念した。合宿の終盤になると、先輩にタイの議論をかませる若手も出た。弁護団の慰労と差入れに訪れた被告たちは、そんな光景をかい間見て、「まるっきり学校ダニ。植木先生が校長で、渡辺先生が教頭。主任クラスは、誰ズラか?」と評したものであった。あえて異論を差し挟むつもりはないが、さきの指導と助言を、「古手教師のシゴキ」との見立ては、そのまま聞き流すわけにはいかなかった。

長期合宿は順調に進んで、最後の全体会議で、弁護側の立証方針を大胆に変更することが合意された。違憲論その他の論点は、差し置いて、今後は、事実論一本に絞り込む。事件デッチ上げの実像が見え始めたので、「導火線の残存問題」は更に追及を深めつつ、捜査側提出の証拠類を徹底的に洗い直していくことが確認された。合宿の成果を踏まえて、同年十月と十一月の二回の公判にわたって、中間弁論を断行した。裁判所も検察官も驚いたことだろうが、一番たまげたのは、被告たちだ。常任弁護団のヤル気と勝利の具体的展望が、この法廷で明かされたからであった。

一九七〇年四月新規に登録した寺島勝洋・荒井新二の両弁護士（両者ともに二十二期）を弁護団に迎え入れたのを最後に、常任弁護団は数を増やさなかった。これで、常任弁護団十二名の陣容が固まったが、第一審以来御苦労いただいた林弁護士には、弁護団長の称号が残された。随時、合宿や弁護団独自の現調・実験を組み込んだ。やがて若手弁護士たちは、力をつけて先輩たちと同等の役割を分担するようになり、捜査側の秘匿供述調書（調書の内容が変造されていた）の存在を暴き出したりもした。

「辰野学校」の実相は、教える側と教えられる側の関係性を超えて、共に学び、鍛え合う場であった。鍛えぬいた仲間同士が一つの目的で固く団結する常任弁護団は、数に倍する力を発揮したのである。

六　「ウソの自白」は、つくられる

辰野事件に関わった作家として、今崎・佐野の両氏をとりあげてきたが、落としてはいけない作家が、もう一人いる。青地晨氏である。作家と記したけれども、大宅壮一マスコミ塾講師や日本ジャーナリスト専門学校長として、ジャーナリストの育成に努めた人―あるいは、一九七三年夏発生の金大中拉致事件以来、同氏の救出運動を通じて日韓連帯運動に取り組んだ活動家として、名前が通っているかもしれない。だが、『好敵手物語』『現代の英雄』『現代史の曲り角』『反逆者』『魔の時間』『冤罪の恐怖』など、著書も多数。辰野事件との関わりは、右記二人の作家よりも早かった。

県辰対協の結成大会が、六六年四月十日長野市勤労者福祉センターで、三百名の参加者のもとで開催されたことは、前に記した。その記念講演の講師に、当初予定していた作家は、廣津和郎氏であった。同氏は、さきの宇野氏とは無二の親友で、五一年十一月松川事件の被告たちが綴った冊子『真実は壁を透して』（月曜書房発行）を読み合って、松川事件に強い関心を持つ。裁判傍聴や現地調査などを共にしている。そして、宇野氏の『世にも不思議な物語』と同じ時期に、『真実は訴える』（『中央公論』五三年十月号）を発表している。五三年十二月二十二日、一部の被告たちに無罪の言渡しがあったものの、多数の被告たちに死刑を含む有罪を宣告する第二審判決（仙台高裁）が下って、「文学者は甘い」と、マスコミから叩かれた。だが、どうして、それに怯む御仁たちではない、敢然と立ち向かった。もっとも、宇野氏は健康がすぐれなかったので、廣津氏が、親友の分も含めて、対外的な活動を展開することになる。『中央公論』誌上に、四年半にわたって、第二審判決批判の健筆を揮ったことは、歴史にのこる偉業であるが、同氏に執筆の誌面を提供し続けた雑誌編集者諸氏にも、私は敬意を表したい。上告審の判決を前にして、五八年三月結成された松川事件対策協議会の会長に就任してからは、全国各地を行脚し、全員無罪の最終決着（六三年九月）まで、公正な裁判を訴え続けた人物。辰対協結成準備の裏方が、うってつけの講師と考え、同氏の承諾をえたのであったが、大会の直前、急に体調を崩し、来長がかなわなかった（その後二年ほどで、同氏は身罷られた）。その穴埋めに白羽の矢が立てられたのが、青地氏だ。

むしろ、私は、青地氏の方が適役であったと考える。

同氏は、職業軍人の子として生まれたが、父に反発し、旧制佐賀高校で放校処分にあい、東京の文化学院に進んだ。卒業後小さな出版社を遍歴し、三八年中央公論社に入社した。

戦時色が強まると、四二年同社編集次長を最後に退社し、大政翼賛壮年団に転身した。その報道部次長をしていた四四年一月二十九日、治安維持法違反容疑で、神奈川県の特高刑事に逮捕された。未曾有の言論弾圧事件とされる横浜事件（中央公論社・改造社・日本評論社・岩波書店などの出版関係者を中心に六十名を超える人たちが、逮捕起訴され、『中央公論』や『改造』などの雑誌は廃刊に追い込まれた）に連座させられた。

同氏は、連日筆舌に尽くし難い拷問を受けた。青地氏は、戦後自分が受けた拷問の有り様を、折に触れて書き、語り、告発し続けて、拷問禁止・撲滅のキャンペーンをはっている。「筆舌に尽くし難い」などと月並みなフレーズを用いたのは、拷問の全貌を、この小稿には収めきれないという意味なので、その詳細は、同氏の著書に譲りたい。そして、「ウソの自白」に陥る経緯の分析は、まことに明晰である。

「精神的、物質的な援護を欠き、社会から白眼視され迫害された被告はみじめである。また死を賭してもまもるような思想や信条のない〝思想犯〟は、いっそうみじめである。私たちには拷問に抗しても守るような秘密や組織もなかった。私にできたことは、私の〝自白〟によって、新しい検挙者を一人でもださないということだけだった。私は検挙されるとは夢にも思わず、無防備で甘ったれた楽観論のまま逮捕された。そして言語に絶する拷問にあい、ここで死んでは犬死だと思ったのである。」（引用文は、『横浜事件』）

次いで、真情が吐露される。「人間という生きものは、拷問に耐えぬけるほど肉体的にも精神的にも強靱な存在ではないのではないのか。非凡な人物か、思想によって武装された鉄の意志の人間でないかぎり、長期にわたる拷問に耐えぬくことはできないと私は信じている。そして正直にいうと、こんどは耐えぬけるという確信を私はもっていない。」（引用文は、『私の立場―裁判の原体験』）

「ウソの自白」をもとに、青地氏は、起訴され、四五年九月四日懲役二年執行猶予三年の有罪判決が下された。やっと家族の元に戻ることができたのだが、その一か月後、治安維持法は廃止された。敗戦後のドサクサ紛れに、終末処理のように片付けられてしまったと言ってよい。

青地氏は、まさしく日本の刑事司法に翻弄された「生き証人」なのである。（因に、急な代役の要請がかなえられたかは、もはや今の私には確かめる術がないけれども、青地氏は、その後辰野事件のみならず日弁連人権擁護委員会の取りあげる諸事件に深く関与されている。）

辰野事件でも、松川事件や青梅事件と同じように、過半の被告たちが、自白に追い込まれた。そのために、事あるごとに被告団の結束にひびが入り、一歩前に踏み出せないできた。しかし、自分たちよりも高等教育を受け、社会的に立派な仕事をしている人でさえも、「ウソの自白」をしてしまう現実をあかされて、被告たちは、どれだけ共感し、勇気づけられたことだろうか。

七一年十一月十二日被告たちの最終陳述が、東京高裁で行われた。一番最初に自白を強いられた馬場被告が、トップバッターで証人台に立ち、一時間、拷問・脅迫・誘導など自白強要のありようを、切々と訴えた。つづいて、山川・村田・金子・神戸の各被告が……。被告たちの真摯な弁舌は、『伊那谷は燃えて』の終章をも飾っている。

法廷に積み上げられている大部な自白調書の山に果敢に挑戦したのは、渡辺弁護士である。「五つの犯行現場」の繋ぎとして、巧妙に「七つの謀議」が植え込まれている。そのカラクリを、青梅事件で鍛えぬいた分析力を発揮して、見事に解き明かしてくれた。その成果を踏まえて、常任弁護団は、一つひとつの物的証拠が、自白をどの範囲で、どれだけ決定的に破壊する意味を持っているかを、具体的に且つ詳細に論破した。密室でつくられた自白調書の山は、衆人環視の下で無残にも崩壊したのである。

七　「中野判決」の光と影

さきの中間弁論の後、裁判長の交代があって、中野次雄裁判官が、第二審で三人目の裁判長に就いた。刑事裁判の手続を定める刑事訴訟法は、新憲法の下で大巾に改められ、当事者主義的傾向を強めた。改訂法規を、裁判実務に周知徹底させる役目を担ったエリート裁判官集団を、実務法曹界では「新刑訴派」と呼んでいたが、中野裁判長も、その一人である。

さすがに、中野裁判長の訴訟指揮はテキパキしていて、一九七〇年七月二十九日の弁論更新手続から七一年十二月十七日の結審までの間に、二十二回の公判をこなして、長期裁判の審理を絞め括った。中間弁論以降、弁護側は、短期決戦の方針であったので、その限りでは、かなり波長が合っていた。

この間、法廷外の運動も、大きく進展した。辰対協は、東京・神奈川など五都県で結成され、七一年十月総評を中心にして全国連絡会が誕生した。他方、守る会は、愛知県や大阪府など七都府県に拡がった。「公正裁判要請」の署名は、五十四万筆を超えた。

判決言渡しが、七二年十二月一日午前十時と決まると、緊急の取組みとして、「長野と東京を結ぶ無罪要求大行進団」の方針が提起された。同年十一月二十九日伊那市上伊那図書館前を出発した「大行進団」は、判決日の午前中は、被告たちの家族を先頭に、霞ヶ関の日比谷野外音楽堂をめざして、都心の繁華街を行進していた。これとは別に、東京高裁前では、法廷に入る被告たちを励ます集会が開かれた。

法廷は満席である。最前列に、佐野氏の顔が見える。ピーンとはりつめた空気を破って、中野裁判長が、重々しい口調で、判決主文を告げ始めた。

「原判決中被告人らに関する有罪の部分を破棄する。被告人らは、……」と言い及ぶやいなや、傍聴席からいっせいに拍手が起こった。「いずれも無罪」との言葉が裁判長の口元から出なくても、無罪の言渡しであることを、はっきりと読み取っていたのだ。「拍手は、やめなさい！　やめなさい！」と裁判長が制止したが、拍手は鳴り止まなかった。


ほぼ同じ時刻ころ、新宿の厚生年金会館前あたりに差しかかっていた「大行進団」に、無罪判決の速報が届いた。その模様を、密着取材中の朝日新聞記者は、感動的に伝えている。

「トランジスタラジオに聴き入っていた一人が、うめくように叫んだ。『無罪だ！』。先頭を歩いていた被告の家族が、『ウワッ』と叫んだ。飛びあがる。うずくまる。あとは涙。歳月の深いシワをきざんだ妻たちも、息子、娘たちも。」

「大行進団」が最終目的地に到着した。判決を聞いて駆けつけた人たち、そして裁判を傍聴した人たちも合流して、判決報告集会が開かれた。日比谷野外音楽堂の会場を埋める色とりどりの旗々や勝利を我が手にした喜びの顔々を、私が眺めいっていると、司会者から登壇を促された。常任弁護団を代表して、私は、思いきり胸をはって、勝利宣言をしたのであった。


判決文の謄本が弁護団の手元に届けられたのは、同月二十七日のことである。判決言渡しの当日は、中野裁判長が、主文朗読の後、予め用意した四ページの「判決理由の骨子」を読みあげただけで閉廷した。弁護側の主張がどのように採り入れられたかは、謄本の交付を待たなければならなかった。「拍手」と「涙」で迎えられた「中野判決」の全容は、百八十八ページにおよぶ大部な書面からなっている。読み進んでいくと、どうも様子がおかしい。判決言渡日のあの感動が、帳消しにされるおもむきであった。

常任弁護団が総力を挙げて暴いた「現場偽装」の問題が、どこにも見当たらない。「導火線の残存」の問題は、記載されてはいるものの、被告たちの自白の信用性を検討する局面で、とりあげられているにすぎない。つまり、導火線が現場に残存していないという事実は、被告たちの自白にかかる仕掛（導火線を使う時限発火方式）とは異なる方法で爆破されたものと推認されるから、被告たちの自白は、信用性が認められないというのだ。

「中野判決」の基本構造は、こうである。

「被告たちと犯行を直接に結びつける証拠は、被告たちの自白以外にない。その自白が証拠として採用できないとなれば、被告たちの有罪を証明する証拠がなく、その余の点を判断するまでもなく、無罪の結論を導くことができる。自白の真実性の有無を、先決の判断事項とする」

この基本構造を踏まえて、五つの「犯行現場」ごとに、関連する自白調書に詳細な検討を加えていく。各調書間にみられる相互矛盾などの平板的な比較にとどまらないで、他の物的証拠との関係で科学的な点検を施しているのは、弁護側の主張に沿うものであって、その限りでは評価してもよい。しかしながら、被告たちが訴えた拷問・脅迫・誘導などの自白強要の有無についても、判断を回避している。

「自白の真実性に重大な疑問を投げかける」とか「自白の真実性に疑問を抱かせる」「自白そのものの真実性を疑わせる」など、微妙な言い回しの用語を多用して、次々に自白調書を排斥していくけれども、つまるところは、自白の信用性レベルにとどまるものだ。

捜査側が提出した膨大な証拠群は、自白調書の補強などの枠を超えて、証拠法上は間接的な状況証拠であっても、それらを積み重ねる手口で、有罪判決を掠めとる狙いがあった筈だ。だから、当該証拠が偽装・変造されていないか。違法あるいは不当に証拠収集されていないか。排除されなかった証拠で、犯罪の証明が合理的疑いを容れない程度に証明されているか否か。これらの判断過程は、「新刑訴派」の立場にあっても、判決書に明示されるべきものではあるまいか。

「中野判決」に一番失望したのは、佐野氏ではないだろうか。件の総合雑誌で、「デッチ上げ明示判決」を推理し、大いなる期待をおおやけにしていたのに、推理が外れ、期待が裏切られたからである。そんな同氏をおもんばかってか、青地氏は、同誌の一九七三年三月号に、『体験的裁判論』を寄稿して、温かいエールを送っている。

同じ時期に発生した菅生事件（現職の警察官が、一九五二年六月大分県竹田市菅生で、上司の命を受けて、ダイナマイトによる駐在所爆破を計画・実行した謀略事犯）を引き合いにだしながら、「辰野事件は、疑いなく警察のフレーム・アップであった」と指摘する。そして、「全員無罪になったのは結構なことだが、フレーム・アップの記録が明白な写真の問題はとりあげられていない。もし裁判がそこまで踏み込んで権力の恥部をえぐっていたら、この判決は画期的な意義をもったに相違ない」「公安当局が目的のために手段をえらばぬ体質となれば、それは警察国家の再現を招きよせることになる。その芽は一日も早く刈りとらねばならない」と続け、「フレーム・アップと拷問は、権力の恥部である。正義と人権の護符である司法が、権力の恥部を見逃すとすれば、私たち国民は、何によって権力からわが身をまもったらよいであろうか」と、裁判の現状を憂う文章で結んでいる。

尚、この論稿は、作家佐木隆三氏の編集による『日本の名随筆別巻九十一裁判』（作品社一九九八年九月発行）に収録されている。

八　大衆的裁判闘争の行方

一九七二年十二月は、日本の刑事裁判史上特筆されてよいのではないか。辰野事件の判決言渡しに先立って、逆転無罪の判決を獲得したメーデー事件（五二年五月一日皇居前広場で発生したとされる騒擾被告事件──東京高裁の判決言渡し日は、七二年十一月二十一日）、逆に遅れて、広島高裁で、やはり逆転無罪の判決を獲得した仁保事件（五四年十月二十六日山口市仁保で発生した殺人等被告事件──判決言渡し日は、七二年十二月十四日）の長期裁判が、いずれも同月中に最終決着しているのである。とりわけ、辰野・メーデーの両事件は、最高裁を経ずに、だ。

事案の様相は、かなり違いがあるものの、各弁護団の多くは、自由法曹団（日本で一番長い歴史をもつ、民間の弁護士集団）に加入する面々である。渡辺弁護士などは、仁保事件と掛持ちである。そんな誼で、刑事事件全般に共通する情報を持ち寄り、審理手続上の経験を交流して、それぞれの裁判闘争に役立ててきた。辰野事件とメーデー事件は、同じ東京高裁に係属していた関係で、法廷外の運動でも、緊密な協力体制が築かれていた。そのような諸活動を、自由法曹団は、団活動の一環としても取り上げ、相応の支援をしていたし、三事件以外の裁判闘争にも関連すると思われる課題や教訓は、団レベルの組織的討議にかけられ、その結果が文書化されて、世上に公開された。

私の記憶に鮮やかなのは、自由法曹団の機関誌『団報』の編集委員会が企画した「弾圧事件特集」（一九六八年四月十日発行・団報NO四十八）である。巻頭に掲げられた座談会は、「松川国賠・白鳥再審・青梅・メーデー・八海の闘いの現状と意義」と題するもの。岡林辰雄弁護士（松川事件主任弁護人）と上田誠吉弁護士（メーデー事件主任弁護人）を中心にして、当時はまだ若手弁護士の部類にわけられていた渡辺弁護士たちが、議論し合った記録だ。各事件の現状報告にとどまらないで、「物証と自白問題」や「検察の偽証・捏造の手口」など、その後の辰野事件の弁護団が直面する実践的テーマが、とりあげられている。

次いで、西嶋勝彦弁護士が、「八海事件」（五一年一月二十四日山口県田布施町八海で発生した殺人被告事件）の、谷村正太郎弁護士が、「白鳥事件」（五二年一月二十一日札幌市で発生した殺人被告事件）の、石川元也弁護士が、「吹田事件」（五二年六月二十五日吹田市で発生したとされる騒擾等被告事件）の、各論稿を寄せて、特集号に華を添えている。玉稿の間に挟まって、拙稿「辰野事件」が登載されているのだが、編集委員会の度重なる催促にあい、やむなく私が寄稿した代物だ。的外れにも、長々と爆発物取締罰則の違憲性を書き連ねてしまい、赤面の至りである。しかし、拙稿の内容は、控訴趣意書の中身を要約したまでのもので、当時の辰野事件弁護団の到達レベルを示す資料としては、なにがしかの値打がありやしないか。

右記の弾圧事件特集以後、青梅事件をかわきりに、八海事件、吹田事件、松川国賠事件（松川事件の元被告たちが、捜査側の責任追及として提訴した国家賠償請求事件）と、次々に、勝利判決が続いた。それらの成果と教訓が総括され、個別の記録として後世にのこす作業が取り組まれた。その一方で、自由法曹団では、松川事件にまでさかのぼって、各裁判闘争並びに相互の連携などを系統的に究明し、そこから導き出される命題の数々を、実践的な裁判闘争論に練り上げる営為が始まった。

現在では、大衆的裁判闘争と総称され、少なくとも自由法曹団内では、その呼称は定着しているが、その経緯は、必ずしも定かではない。右記特集号では、敗戦前からの公判闘争という用語がそのまま使われているから、六八年当時でも、まだ一般化していなかったのではないかと思われる。

辰野事件の合宿の折、就寝前の酒盛りで、植木弁護士が「アレは、オレが名付けたサ」と漏らしたことを、私は確かに覚えている。けれども、同弁護士が所属した東京合同法律事務所では、「名付け親植木」の「経過は不明で、今となっては確かめようがない」との見解を公表しているので、命名問題は、この辺でとどめたい。

命名者であるかどうかは別にして、植木弁護士が、大衆的裁判闘争の議論をリードし、レベルを高めた貢献者であることは、まちがいない。自由法曹団の理論誌『人権のために』第十五号（七一年十一月発行）に、『デッチあげ事件と科学の役割─主として青梅事件の経験から』を寄稿して、証拠の認識と分析の方法論を論じていた。

七三年一月、自由法曹団と国民救援会が共催して、都内の学士会館で、メーデー・辰野・仁保三事件合同のシンポジウムを開いた。そこでの議論も踏まえて、植木弁護士は、再びペンをとり、上記理論誌十七号に『デッチあげ事件の裁判闘争における方法について─辰野事件の経験から』（七三年五月発行）を発表したのだ。

冒頭で、本論稿が、『～主として青梅事件の経験から』を前提として、そこでは必ずしも十分には論述していなかった問題を、補足し具体的に展開するものであることを明らかにしている。そして、辰野事件常任弁護団が、「中間弁論」で確立した「証拠に立ち向かう観点、方法の問題」に移っていく。

「先入観にとらわれず証拠を分析すること」
「現場に科学の目を向けること」
「目先の利益にまどわされず事実を事実として正しくつかむこと」

「『自白』を徹底的に分析すること」
「証拠全体を捜査経過の中において分析すること」
以上五つの項を立てて、辰野事件の具体的事例に基づいて考証している。「辰野学校」当時、折に触れて教示されたことどもではあるが、一段と説得力に富んだ記述となっている。

これまでの記述は、法廷内での闘い方について、教訓を導き出すことに関するものであるが、最後に、法廷の外の運動との関係で、「法廷の内と外とは、一つの大衆的裁判闘争の二つの側面である」とする項を、わざわざ設けている。松川事件以来、数々の裁判闘争の中で、「主戦場は、法廷の外」なるスローガンが一人歩きをして、法廷内の活動を軽視した悪弊が、植木弁護士の念頭にあったにちがいない。右記スローガンの出所は、岡林弁護士で、松川事件と同じ時期に審理されていた三鷹事件（四九年七月十五日三鷹市で発生した往来危険による汽車転覆等被告事件）について、法廷外の運動が皆無に近い状況を批判した際に使ったものと伝えられる。さりとて、松川事件の法廷内の活動がなおざりにされていた訳では全くない。司法研修所第一期生の大塚弁護士が、新刑事訴訟法を駆使して、法廷内で一騎当千の働きをしたことは、語り草になっている。それでも、松川事件の裁判は、第一審、第二審とも、弁護側の敗北に終わっている。

植木弁護士の指摘は、実に明快だ。

「現在の状況の下では、裁判闘争は法廷を軸にして進行するものであるし、その枠をはみ出すことは不可能である。したがって、それはなによりもまず、法廷の中で勝利の具体的道筋を切りひらくことなくしては、勝利することはあり得ない。しかし同時に、それが大衆的闘争によって支えられなければ、勝利を現実のものとする保障もないのである。この意味で法廷の内と外とは、統一した一つの大衆的裁判闘争の二つの側面なのであって、両者は相互に連携しあって発展するものであり、その中で両者がともに十分たたかわれてこそ、裁判は確実に勝利し得るものであると、私は考える。辰野事件の経験は、このことを非常に明確にわれわれに証明してくれたように、私は思えるのである。」

現在では、大衆的裁判闘争に関する論稿は、団の内外で多数見受けられるが、私は、今でも、「植木もの」が秀逸であると思っている。

尚、右記の二つの論稿は、東京合同法律事務所編『植木敬夫遺稿集―権力犯罪に抗して』（日本評論社二〇〇二年十一月発行）に収められている。

辰野事件の元被告たちの逮捕・起訴から六十五年、無罪判決の確定からでも四十五年になる。常任弁護団内でも、植木弁護士をはじめ五名の者が、幽明境を異にしている。生き残り組とて、全員が古希を超えている。被告団にいたっては生存者は一名だけになった。それでも、しかしだ。「辰野学校」は、私の内では、今も熱く生きている。最年少の荒井弁護士は、二〇一七年秋まで三年間自由法曹団の団長の立場にあって、数ある闘いの継承と発展に献身した。

二十一世紀に入って、日本の刑事裁判は、制度と裁判手続を大きく変えた。「迅速な裁判を促進する法律」に次いで、「裁判員の参加する刑事裁判に関する法律」などが、制定・施行されたからである。

肥大化を強める警察権力と検察権力に、丸腰の弁護人が、どのように立ち向かうのか。その問いは、まだまだ続く。

第二章　東電思想差別撤廃裁判
――大衆的裁判闘争の視点から

東京電力千曲川電力所に勤めていた「四人衆」（私よりも一つか二つ年下の同世代衆だが……）が、日本の巨大資本東京電力を相手に、思想差別（賃金や昇進を始めとする諸々の差別的取扱い）を撤廃させる闘いを挑み、二十年にわたる長期裁判を闘いぬいたありようは、これまで沢山の著作物が刊行されているので、この拙稿で繰り返すことはしないことにする。むしろ、それらの著作物から漏れてしまっていると思われる事柄を、私は書きのこしておきたいと考える。

一

「四人衆（竹内功さん・涌井紀二さん・小俣哲夫さん・涌井春子さんの四名）」が私の前に現れた最初は、たしか一九七一年五月のことだったと思う。信州大学教育学部教授山岡利七夫妻の御媒酌で、ようやく結婚に辿りついた私と連れ合いが、新婚旅行から戻って間もない時期、夕餉の支度を済ませて夫の帰宅を待つ連れ合いを、やきもきさせた一件であったので、私の記憶に鮮やかなのだ。

その時、「四人衆」は、M君に引率される格好での来訪であった。M君は、「四人衆」の先輩格で、マルクスやレーニンを読み耽る理論派。既に単独で会社と裁判係争中のところ、小諸市内にある千曲川電力所に配転されて、「四人衆」に思想的影響を及ぼした遣り手と見えた。彼等の申し入れ内容は、「千曲川電力所での差別的取扱いを黙過できないので、裁判を提起したい」というものであった。「言うところの差別的取扱いは、千曲川電力所に特有のものなのか、それとも、他の職場でも、共通にうかがえるものなのか」と問い質すと、「差別的取扱いに現象する基本的な反共労務政策は、全社一体、一貫したもので、六十年安保後における労働戦線の右傾化を反映して、東電労組もまた、会社側に加担して我々を攻撃している」との講釈がかえってくる。「ならば、差別的取扱いを受けている他の職場の人たちは、どんな意向なのか。一緒に裁判提起に立ち上がる議論は、尽くされているのか」と問い返すと、「とにかく、我々が起爆剤になる」との意気込みが先行する。

労働裁判は、気楽に起こすべきものではない。会社側には、「お抱え弁護士団」が組織されていて、係争内容が小さいものであっても、総資本全体の利益擁護の立場から反撃してくる。ましてや、東京電力という日本における巨大資本が相手とあっては、弁護団レベルにとどまらない全面的な総力戦が予想され、場合によっては「御用組合」も、会社側に同調し、組織をあげて裁判にかかわってくるにちがいない。僅か四、五人の頭数では当該職場内でも完全に孤立させられてしまうし、裁判上の証拠収集レベルでも、会社側における大規模な物量作戦に到底対抗できなくなる。

信州の山峡で発した遠吠えは、東京の本社に届く前に掻き消されてしまう。仲間を結集し、周囲に支援の輪を拡げて、会社側と裁判所を包囲する態勢づくりが、肝要ではないか——これが、私の対案であった。なんのことはない、辰野事件における裁判闘争論の引き写しである。

だが、M君も、「四人衆」も、おいそれとは引き下がらなかった。小賢しい弁証法論まで絡まって、論議は、平行線のまま、午後十時頃まで及んだだろう。遂に、堪忍袋の緒が切れた私は、捨てゼリフを吐いたものだ。「どうしても、今、裁判を起こしたいと言うなら、他の暇な弁護士に頼みなはれ！」と。当時の長野中央法律事務所は、司法研修所二十三期の三浦敬明君という助っ人を得たものの、まだ二か月足らず。彼は同期の阪口徳雄君に対する罷免処分撤回闘争を始めとする司法反動化反対運動に没頭中。私と二十一期の加藤洪太郎君は、辰野事件の常任弁護団に与していたうえ、とりわけ、私は、重大使命を託されていた。

今崎暁巳氏の好著『伊那谷は燃えて』の冒頭に、「序　つくられた現場—二十年目の証言」の章があり、七一年八月二十日の法廷シーンが生き生きと描写されているけれども、そこで証人の新聞記者を尋問する弁護士は、実は私である。東京高等裁判所の証拠調べでは、最重要証人なのだ。その新聞記者を捜し当てること、記憶内容の点検、確実な出頭確保、捜査側の不当な干渉への監視などが、私の役目になっていたのだ。私の心ない捨てゼリフで諦めたのだろうか、ほどなくして、彼等は、いとまを告げたのだった。

二

その後、「四人衆」が再び私の前に現れたのは、七六年春頃、上田市上紺屋町の「御屋敷事務所」

（欅門を構える元紺屋組頭の旧宅を賃借）にである。あれから五年近い年月が経ち、その間どのようなやりとりが関係者間で繰り広げられたのかは、私には不明であった。M君は、配転を取り消させて東京に戻った由で、今回は姿を見せなかった。

しかし、「四人衆」から提案された内容は、私を驚倒させるに十分なものだった。他の職場の仲間たち百三十六名（その後の二次提訴分を加えると総勢百六十五名）が一斉に提訴する――本社のある東京を始めとする一都五県の地方裁判所に。「その壮図は、よしとしても、チョット待ってくれ」と私は、制止に懸命になった。あまりにも分散提訴のバランスを欠いていたからだ。最多数の東京は、七十一名なのに、長野は、四名とはいかに……。長野の次に少人数の甲府にしても、長野の三倍に相当する十二名。司法の反動化攻勢の下で、東京地裁の労働部が極端に反労働者的傾向を強めているから、東京一極集中の提訴が好ましくないことは、私も了解する。しかし、全てに共通する立証課題である反共労務政策を、僅か四人に過ぎない長野でも、同じように証明していく手間や暇は、過重このうえもない。そのうえ、どんな無理を冒しても、通常の裁判進行でいくと、一番先に判決を受ける役回しになるだろう。トップバッターで勝利判決を獲得すれば、それこそ鼻高々であろうけれども、逆の結果になれば、分散提訴の狙いが、摘みとられてしまいかねまい。ならば、安全を期して、隣の甲府か前橋の仲間に長野の「四人衆」を合流させて、いずれかの地の裁判所に提訴するという逆提案を、私が試みたのだ。

「四人衆」から猛反発があった。自分たちは、小諸市の千曲川電力所で、歯を食い縛って闘ってきた

──自分たちでは足りない分は、地域の志ある勤労市民に依拠して補ってきた──裁判に何年費やすかわからないけれども、その後も、そして定年退職後も、小諸の居住地で、やはり闘っていく覚悟でいる──甲府や前橋で、「名ばかり」の当事者たる原告に甘んずるつもりはない──これが、「四人衆」の固い信念である。

七六年時点では、長野中央法律事務所には、幸いなことには、早世の三浦敬明君の後釜に、二十六期の大門嗣二君、そして、二十七期の木下哲雄君も加わっていたので、先輩格の二十四期の武田芳彦君を含めて長野市在住三名と上田市在住の二名（私と二十八期の岩下智和君）からなる最少限の弁護団は、なんとか編成できる見通しが立っていた。懸案の辰野事件は逆転無罪判決が第二審で確定し、最終決着がついてもいた。一都五県の全体を統括する統一弁護団（とりわけ、事務局長役の十六期の市来八郎弁護士）も、随時法廷に立ち会う態勢を組むという約束（その後、僅かの時間経過後に反故にされてしまった）をとりつけて、東電思想差別撤廃裁判の長野版は、最終的な意思統一ができあがった。因に加藤君は、長野中央法律事務所との約束通り、三年間で郷里に戻っていて、やがて、そこで中電思想差別撤廃裁判の弁護団に加わることになった。

三

「四人衆」の住所地を管轄する長野地方裁判所佐久支部に七六年十月提訴された裁判は、会社側の抵抗などで、一旦は長野地裁上田支部に、やがて、長野地裁本庁に、回付されて、最終的な法廷闘争の場は、県都長野市に落ち着いた。結果論になるが、法廷外の支援運動を全県下に拡げるという運動論の観点からは、その方がよかったと思われる。長野市にお住まいの山岡利七先生が、裁判所の調停委員であることとの微妙な兼合いが懸念されたけれども、敢然と「支援する会の会長」を引き受けてくださった。「四人衆」の入社間もない時期に、山岡先生の憲法講話に接し、いずれも社会問題への目を開かされた縁によると伝えられている。裁判所構内での裁判報告集会にも顔をだされた先生の存在は、「四人衆」や支援する人たちを、どんなに元気付けてきたことだろう。

他の裁判所での進行を常に睨み合わせながら、東電全体の反共労務政策の存在証明――いわゆる総論立証は、十二分に執り行った。例えば、件のM君の場合である。東京版の原告になっていたが、長野版に証人として勇躍して臨んだ。彼の理論的精緻さと確かな記憶力をふんだんに発揮して、足かけ四年に及ぶ公判回数九期日分の証人尋問を請け負い、彼個人としても、内なるもののほとんどをぶちまけることができたにちがいない。かくして東京版を除くその他の地裁で、ほぼ同時期の結審が、具体的に見通しうるようになった。

八九年四月八日長野県共闘会議の発足を契機に、従来の長期徹底審理から、早期結審に方針を転じた。各地裁で収集・提出した最良証拠を比較検討すると、前橋版と甲府版が優勢と分析・判断できたので、判決言渡しは、前橋版をトップバッターに据え、二番手に甲府版とし、順次長野・千葉・神奈川の各版と繋げるリレー作戦が、見事に奏功した。九三年八月から九四年十一月にかけて、次々に続く勝利判決の積み上げは、もはや、東電差別撤廃裁判における全体の流れを不動のものにした。会社側の控訴で、上記五つの裁判は、東京高裁に係属したものの、巨大資本を包囲する、法廷外の壮大な運動と連携し、会社側をして和解協議の席につかせた。まだ東京地方裁判所に係属中の東京版の原告らも、東京高裁の和解協議に利害関係人として手続上関与させるという離れ業で、一挙に東電裁判全体の解決が図られ、九五年十二月二十五日、遂に東京高裁での勝利的和解の成立にこぎつけたのであった。

そこに、私は、大衆的裁判闘争の真髄を見る。もともと、この裁判論は、松川・青梅・辰野などの刑事裁判を闘う中で、その成果と教訓を紡ぎだし、自由法曹団が継続的・系統的に検討を重ね、練り上げた次第であった。しかし、この実践的裁判論は、刑事裁判のみに特有のものではなく、労働裁判などの民事裁判にも通用しうるものであることを、東電思想差別撤廃裁判は、いかんなく証明したのである。

そして、最後に書き記しておくが、「闘ってこそ自由—勝利して本当の自由」のスローガンは、統一弁護団による総括文書の題名となっている。

第三章　バスを止めた三十五日
——労働者側弁護団の実践的レポート

一　辰年の幕開け

一九八八年の干支は、辰である。辰は竜、よく雲を起こし雨を呼ぶという。この「雲雨」のかわきりは、長野県下では、さしずめ、千曲バス労働争議であろうか。経営陣の唐突な会社身売り（経営権の譲渡）に対抗して、千曲バス労働組合（組合員三百五十余名）は、新年早々、無期限ストを敢行したからである。

千曲バス株式会社（本社・佐久市、資本金・一億九千四百万円）は、千曲川の源流である川上村から下って上田市周辺に至る流域（東信地区）を営業区域とする路線バス会社である。創業の大正時代から一九六〇年代前半までは、東信地区経済界の優良企業で、幾多の人材を受け入れ育ててきた。だが、その後急激に進行する過疎化とモータリゼーションのあおりを受けて、乗客減が経営悪化をもたらした。

そこで、ホテルやレストラン、ハイヤー、観光、広告等の他業種への転換が試みられたものの、多角化路線は、未だ経営悪化をおしとどめる程の実績を上げるに至っていない。

この状況を踏まえて、組合も、会社の経営問題に積極的に発言と提案を行うとともに、県内同業他社より低い労働条件を甘受するという特別措置を承認して、経営改善に具体的に協力してきたのであった。この特別措置を金銭に見積もれば、八七年暮までで二十五億円の多額に達するという。この一事をもってしても、組合の協力度合いが推し計れるであろう。

ところが、である。経営陣は、八七年秋頃から、非常勤役員を中心にして、東京のタクシー会社（グリーンキャブ株式会社――本社・東京都新宿区、総資本金・六億七千余万円）に接触を始めるや、自らの経営責任を放擲して、同年十二月二十三日経営権をグリーンキャブに譲渡する仮契約を締結し、翌年一月二十六日には臨時株主総会（議案は、資本の七割減少の件、発行済株式の約二・五倍に相当する新株をグリーンキャブに引き受けさせて増資する件、グリーンキャブの役員を取締役や監査役として受け入れる件等）を佐久市中込に召集して、会社の身売りを法手続き上完結させてしまう暴挙にでてきたのである。この一方的な見切り発車は、ただ、組合に対する裏切りであることにとどまらず、地域住民や関係自治体に対する背信行為でもあった。地方の路線バス会社は、地域住民にとってかけがいのない交通機関であるばかりでなく、多角化された関連業種をも含めて、地域社会に深く根をおろした社会的存在である。その公益性に鑑みて、地域社会の側も、様々な便益を与えてきたのだし、現に関係自治体は、赤字路線バス対策として、多額の補助金を毎年支出しているのである。

経営者の交替も含めた経営のありかたは、社会的に、しかも、手順を履んで、検討されるべきものではあるまいか。当然のことながら、地域住民も、経営陣の暴走に、反発を強めたのであった。

かくして、組合は、八八年一月五日労働関係調整法第三十七条に基づいて県知事に争議通知を行い、会社身売りの白紙撤回を求めて、一月十七日無期限ストに突入したのである。その後、労使の団体交渉や地労委のあっせんにより解決が図られたけれども、効を奏することなく、ストが継続し、連日記録を更新する事態となった。遂に、長野県知事が、二月中旬から調整に乗り出し、労使双方が、県知事の要請内容を受諾する形で合意に達して、同月二十日ストが終結された次第である。

近年、日本の労働戦線では、労働者の伝家の宝刀であるストライキ権があまり行使されず、労働運動の高揚期である春闘でも「ストなし春闘」が定着しつつある。そんな情勢の中で、今回の争議では三十五日間の長期ストが断行されたものであること、そして、地域住民に直接的な被害を及ぼす交通産業の分野で、地域住民の理解と支持を得ながら、弾圧や分裂策動の余地を入れず、終始整然とストが決行されたことは、特筆すべき壮挙ではないか。しかも、今後も続くであろう経営難の状況下で、組合が雇用確保と路線維持の要求を獲得したことも、大きな成果であるといってよい。これらの壮挙と成果を可能にした諸要因を明らかにする作業は、極めて重要な意義を持っているのであるが、組合側で闘争全体を総括する記録を遺す企画が取り組まれているので、そちらで十分論じてもらいたいとかかわったかの視点から、若干のレポートをすることにしよう。
思う。そこで、この小稿は、労働者に寄り添う立場の弁護士たちが、長期ストにいかに弁護団として

二　シナリオの練直し

千曲バス労組は、組織上、私鉄県連、中部地連そして、私鉄総連へと繋がっているので、基本的な活動は、これらの系統機関の方針と指導に拠っている。また、私鉄総連にはレッキとした顧問弁護団が組織されているので、法律上の問題についても同様の取扱いとなる。しかし、個々の組合員の惹き起こした交通事故やプライベートな悩み事等に、先の顧問弁護団が必ずしも対応できない事情があって、地元の上田市で法律事務所を構える岩崎・岩下法律事務所が約二十年程前から、単組である千曲バス労組独自の顧問を引き受けているわけである。今回の無期限ストの実施についても、私鉄総連の顧問弁護士とは別箇に、見解を求められており、「組合の基本的な戦術の設定として、賛成である。」との意見を表明したのであるが、その前提に、次の二点を要望した。

地域住民の理解と支持を得るために、事前に徹底した宣伝活動を行うことである。組合は、関係自治体や諸機関に要請や申入れを繰り返し行ない、連日街頭に数台の宣伝車を走らせた。もう一つは、往々にしてストの過程で種々の突発的事件が発生するので、これらに機敏に対応するために、地元弁護団を拡充することである。実戦部隊として即戦力が求められ、緊密な連携が必要であることから、上田市内に法律事務所を構える自由法曹団員の佐藤芳嗣・滝沢修一の両君を推せんし、ここに四名の

団員からなる闘争弁護団が結成された。

この弁護団の最初の仕事は、当然のことながら、臨時株主総会対策である。組合の要求は、株主総会阻止にあったから、その要求に適う法的手段を探求しなければいけない。二つの面から検討された。

一つ目は、株主総会そのものを、法的に差し止めることはできないかということである。

前述のとおり、組合は、ここ数年来、会社経営の建直しのために諸々の協力をしてきたのであるが、そのために幾つかの協定書や確認書が、労使間で取り交わされている。そのことから、千曲バスの労使間には、会社の再建は労使協議によって行うという法慣習（法規範）が成り立っていると捉えられないか。だとすれば、今回の組合無視による株主総会の強行は、右規範に抵触して違法となる。具体的な手続は、仮処分の申請である。

二つ目は、組合が株主総会に参加して、会社身売りの議案を可決させないことである。組合は、従前から百二十五株を所有していたが、経営陣の理不尽な措置に怒った一般株主たちの多くが、白紙委任状を組合に提出し、その数二十四万余株に及んでいた。しかし、残念なことに、委任状の争奪戦では、経営陣側に一日の長があって、一月九日の株主名簿閉鎖日までに、発行済株式総数三百八十八万株の圧倒的多数が、かき集められてしまっていた。

前者の差し止め方針にも、隘路があった。つまり、株主総会の招集・開催やその議案である資本の減少や新株引受権の授与は、いずれも、株式会社制度の根幹を構成するもので、労使間の協議がそこまで法的拘束力を及ぼしうるか否かの法律上の問題がある。更には、果たして短期間で裁判官を説得しきれるかどうかの実務上の問題も伏在している。結局のところ、もしも仮処分申請が却下という事態になれば、現在意気高く決行中のストにもマイナスの効果を及ぼしかねないとの運動論上の配慮が優先して、前者の差し止め方針は見送りとなった。

だからと言って、株主総会を拱手傍観するわけにはいかない。

後者の出席方針に、焦点が絞られた。組合員全員が、株主権行使代行者の資格で、二百名そこそこの会場座席に加えて、立ち見席も埋めつくして、経営陣の責任を徹底的に追及する戦術が、具体的に提起された。だが、いかんせん、組合幹部ですら、株主総会は初体験であった。ましてや、会社法に関する知識は皆目なしの状態である。そこで、会社法のイロハから、にわか勉強が組織内で始まった。

一月二十三日（土）の午後は、短期即成コースの仕上げ日である。少し早めに勢揃いした弁護団が雑談していた折、会社の定款に目を落としていた一団員が、「なんだこりゃ」と素頓狂な声を挙げた。定款の付則欄に、次の記載を発見したからである。

「会社の株主に対しては、取締役会の決議により新株引受権を与える。但し、新株の一部については、株主総会の決議により、当会社の役員従業員及び縁故者に対し引受権を与え、又は公募することができる。」

つまり、定款の付則によると、新株の全部をグリーンキャブに与えることは許されない仕組みなのだ。換言すると、新株をグリーンキャブに与えるという議案は明らかに違法である。

これは、一大事である。早速、勉強会の冒頭に報告すると、組合は、「是非、仮処分申請をしてくれ。」と言う。この違法事由では資本の減少や新役員選任の議案まで差し止めることができない——時間が切迫していて、裁判官が審査する日が一月二十五日（月）の一日に限られるから、株主総会に間に合わない公算が大きい——、このように弁護団が説明すると、組合は、「それでも構わん。」という。経営陣が、スト突入七日目を迎えたのに、いささかも怯るところがなく、団交に誠意を示さないのは、是が非でも株主総会を強行突破することを目論んでいるからだ——この手順に一つでも法違反の不始末があることを公にできれば、組合は、今後の運動を展開していくうえで有利である——こんな読みが、組合にあったからである。

かくては、勉強会どころではない。弁護団は、これまでのスケジュールを変更して、仮処分の申請にとりかかった。夜を徹した準備の甲斐あって、翌二十四日（日）の夕刻には完了となった。そして組合事務所に出向いて、記者会見を試み、組合の言い分の正当性をアピールした。これを受けて、組合は、欠陥のある株主総会の延期を求め、新たに団交を申し入れる。二十六日（火）午前十時の株主総会開会までの限られた時間の枠内で、ギリギリの攻防戦が新たに始まった。

三　ハイライト「寒中の熱戦」

一月二十五日から翌二十六日にかけて、情勢のドラスチックな展開に、弁護団は、緊張の連続であった。その有り様を、できるだけビィビィドに再現するために、ドキュメント風に綴ってみよう。

25日9時0分弁護団、仮処分申請書を長野地方裁判所上田支部に提出。裁判所内で支援労組員に報告集会。各弁護士の抱える今日と明日の他の裁判期日を全て変更して、弁護団全員待機の臨戦態勢を敷く。以後、各自、随時マスコミ各社の取材に応じる。

9・40　担当裁判官、他の案件処理のため弁護団との面会が遅れるとの連絡。

11・40　裁判官と面会。組合代表者の審尋後、今日中に結論を出すように迫る。「重大な案件なので、会社代表者の審尋も行なう」との回答。

12・0　裁判所に問い合わせ。「会社の都合が分からない」との回答。

13・0　裁判所に問い合わせ。「二時過ぎに審尋予定」との回答。

13・30　警察の機動隊が明日出動するとの情報が入る。

14・45　八十二銀行の日銀代理業務が午後三時に締切となるので、その延長を交渉し、四時までとの了解をとりつける。

15・0　株主総会の会場となる佐久市内のホテル玄関前に、鉄柵バリケード工事が始まるとの情報が入る。

15・30　組合が当該ホテルに三十人分の宿泊予約を確保したとの情報が入る。やり残しの勉強会もあるので、弁護団全員投宿を決める。

15・45　裁判所に問い合わせ。「検討中」との回答。
16・0　即日仮処分決定の夢消える。
16・30　総会屋の動きありとの情報が入る。
16・45　裁判所に問い合わせ。相変わらず、「検討中」との回答。弁護団の一部に仮処分申請却下の観測が台頭する。
17・0　裁判所の退庁時刻。裁判所に問い合わせ。「裁判官室で検討中」との回答。却下を想定して、組合と対策を協議。「この期に及んで却下されるなら、いっそのこと申請を取り下げた方が、戦術上よし」とする仮処分申請の取下案をめぐって、激論を闘わせる。
17・30　裁判官との面会実現。「重大な案件なので一晩かけて検討したい。」「それでは、決定書のタイプや供託手続等を計算に入れると、間に合わない。」と追及すると、「いずれの結論にせよ、手書きしてでも間に合わせたい。」との回答。取下案を克服する決意を、組合と弁護団確認する。
18・0　仮処分認容の場合に備えて、団員一名を、明朝の供託手続等の要員として上田に残して、他の団員三名は、会場のホテルに向かう。残った団員は、申請が認められた場合に備えて八十二銀行や執行官・法務局に明朝の段取り方を要請。
19・0　組合、株主総会の延期を求めて団交開始。

19・30　上田市に残った団員、法律事務所職員や供託手続に協力する司法書士と事前準備に入る。
21・0　弁護団、当該ホテルに到着。経営陣も、職員を動員して出入口・非常口をチェック中。大株主等は既にチェックイン済みとの情報が入る。
22・30　上田市に残った団員から事前準備完了との情報が入る。
24・0　団交決裂。社長、自宅に戻らず当該ホテル非常口から忍び込んだとの情報が入る。最後の勉強会が当該ホテル内で開始。
26日2時0分私鉄県連の支援オルグが、各地から次々に到着。弁護団は、状況や法的問題の説明に追われ、徹夜体制となる。以後、ホテル内の要所要所で、労組員と会社職員との陣取合戦が繰り広げられる。
6・55　経営陣の雇ったガードマン三十一名が姿を現し、鉄柵の前で検問開始。
7・0　当日参集した労組員等は、株主権行使代行証明書で、検問を次々に突破。
7・25　完全武装の機動隊が、トラックを連ねてホテルに進行中との情報が入る。
7・30　ホテル内会場前のロビーは、労組員五百名で埋まる。ホテル支配人が、「全館貸し切りとなっているので、株主以外は屋外へ退去して欲しい」とマイクで叫ぶ。労組員等は、先の証明書をふりかざして対抗。
8・0　鉄柵前のガードマンは、配置換えで、ホテル内会場出入り口に人間バリケードを築く。

8・18　会社は、「受付を始めるが、組合は委員長一人に限る」と言明。労組員等は、株主権行使代行証明書所持人の受付を要求して、激しい応酬。

8・30　七百万円の保証を条件に「新株引受権をグリーンキャブに与える件を、提案して議決に付してはならない」との手書きによる仮処分決定書でる。上田市に残った団員と事務職員・司法書士は、供託と執行官送達に奔走。労組教宣部は、「仮処分決定出る」のビラ作成にとりかかる。

8・45　機動隊、ホテル近くの駐車場で整列。その数約三百。

9・0　大株主は、受付を強行し、先に並んで待機している労組員等をかき分けて入場する。「受付の順番守れ！」の怒声が飛び交う。労組員等は、入場を試みて、会社職員ともみ合いとなる。

9・20　供託や送達手続は、全て完了の連絡が入る。

9・30　仮処分決定書の写しがホテル内の弁護団の手元に届く。ビラを抱えた労組員とロビーに駆け付けて報告。一斉に歓声と拍手が起こり、ロビーは割れんばかり。ビラが労組員等の頭上に舞う。私鉄県連は、仮処分決定を基に、改めて団交申し入れ。

9・40　経営陣、「新株引受権の議案は提案しないが、その他は実施する」との回答。私鉄県連は、「意味のない議決の中止」を要求して、再度の団交申し入れとともに、面会を迫る。会社職員、受付用机をバリケード代わりにして、私鉄県連等の入場を実力で阻止し、もみあいとなる。そのために、株主権行使代行証明書所持の労組員等ばかりか、一般株主たちの受付や入場が不可能になる。

9・50　会場入口付近のマスコミ陣の中に、公安警察と検察がもぐり込んでいることが判明。「公安は出て行け」のシュプレヒコール。ロビー騒然。公安側は、マイクで録音したり、無線で駐車場内の機動隊と交信中。

10・5　株主総会開始の模様。入場株主僅か五名、グリーンキャブの役員も入場できずとの情報が伝わる。

10・16　入場を阻止された一般株主たちが「会社側の不手際だ。総会は流会にしろ！」と叫ぶと、労組員等は「異議なし」と応える。

10・35　株主総会は形式手続終了。

10・50　千曲バス労組委員長が「これからも今まで通り闘う」と決意表明して当日の会合は解散となる。機動隊は暴力的介入をしないまま撤退した。

12・0　組合事務所で総括会議。弁護団は、仮処分決定の意義と効果を説明し、一定の成果を強調して連帯のあいさつをする。

13・0　弁護団は、十八時間ぶりに食事（カツ丼）にありつけた。

四　なごむ終幕

増資を伴わない減資という変則事態は、その下での、組合に有効な法的手段を探るという新たな課題を、弁護団に負わせる。いきおい、何年ぶりかの商法全般にわたる学習を、弁護団は、強いられる羽目になった。

商法は、減資によって不利益を蒙ることのないように、債権者に異議申立権を保障している。この権利を行使すると、会社は、債権者に弁済するか相当の担保を提供しなければならず、この措置を完了しないと、減資の効力が生じない仕組みになっている。ところで、組合は、これまで会社の資金繰りに協力するために、組合員の退職金につき分割支給を承認してきたのだが、退職者の組合員ＯＢや定年を間近に控えた現役組合員を大勢擁しているだけに、この異議申立権を活用すれば、経営陣は、資金的に窮地に陥ってしまうだろう。

また、減資に伴う新株券発行手続に際しては、先の臨時株主総会で組合に協力した株主たちを対象に、一株券に分割し、一株主を創る運動を組織すると、少なくとも万余の株主を組合側に結集することができる。幸か不幸か、会社の本店所在地域内には、万余の人々を収容する大きな建物は見当たらない。そもそも、株主を入場させないで強行可決した先の株主総会の決議自体、取り消されるべき代物なのではないか。

学習すれば、法的な攻め道具は、いくらでも見つかる。弁護団は、再び記者会見を行って、これらの攻め道具を公開し、経営陣の出方如何ではドシドシ使っていく用意のあることを明かして、経営陣の軽挙妄動を牽制した。実際にも、地労委のあっせんが不調に終わるや、第一弾として、二月九日株主総会決議取消の訴えを、長野地方裁判所佐久支部に提起したのである。

一方、組合自身もまた、余力十分であった。今日の事態を予想して、十数年前からコツコツ闘争資金を積み立ててきて、半年余のストにも耐えられるだけの財政的裏付けを確保していたのだ。

だが、闘争は、それ自体が目的ではあるまい。腑甲斐ないことに、従前の会社役員連中は、自力再建の意欲をすっかりなくしている。

組合は、地元資本家に接触したり、地元自治体等に第三セクター方式を打診して、独自の働きかけを試みたものの、芳しい反応が見られなかった。一部のマスコミは、「地域住民の自衛措置が整い、バス離れ現象が加速化し始めている」と報じてもいる。このままストが長期化すると、会社更生法の発動も念頭に入れないわけにはいかない。四年前、私鉄県連傘下の川中島バス労組が、この更生手続の中で、二百余名の仲間を失った苦い先例がある。

これらの状況を総合して、組合は、今回の闘争における要求について、最低限の獲得目標を組織内で検討することになった。そして、人員整理を一人も許さないで雇用を確保することと地域住民の足を守るために既存バス路線を維持することの二点を決定した。この決定が、長野県知事による異例の調整に、途を開くことに繋がった。

県知事は、二月中旬、知事部局の社会部長を前面に立てて、労使間の調整を精力的に行った。二月十九日未明に至って、組合の先の獲得目標を主旨とする要請書を、労使双方に提示した。経営陣は即日受諾したが、組合は、組織討議に付し、弁護団も、よりましな選択であるとの意見をあげた。二十日、組合は、受諾することに決定し、三十五日に及ぶ長期ストを中止したのである。

早春の温もりが伝わる三月の一夕、弁護団は、組合から招待を受けた。会場は「寒中の熱戦」の舞台となったホテルである。

労組のもてなしとしては豪華過ぎる三の膳に及ぶ馳走には、並ならぬ感謝の気持ちが盛られている。おのがじし、思い出話を止めどなく続けるのだが、合点のいくところもあった。

弁護団は、各自が持ち場をきちんと務めあげて、どうにか大役をこなせたのではあるまいか。それにしても、日頃から労働法規以外にも精通し、臨機応変に対応しうる力量を身に付けておれば、もう少し見栄えのする演出を披露できただろうに……と。

かの日の喧騒などウソのような静寂の中に、やがて思い出話が消え入る時、闘争弁護団は、御役御免となった。

第四章　税金裁判と納税者の権利

――徴税権力をただす

一　「税金裁判は、しんどい」

私が長野中央法律事務所にお世話になった一九六七年から一九七三年にかけての時期は、税金裁判の華やかな時代であった。思いつくままに書き並べてみても、五つの労音と三つの労演（後に市民劇場と改められた）の入場税賦課処分取消訴訟、民商幹部五名の更正処分取消訴訟、日本共産党やその関係者の〝日本の夜明け〟入場税賦課処分取消訴訟、一般の中小業者の更正処分取消訴訟などなどが挙げられる。当時、長野中央法律事務所は、いわば長野県全体の法律センター的役割を担っていたうえ、県下の行政裁判の所管が長野地方裁判所本庁にあったことから、県下各地の税金をめぐる案件が、多数持ち込まれる仕儀になったのであろう。

これらの裁判を提起した人々（原告）に共通していた思いは、「新しい憲法の下では、もはや税務署の言いなりにはならない」というにある。この気構えをつき詰めていくと、納税者の主権者意識

——国の主人公は、納税者であるから、公僕である税務署職員や税務措置の誤りをただすことこそ、納税者の務めである——にたどり着く。日本の税制と税務行政を、近代化・民主化させていくために、欠かせないモメントである。

それだけに、裁判を実際に担当する代理人（弁護士）の責任は重く、悩みもまた多かった。なにしろ、大学教育はおろか、実務法律家を養成する司法研修所でも、税法や税金裁判について、学ぶ機会がなかった。だから、目に触れ耳にすることごとくが、初めての事柄で、いきおい独習を強いられたからである。

かたや、日本の税法学自体が、長い間行政法学の内に包摂されてきて、一九四九年のシャウプ勧告を契機にして、ようやく独自の学問的研究の緒についたばかりであった。それゆえに、納税者の立場に寄り添う法理論の展開などは、皆無に近かった。

そんな状況の中で、税務署側の振りかざす旧来の特別権力関係論なるものや徴税絶対のおぞましい論理に、どのように立ち向かっていくか。まさしく、手探りの模索、その連続であった。だが、翻って考えてみれば、この成り行きは、国民の基本的人権を擁護することが使命であると規定される（弁護士法第一条）戦後日本の弁護士にとって、避けて通れない、宿命的な道程なのかもしれない。

二　「オレたちの文化活動に、税をかけるな！」

今でも、私の記憶に鮮やかなのは、労音・労演裁判である。私と同世代の、「フツーの若者たち」

が、入場税法の改廃を展望しながら、徴税権力とわたりあう――この構図が、何時も、清々しい感動を呼び起こしてきた。

一九六四年九月、県下の労音・労演は「入場税の賦課処分を取り消せ」と、一斉に長野地裁に提訴した。勤労市民が、よりよい音楽や演劇を求めて、小さな力を寄せ合って自主的に始めた文化運動である。その活動の基本は、職場や大学・地域ごとに組織されたサークルにあり、各サークル独自に、あるいは他のサークルと連携し、創意と工夫を凝らした種々な活動を展開し、場合によっては、他の労音・労演とも交流し合って、活動の拡がりと深化を図っている。それらの多様な活動の一つに、音楽や演劇を全体で鑑賞する例会がある。その例会の企画や運営も、当然のことながら、当番でサークルが分担し合っている。

なのに、税務署は、その例会だけを取り出して、不特定多数の人々を対象とする興行業者が一方的に実施する催物と同一視して、労音・労演の諸活動全体の分担金である会費を、入場料金とみなして、入場税を賦課したのであった。

もともと、入場税制は、一九三八年日中戦争の戦費を調達する目的で創設された代物である。「戦争を放棄し」（第九条）「健康で文化的な最低限度の生活を保障する」（第二十五条）新憲法の下では、音楽や演劇などの文化に課税すること自体の是非が、国民的に議論されてしかるべきものではないか。この狙いも、さきの裁判提起にこめられていた。

同種の裁判は、全国各地でも起こされ、その数約八百五十に及ぶ壮大な税金裁判となった。その中でも、県下の裁判は、「長野方式」として注目された。つまり、裁判の主たる争点を、次の点に置き、着実に実践したからである。

労音・労演の活動形態は、そもそも、入場税法の予想していなかったものだから、実態を徹底的に法廷で明らかにするとともに、同法の課税要件の枠組みを厳密に解釈させていけばよい。そのために、証拠調べでは、特色のあるサークルの代表者たちをドシドシ証人に押し立てる。

日本の裁判あるいは裁判所は、これまで、国民からは遠い存在で、「七面倒なもの」とか「恐いところ」などと観念されてきた。しかし、実際の労音・労演裁判では、証人たちが、「フツーの言葉で日常のサークル活動を語ればよかった」し、支援に駆けつけた傍聴席の仲間たちも、「普段着で活動報告を聞けばよかった」のである。法廷は、毎回楽しい交流の場となり、何時も満席の盛況であった。

だが、残念なことに、六七年以降、東京や広島で敗訴判決が相次ぎ、外堀を埋められる状況に追い込まれつつあった。その大きな原因は、「人格なき社団は、入場税法上の課税対象にはならない」という抽象的な法律解釈論争に、余りにも偏りすぎたことにある。あるいは、そうせざるをえないほどに、当該労音や労演のありように、本来の目的からの逸脱が見られたのであろうか。

そうした一方で、裁判外の入場税法改廃運動は、広範な人々と連帯しながら大きく発展し、免税点を三千円に引き上げる成果を挙げた。

この成果を踏まえて、不利な展開状況にある裁判闘争を終結する方針がうち出された。県下の労音・労演も、集団討議を経て、さきの方針に同調して、七五年一月、訴を取り下げた次第である。

長野方式を編み出した裁判の原告代理人にとっては、どこか一抹の淋しさを残す終幕であった。

三 「斬り捨て御免は、御法度」

私にとって最も感銘深い税金裁判は、長野民商小林延雄事件である。

「日本の中小商工業者の営業と生活を守り、業者の社会的地位の向上をめざす自主的な運動」が民商なのだが、個人経営の左官業者である小林さんは、周りの業者の勧めで、一九六八年長野民商に加入した。そこで展開される諸活動のどれもこれもが、小林さんに新しい目を開かせてくれた。

その一つが、税金学習集会で習得した納税者の自主計算・自主申告論である。それまで小林さんは、「税金はお上が決めるもの」と思いこんでいた。だから、毎年納税申告シーズンになると、きまって税務署の「税金相談」に駆け込み、そこでの「申告指導」に従って税額を決めてもらっていた。そんな小林さんにとって、まさに目から鱗が落ちる思いであった。

さきの実践論を、まとめると、こうなる。

「戦後の申告納税制度の下では、所得金額と税額を決めるのは、納税者自身である。納税者は、自分で正しい所得金額と税額を計算して、その結果を申告・納税すれば、それで納税義務を果たしたことになる。それゆえに、当該申告は、税務署も、最大限尊重すべき義務を負う。

だから、税務署が、納税者の自主申告を否定したり、あるいは更正することができるのは、例外的な場合に限られる。

ここに、戦前の賦課課税方式とは根本的な違いがある。国税通則法第十六条一項一号後段は、このことを明言して、『申告がない場合』『申告に係る税額の計算が、国税に関する法律の規定に従っていなかった場合』『その他、当該税額が税務署長の調査したところと異なる場合』と規定しているのだ。つまり、税務署長が自主申告を否定して更正処分をかけるにあたっては、具体的な資料に基づく合理的な理由が存在していなければならない。しかも、当該理由が納税者に明らかにされるべきなのだ」


六九年春、納税申告シーズンがやってくると、小林さんは、自主計算に取り組み、分らないところは、経験豊かな会員に聞き、それでも疑問の残る点は、民商顧問税理士に照会した。こうして完成した申告書を、三月十五日　民商の仲間たちと一緒に集団で税務署に提出した。

意気軒昂な集団申告の余韻がさめやらぬうちに、税務署の報復が始まった。事後調査と反面調査を仕掛けてくる。そして、同年十二月二十五日に、税務署長は、所得金額と税額を大巾に引き上げる内容の更正通知書を送り付けてきた。こともあろうに、税務署の「申告指導」に従って申告した六六年分と六七年分についてまで、増額更正をかけるという、アコギな仕打ちであった。

翌年の一月二十三日、小林さんは、「いかなる調査の結果によるものであるか何等の説明もなく、一方的な更正処分は、承認できません」との理由を付記して、異議の申立に及んだ。すると、異議担当調査官は、「各年度の事業所得のわかる収支計算書を提出せよ。その書類の提出がない場合は、異議申立を直ちに却下する」旨脅す有り様であった。

さすがに、「簡易却下」の門前払いでは、後で面倒になると心配したのであろうか、同年四月二十一日異議申立棄却決定書の理由欄に、次の記載を施して、異議審査手続の体裁を取り繕った。

「取引先等について調査した収入金額を推計し、これに同業同規模程度の平均的と認められる所得率を適用して、所得金額を計算すると、二、七九五、一六二円となり、結局、原処分における所得金額を下ることになりません。よって、原処分は、相当であります」

一見すると、異議担当調査官が、なにやら独自の調査をし、所得率算定の計算関係を改めて検討審査し、原処分と同額の所得金額を算出したように読める。けれども、単に抽象的な方式を掲げただけのことで、その収入金額がいくらと推計したものか、その所得率算定の明細、更正にかかる所得金額算出の根拠となった具体的関係など、全く不明である。これでは、まっとうな理由付記に及びもつかない。現代版の斬り捨て御免と同じだ。小林さんの堪忍袋の緒がきれた。

「もともと納税者の権利救済機関であるべき異議申立制度が、このように蹂躙されてよいのでしょうか。その責任追及がなおざりにされたままでよいものか。私の疑問と怒りは、納税者全体にかかわっている問題だと思う。もうこれ以上、黙って看過するわけには行かないじゃないですか。納税者は、国の主人公として臆することなく発言し、公僕である税務署職員の非違をただしたい」

七〇年七月二十日異議申立棄却決定自体の取り消しを求める訴訟が、長野地方裁判所に提起された。

提訴の狙いは、的中した。

件の異議担当調査官が、七二年六月一日、長野地裁の大法廷に証人として呼び出された。既に税務署を退職し、民間業者らを顧客とする税理士を上田市内で開業していたが、証人出頭にあたって、税務署側との綿密な打合せなどの事前準備をしていたであろうことは、想像に難くない。なのに、税務署側の指定代理人（法務省訟務官）の主尋問に大失態を演じてしまったのである。

長い主尋問の最後に、指定代理人は、かつて証人が起案した異議申立棄却決定書の理由付記について尋ねた。

問、その決定には理由が書いてありますが、その理由で、決定理由として十分であると、証人は判断したわけですか。

この質問を受けて、証人は、念のためもう一度、決定書の理由欄に眼を落とし、文面をしげしげと眺めた後、突然調子がおかしくなった。

答、一応、理由につきましては……。

と、口ごもったまま、結論がはっきりしない。これに不安を抱いた指定代理人は、税務署側が期待する結論に誘導しようと試みた。

問、最初に……、十分であると考えたか、そうではなかったと……。

答、（十分であるとは）かんがえませんでした。

証人は、公平な第三者の立場から、率直な意見を述べてしまったのだ。

更に、驚くべき事実も判明した。さきの棄却決定書には、恰も独自の調査や新規の検討審査をしたかの如き文面になっているけれど、実際には何もしなかったという。原処分庁の更正処分をウノミにして、備付けの文案に従って、機械的に書き写した代物なのであった。

七四年五月二日の長野地裁判決は、もはや弁解の余地がない理由付記の点をとらえて、「法の趣旨に適合せず、違法なもの」と断じ、それだけで異議申立棄却決定の取消しを命じた。

この判決に異議を唱えた税務署側は、東京高裁に控訴したが、まるで攻守ところをかえた格好の不服申立の形とあいなった。だが、納税者の権利保障のための手続きを重視しようという、最近の判例動向に照らせば、空しい抵抗のように見える。東京高裁が、七五年五月十五日証拠調べを開始することなく短期間で控訴を棄却すると、税務署側は、上告断念に追い込まれた。

長野地裁の異議申立棄却決定取消し判決の確定に伴って、税務上の不服申立手続の進行が再開することになるのだが、その間、国税通則法の改正があって、国税不服審判所制度が創設されていた。そこで、当該案件は、国税不服審判所の審査に付されることになった。不十分さを残してはいるものの、権利救済機関としての審査手続が一応整備されたことから、長野税務署長の各更正処分につき、合理的根拠を欠く事が、明らかにされた。かくて、国税不服審判所所長は、各更正処分を全面的に取り消す裁決を下したのであった。

六六年分、六七年分、六八年分の申告所得税額をめぐる争訟は、裁判所への新たな訴訟提起を経ることなく、全面的な決着をみたのである。

四　「追撃の手は、弛めない」

少しややこしい話になるけれども、長野民商小林事件は、これで御仕舞いではない。実は第二部がある。

小林さんと長野税務署側が、さきの異議申立手続で、攻防戦を繰りひろげていた時期――七〇年春、また納税申告シーズンを迎えた。

前年同様、自主計算・自主申告を貫徹すると、税務署は、早々に同年六月、自主申告に基づく所得一〇二万円のほぼ三倍に相当する二八八万円に増額する更正決定をかけてきた。当然のことながら、小林さんは不服申立をし、不服審判所の審査に若干の期待をかけた。しかし今回は、不服審判所所長が、更正処分の全面的取消しを回避し、所得金額を一部変更して二一〇万円に減額する挙（裁決）に出たのである。

このような姑息なやり口に、小林さんはいささかも妥協の素振りを見せない。当時、公認会計士吉田敏幸著の『どんと来い税務署―ひどい目にあわないために』がベストセラーとなって版を重ね続けていて、一般納税者の権利意識も高まっていた。

追撃の第二弾（更正処分取消し請求訴訟）は、七五年二月放たれた。長野地裁への右提訴の時は、私は、長野中央法律事務所に在籍していなかった。既に二年ほど前に独立して、両親の暮らす上田市内に個人法律事務所を構え、広い東信地域で生起する多数の市民事件などの対応に手一杯であった。そこで、追撃の第二弾は、後輩の武田芳彦弁護士が担当する役回しになった。その訴訟では、主な争点は、税務署長の採用した推計課税の許容性・妥当性にある。細大漏らさない、粘り強い取組みが続けられている。

この拙稿は、長野中央法律事務所の二十年誌『今日も、かがり火は燃えるＰＡＲＴⅡ』（八五年十一月十六日信州の教育と自治研究所発行）への寄稿文なのだが、その時点でも、まだ長野地裁に係属中で、訴訟期間だけでも十年を優に超えている。武田弁護士の言によれば、原告（小林）側のイニシアチブのもとで進行し、全面勝訴まであと一歩との由である。

（追記）

八六年四月二十四日、長野地裁判決が下った。

「税務署長の推計課税は、青色申告の同業者二十三件から抽出したものであるが、売上額をみても、一九〇〇万円から一三〇〇万円台まで約七・二倍の開きのあるものを、基準にして推計していて、科学性のないもの」と断じ、「営業規模に対する配慮を欠き、平均化し尽くしているとはいえない」として、更正処分に係る推計課税を排斥した。

税務署長の控訴による第二審では、税務署側は、恥も外面もなく、「推計ではなく、実額で算定できる」などの主張に変えたものの、八八年五月二十六日の高裁判決では、その主張も基本的には排斥された。

「第一部も含めると、通算して十九年に及ぶ長野民商小林事件は、税金裁判の宝庫である」とは、武田弁護士の総括である。

五　「権利のための闘いに、終わりなし」

ここまで縷々、小林さんの闘いの軌跡を辿ってきたが、読者の多くが、小林さんの強靭さに瞠目するにちがいない。しかし、小林さんは最初からそうであったわけではない。長野民商加入の頃は、零細業者の悲哀をかこつ一市井の人であった。税務署の報復に遭った時など、かなり動揺した。徴税権力に立ち向かうことに、むしろ消極的でさえあった。

民商幹部も含めた、とある打ち合せ会でのエピソードがある。

小林さんのやるせない気持ちは、ややもすると、愚痴となって民商幹部に向けられた。四軒長屋の一隅を借り受けた粗末な法律事務所で、延々五時間余。私はとうに辟易してしまい、翌日の国選刑事弁護事件の準備にとりかかってしまった。なのに、民商幹部は、耐えて小林さんに応対している、さまざまな話題を絡めながら。ようやくにして小林さんの怒りが、日本の税務行政と税制の現実に向けられた時、小林さんの表情に明るさが戻った。

なるほど、真の団結とは、こうして培われるものなのであろう。

小林さんを支えたのは、民商幹部だけではない。一般会員も、その境遇や力量に応じて、貴重な資料や情報を集め、闘争資金の拠出に努め、裁判の傍聴にかけつけてくれた。そんな温かい交流を重ねる中で、小林さんへの信望も高まり、とうとう小林さんを長野民商会長に押し上げた。会員総数も一千名の大台を超えた。「嵐は、木を育てる」という諺通り、小林さんの強靱さも、鍛えあげられていったのである。


小林さんが闘いの武器にした自主計算・自主申告論は、全国の民商関係者たちが、民主的な納税者運動を展開する中で紡ぎ出した実践的な論説なのであるが、これを支持する学者が現れた。北野弘久教授である。同教授は、次のように法理論的裏付けも与えてくれている。

「申告納税制度は、憲法論との関係では、国民主権ないし人民主権の租税法的展開を意味する。それゆえ、納税申告権（納税者による納税義務確定権）の行使は、主権者としての納税者の権利行使にほかならない。自主計算・自主申告こそ、納税者の権利の基本なのである」

同教授は、「日本の税法に特長的なことがらの一つは、おそろしいほどに、必要な手続き的規定が欠落している点である」と告発し、「税法学は、納税者の人権に奉仕するものでなければいけない」とも明言している。一日も早い北野税法学の完成を期待するや、切なりである。

異議申立棄却決定の取消しという画期的な判決が確定した一九七五年は、小林さんにとっても、長野民商にとっても、忘れられない年であるが、日本の税・財政上、日本の納税者全体にとって、記憶されるべき年なのだ。国の租税印紙収入が戦後はじめて落ち込み、赤字国債が大量に発行された年であるからだ。その後、財界からの要求――赤字国債を財源としての不況打開――をスローガンに、赤字国債は、増発に次ぐ増発で、毎年雪達磨式に膨れあがっていった。八三年六月、国債発行残高は、一〇〇兆円を超える事態となった。

この財政危機の中で、納税者の権利をめぐる攻防は、新たな局面を迎えている。大蔵省（現財務省）は財政危機の打開策として、大増税（一般消費税の導入）を狙ったが、七八年から七九年にかけての国民的な反撃の前に、後退を余儀なくされた。その苦い経験に学んで、新たな策動が秘密裡に推し進められている。「申告納税制度見直し」論がそれである。

八一年十月、金子宏東大教授を座長とする「申告納税制度研究会」が大蔵省主税局長の私的諮問機関として設けられた。新聞報道によると、「申告納税制度の見直し」と銘うって、「質問検査権の強化・記帳義務の法制化・推計課税要件の緩和・資料提出義務の強化と違反者への新たな過怠税の併科など――徴税権力の大幅強化を内容とする大蔵省試案」が研究会に提示されたとのことである。

ついで、八二年六月二十二日、政府税制調査会第一回総会で、「申告納税制度特別部会」が設置されたが、その部会長にはさきの研究会座長の金子教授が据えられた。

第二次臨調の答申でも、申告納税制度改善の項目が盛り込まれている。

このように、「申告納税制度見直し」の環境づくりが、着々と整えられつつある。

だが、納税者の側は、手を拱いてはいない。各界各層の人たちが、その立場を超えて「不公平税制をただす会」に結集した。八二年六月十四日、「申告納税制度見直し論についての意見」を発表し、「税制における真の公平を実現するために」として、具体的な八項目を積極的に提案した。

納税者のこのような連帯と協調に呼応して、現代の財政に危機感を持った憲法、税・財政学、経済学などの学者らも、「納税者の権利を守るために、根本的に財政のあり方を見直す必要がある」と行動に立ちあがった。それらの学者を中心に、八三年三月十九日「日本財政法学会」が設立され、初代理事長に小林直樹前東大教授がえらばれた。国や地方自治体の財政をチェックする機能を果たすとともに、住民運動や消費者団体とも協力して、納税者が主権者となった財政の実現をめざすという。

今や、戦後日本の納税者の権利闘争は、申告納税制度の維持・発展か、それとも改悪・骨抜きかをめぐって、正念場を迎えているといえるだろう。納税者の権利闘争は、その真価を発揮すべき時である。

第五章　小さな弁護士会の大きな試み
――刑法改悪反対運動の十年

一　法制審議会のとんだ答申

法務省の法制審議会は、一九七四年五月二十九日、法務大臣に対して、「現行刑法は、全面的に改正すべし。その要綱は、『刑法改正草案』によるべし」と答申した。

六三年の法務大臣の諮問は、「刑法に全面的改正を加える必要があるか。あるとすればその要綱を示されたい」というにあった。これを受けて、法制審議会は、諮問に関する調査・審議のために、刑事法特別部会を設置したのであるから、そこで、次の根本的問題が論議されるものと、法曹界では予想された。

㈠　現在の刑法に改正を要する点があるかどうか。

㈡　改正の要があるとしても、果たして、全面的改正まで必要とする情勢にあるかどうか。部分的改正では足りないのかどうか。

㈢　価値観の多様化している現時点で、基本法である刑法を全面的に改正することが、果たして妥当であるのかどうか。

ところが、実際は、ちがった。

全面的改正の要否・当否そのものを、まっとうに審議することなく、全面的改正を当然の前提にする異常な改正作業が強行される。しかも、改正のための原理・原則・方向性をどう定めていくのかという要綱作成の基本的審議がなおざりにされたまま、かつて法務省内に設けられた「刑法改正準備会」が、六一年十二月に作成した「改正刑法準備草案」なるものを、土台にしたと伝えられる。

こうした審議のやり方を批判して、著名な刑法学者の平野龍一や平場安治が、委員を辞職する騒動もあって、法曹界では、その成行きが注目されてきたのであった。

「刑法改正草案」（以下、草案と略称する）の内容もまた、ひどいものだ。

法務大臣の諮問が、「全面的改正を加える必要があるとすれば、その要綱を示されたい」というのに、草案は、すでに、第一条から第三六九条まで、完璧な法律案の体裁をとっている。そのまま国会に提出できる法案に切り換えられる代物ではないか。

現行の刑法は、全部で第二六四条までしかない。だから、一見して、草案には、多数の新設処罰規定や重罰規定が盛り込まれているのがわかる。法務省の分類によると、刑罰を重くする規定は百八十八個、新設の処罰規定は五十個以上にのぼる。

目を凝らせば、見えてくる。保安処分制度や不定期刑の新設にみられる長期拘束システムの確立問題が……。不明確で無限定な（つまり、構成要件の厳格さにもとる）処罰規定の創設という問題も……。

国民の人権保障のうえで、まことに由々しい事態であった。

二　白熱する臨時総会

長野県弁護士会の執行部は、ことのほか素速い反応を示した。当時の会長は、中村勝治会員で、私の両親と同世代の人である。戦前に、高等文官試験の行政科と司法科に合格されたが、内務官僚の道を選ばれ、戦後は、林虎雄知事時代の八年間、副知事を務められた。弁護士を開業されたのは、五五年一月。かたや、中村会長を補佐する副会長三名は、いずれも戦後の司法研修所出身であった。世代や個人的な思想が異なっても、基本的人権を擁護する使命という点では、完全に意見が一致していた。事の重大さに鑑み、法制審議会の答申を多角的に検討し、弁護士会のとるべき対応を議論するために、翌六月松本市内に臨時総会を召集することを決定した。

県内各地から、過半数を超える会員が、交通の不便も省みず駆けつけた。法廷の弁論さながらに、活発な議論を交わした。「刑法は、いかにあるべきか」の次元に踏み込めば、刑法理論の諸学説が絡み合い、会員各人の世界観や価値観が輪をかけるにちがいない。だが、論点を法制審議会の審議経過と草案自体に絞ったことで、厳しい批判や激しい反対意見が、異口同音に表明された。その内の二、三を紹介しよう。

「軽井沢浅間山荘事件のような特異なケースが、マスコミなどで喧伝されているけれども、日本の犯罪情況を総体的に見れば、六四年からは、はっきりと減少して、七三年には戦後最低を記録している。その中でも、粗暴犯や凶悪犯の減少が著しい。英米や西ドイツなどの資本主義先進国と比べても、殺人・強盗・強姦・窃盗などの主要犯罪の発生率は、極端に低い。日本の治安状況は、世界の中では、トップクラスの優秀組だ。

　なのに、現在以上に、重く処罰したり、犯罪の網の目も増やす理由が、どこにあるのか。今はやりの法理論に従えば、立法事実の欠缺《ケンケツ》は、明白だ」

「法制審議会が審議の土台にしたとされる『改正刑法準備草案』だってサ、そのタネ本は、国家総動員体制下に練られた一九四〇年の『改正刑法仮案』だというじゃない。現行憲法との兼合いなど、全く眼中にないってことヨ。こんな立法手続自体に、重大な欠陥がありやしないか。

　わかりやすく、例えて言えばだヨ、今回の『草案』は、法務省、戦前は司法省と呼んだネ、その地下室で眠っていた亡霊が、陽気のかげんで、ムックリ起きあがった。そんな構図サ。まるっきり、いただけないヨ」

「保安処分制度の導入は、精神障害者の人権保障に、極めて大きな影響を及ぼしかねない。なおかつ、それにとどまらないで、いわゆる思想上の危険人物と目される者までもが、性格が偏っているとして、長期間拘束されてしまう虞なしとしない。日本版ラーゲリ列島の出現と評しても、言い過ぎではあるまい」

さまざまな発言の中で、とりわけ会員たちの心を引きつけたのは、滝沢憲一会員であった。子供の時から落語を楽しみ、馬琴亭小楽と称して老人ホームなどを慰問しているだけあって、巧みな話術を披露された。

「ワシはナ、戦前、朝鮮で裁判官をやっていたダニ。朝鮮は、第二の故国みたいなものセ。それだけに、朝鮮の動向は、人一倍気になるニ。今の朝鮮、と言っても韓国だがネ。見なセエ。朴正煕がクーデターを起こしてサ、もうナゲエーあいだ、軍事独裁政権。ひでえもんセ。去年の夏なんか、東京の一流ホテルにまで手延ばしてヨ、政敵金大中を連れ戻す乱暴狼藉に及んでラア。日本の国家主権をも、侵犯したんじゃヨ。

落語のオチではネエけど、『もはや、韓国は、カンゴクと申しましてナ……』。わっかるかナア、わかってもらわんと困るダニ。ヨソごとじゃねえんだ。こんな『草案』が通っちゃ、日本もあんな風になっちまう。

ワシは、断固反対。だがナ、ワシには、ちょっと弱ったことがあるダニ。最近視力がゼロになっちまって、思うように動けねえダ。

『ワケエモン、ボヤーとしている時でネエゾ』――ナンテ、檄を飛ばすことはできるダニ。しっかりやってくだされ！　お頼み申しヤス」

かくて、「草案による刑法の全面的改正に反対する」総会決議は、満場一致で可決された。反対のための運動を、組織的かつ継続的に推進するために、専門委員会として、刑法改悪阻止実行委員会（以下、実行委員会と称す）を、新たに設置することも決まった。

三　初めての市民集会

初代実行委員長には、飯島直一会員が選ばれた。中村会長よりも年長で、戦前に、弁護士試験に合格され、知己の小坂順造氏（元信濃毎日新聞社々長）の紹介で、一旦は、東京弁護士会の今村力三郎法律事務所に入った。そして、大阪弁護士会に移籍した後に、判事に任官された。

全国各地の地方裁判所を転任されて、一九四六年四月から五七年十一月まで故郷の長野地方裁判所本庁に在勤された。その間の十一年余、刑事裁判の裁判長として、その名が新聞紙上に載らない週はなかったと伝えられている。長野地裁勤務をおえて、旭川地（家）裁・秋田地（家）裁の各所長を歴任され、六六年十二月長野県弁護士会に入会された。

このような豊かな経歴の持主は、実行委員会を対外的に代表する顔として、まさに、うってつけであった。飯島実行委員長を補佐する副委員長には、「ワケエモン」のグループから、私が選出された。

七四年の夏、長野市の郊外にある善光寺温泉で、実行委員会の泊込み会議が開かれた。草案の系統的な分析を深めると共に、「刑法改悪反対のために、我々は何をなすべきか、何をなしうるか」を議論するためであった。「決議すれども、実践なし」では、もちろん困る。そんなことでは、改悪阻止など望むべくもない。かといって、「会員総数僅か五十七名の弱小集団が、二百十万県民を対象にした活動をするなど、どだい無理なことではないか」との声にも、相当強い響きがある。そんな議論の延長線上に浮かび上がってきたのが、市民集会の構想である。

弁護士会が、市民と弁護士との間の垣根をとり払って、同じ立ち位置で集会を開くことは、会始まって以来のことである。それだけに、一体どのくらいの市民が参加していただけるのだろうかという不安は、最初からあった。それに、集会の中身が「罪と罰」というカタイ問題なので、どれほどの市民が関心を寄せてくれるのかという心配もあった。

だが、発想を変えてみよう。一人でも多くの市民が、草案を基調とする全面的「改正」に反対しない限り、法務省サイドの「改正」策動を阻止することは、極めて難しい。だからこそ、市民集会が必要なのだ。とにかく、その成功のために、考えられることはなんでもやってみよう。この原則論が優勢になった。

同年十一月長野市で開催するとの方針が、決まった。

あれやこれやの手立てが、とられ実行された。

会員の依頼者たちへの勧誘、関わりのある団体やグループへの働きかけ、マスコミへの宣伝要請などなど。それでも、確かな手応えが感じられないとして、とうとう街頭ビラまきにまで突進した。

集会当日の朝、長野で二か所、それに松本と上田の各国鉄駅頭でも。一風変わったビラまき集団の群れの中で、大柄な相沢岩雄元会長の、照れ隠し気味に手渡す姿が、ひときわ人目を引いたとか。「弁護士さん、法廷から街頭へ」と、物見高い門前町衆に、格好の話題を提供することになった。

このような精進の甲斐あってか、二百人近い市民で会場が埋められた。

裁判所や法務局の職員、調停委員や人権擁護委員など、日頃面識のある人たち。医者や精神障害者の家族は、保安処分制度などに強い危機感をもってのことだろう。大衆運動に従事する労組活動家や農民・青年・婦人・学生・商工業者など。取材を兼ねたマスコミ関係者の姿も見える。

市民集会は、その名の通り、市民の集会である。弁護士会が、一方的に情報を提供したり、自己の意見を押し付けたりしてはならない。弁護士会も、市民と共に論じ、共に考えるべきものである。このような方針に基づいて、集会の運営が図られた。

予め用意した講師沢登俊雄大学教授の講演が終わって、会場の参加者たちに発言をお願いすると、県評幹部やマスコミ関係者、医者や精神障害者の家族などが、次々に応えてくれた。身近なところで、日常不断に人権侵害と取り組んでいる面々だけに、彼等の発言は、強い説得力を持って迫り、草案の危険性を浮き彫りにしてくれた。かてて加えて、彼等がこもごも語るのは、弁護士会が市民集会のお膳立てをしてくれたことへの限りない賛辞であり、今後も市民の側で行動していくことへの熱い期待であった。

会場の長野県勤労者福祉センターは、奇しくも長野刑務所の跡地に建てられている。長野刑務所と言えば、かつて治安維持法違反で投獄された哲学者戸坂潤が、敗戦の六日前、非業の獄死に追いやられた痛恨の歴史に、思い至る。同刑務所が敗戦後須坂市に移転する際、そこに勤労者のための福祉施設を求める声が高まり、六三年六月に実現したものと伝えられる。そんな由縁のあるセンターの大教室で今、弁護士会は、広範な市民と机を並べて、人権と自由を語り合い、刑法の治安立法化に異議を唱えている。

私は、会場の片隅で、時代の移り変わりに感じ入っていた。

四　点から線へ、そして面へ

市民集会は、成功を収めた。それは、一つの集会が盛況でよかったという次元にとどまるまい。「市民に開かれた弁護士会」は、「市民のための弁護士会」という理念を実現する観点からも、画期的な意義があったと、私は考える。だから、それで満足しているわけにはいかない。県都にかかげた灯を、いかに県内の隅々に、ともし拡げていくか――この新たな、より難しい課題に、取り組まなければならないからである。

長野県は、地理学者や郷土史家などから「信州合衆国」と呼ばれている。

東京都の六・一倍、大阪府の七・一倍に相当する広大さと幾重にも連なる群山とが、然らしめるのであろうか。長野県の県歌に謳われる「松本、伊那、佐久、善光寺」の四つの平に、上田、諏訪、飯田の三つの盆地と木曽、大町、飯山の三つの谷間が、信濃の国登場以前から、それぞれ独自の生活文化圏を形成している。そのために、互いに足の引っ張り合いを演じて、信州全体が一つにまとまりにくい。事あるごとに、分県騒ぎや県庁移転論争が起きてきた。「日本全体を率いる内閣総理大臣の出ない理由」を、そこに探る政治評論家も現れるほどだ。

こんな風土を反映して、「各州」ごとに、地方裁判所の支部や簡易裁判所が配置されている。それに応じた弁護士たちの割拠ぶりも顕著だ。一九七四年の場合を見ると、長野二十四名、松本十名、上田七名、諏訪・岡谷八名、飯田六名、伊那と大町が各一名の状況である。そして、複数の会員を抱える「各州」では、任意の集まりである在住弁護士会なるものを作りあげ、会員同士の親睦や「各州」法曹三者（裁判官・検察官・弁護士）間における交流を、独自に行ってきた。

この在住会の存在に、実行委員会は着目したのである。つまり、県弁護士会の一組織としての立場を堅持しつつも、各在住会に依拠する――在住会活動の一環に、刑法改悪反対運動を組み込む――ことであった。両者の連携は、実行委員会委員の選出が在住会ごとに行われている事情もあって、極めてスムーズに始動した。

「各州」ごとの市民集会は、松本（七六年）、上田（七七年）、諏訪・岡谷（七七年）で、企画・実施された。いずれも、在住会員が十名以内の少人数なので、各会員にかかる厳しい負担は、長野の比ではない。上田の場合など、各会員に集会への参加者獲得目標を割り当てる苦肉の策をとったものだから、ある会員なぞは、対象者に窮した挙げ句、最寄りの小・中学校に飛び込んで、校長に談判したとの由である。こんな涙ぐましい努力の結果、いずれの集会も、所期の目的を果たすことができた。松本と上田では、参加者数で長野を超えた。

在住会での活動は、市民集会の開催だけではない。日弁連と法務省との意見交換会開催の是非や法務省の「当面の方針」などに関する在住会毎の検討を通じて、県弁護士会全体の会内合意の形成にも大きく貢献してきた。また、継続的な活動としては、日弁連の提唱する全国統一行動に呼応した街頭宣伝活動にも取り組み、長野・松本・上田・諏訪・岡谷の県内主要都市で、一行動につき一万枚のビラを配布した。限られた人数でもより多くの宣伝効果を挙げるために、白地に長野県弁護士会と染め抜いたタスキの着用も考案された。

長野県弁護士会の刑法改悪反対運動は、各地在住会に依拠することによって、県内の要所要所に拠点を築き、「合衆国」を一本の線で結び、拠点ごとに面に転じる素地ができた。かたや、各在住会自身も、これらの活動を通じて結束が強まり、弁護士法の求める弁護士自治の内実を深めることに繋がったのではなかろうか。

その間、弁護士会実行委員会は、手を拱いたわけではない。より幅広い県民に訴えるために、幾つかの新しい試みに挑戦していた。

その一つが、七十余の県的規模の諸団体（商工会議所・経営者協会・農協中央会・公認会計士協会・税理士会・司法書士会・土地家屋調査士会・調停協会・人権擁護委員連合会・ロータリークラブなど）に対する要請活動（関連資料やビラなどの団体内配布）がある。各界代表者に呼びかけての懇談会や保安処分調査報告会の開催もまた、その一環であった。

これらの試みは、やはり県弁護士会なればこその取柄なのであろう。

五　弁護士会の独自性と連帯性

刑法改悪反対運動が、線から面に展開する過程で、弁護士会の果たす役割あるいは立ち位置について、改めて真剣な検討を要する事態に直面した。

近年、県内では、労働、医療、マスコミなどの分野で、自主的な刑法改悪反対運動が活発になっている。このような状況は、まことに望ましいかぎりで、格別に問題のあろうはずがない。問題となりうる事柄は、これらの運動の高まりの中で、幾つかの団体やグループから、継続的な共闘組織の結成やそれへの参加の呼びかけが、県弁護士会に寄せられた次第による。

「弁護士会は、弁護士法に基づく法定団体である。資格を有する弁護士が業務を行うにあたっては、全国のいずれかの弁護士会に加入することが強制される。いずこの弁護士会も、思想や信条、あるいは宗教などを異にする弁護士たちによって構成されている。特定の団体やグループに、好意的な者も、むしろ反発する者も、いるであろう。

なので、そのような団体やグループと恒常的な関係を持つことは、不適切ではないか。申し入れにかかる共闘組織には、参加すべきではない」との意見が、多くを占めた。

「それでは、運動を面に転じる段階で、長野県弁護士会は、戦線を離脱することになり、刑法改悪阻止の任務放棄に等しい」との反論も、強く表明された。

そこで、とりあえず確認された内容は、次のようなものだ。

「個々の会員は、自己の思想や信条などに従って、協調できる団体やグループに進んで参加していく。その活動の自由を、弁護士会は、保障する。

弁護士会は、主体的独自性を保持し、継続的な共闘組織には、加入はしない。しかし、刑法改悪阻止の目的では一致しているのだから、講師の派遣、意見交換の実施、資料の提供、日弁連製作映画の貸出し、などの個別的活動を通じて、積極的に対応していく」


かくして、自由法曹団や青年法律家協会に加入する会員たちは、県評や国民救援会の有志たちと相談して、一九八二年六月県的規模の十七団体からなる「刑事法制の改悪に反対し、民主主義を守る県連絡会議」を立ち上げた。役員構成は、議長が県評選出の実原公男、副議長が、自由法曹団選出の私と国民救援会選出の大門嗣二の両名、事務局長が青法協選出の武田芳彦。議長を除く三役員は、いずれも県弁護士会の会員である。

直接的な契機は、拘禁二法案のファッショ的な国会上程にあったが、刑法や少年法などの改悪策動と軌を一つにするとの基本的認識から、刑事法制全般に対象を拡げて、それらの改悪に反対し、よりましな改善を目指す、幅広い運動組織体を作ったものである。

拘禁二法案の廃案請願署名では、短期間に八万筆近いもの（全国の七・六パーセント）を積み上げ、数次にわたる国会請願行動に多くの代表を送ってきた。翌八三年十二月この悪法を廃案に追い込んだ。

更に特筆すべきことは、死刑再審で無罪第一号の偉業をなし遂げた免田栄さんを信州に招いて、長野・上田・松本・諏訪の四か所で、連鎖集会を挙行したのである。

一九四八年十二月熊本県人吉市で発生した強盗殺傷事件で、免田さんは、被疑者として逮捕・起訴され、ついには死刑の確定判決を宣告されてしまった。納得のいかない免田さんは、六法全書を拘置所に差し入れてもらい、刑法や刑事訴訟法を独学し、裁判のやり直し（再審）請求を繰り返した。そして、七度目にして、日弁連の支援などを受けながら、八十年十二月ようやく再審の扉をこじ開けるや、八三年七月無罪判決を獲得して、死刑台からの生還を果たしたのだった。雪冤のために、死刑執行の恐怖と向き合いながら、実に三十四年余の闘いを要したことになる。

免田さんの、どちらかと言えば控え目な訥弁は、かえって日本の刑事司法全般を深くえぐり出し、国際標準からは大幅に遅れている刑事法制への県民の関心を一気に高めた。この集会を契機に、先行した上小地区連絡会議に次いで、諏訪・松本にも地域連絡会議が結成された。

この連鎖集会への長野県弁護士会の協力も絶大であり、弁護士会員からのカンパは三十二万円にのぼった。

「刑事法制の改悪に反対し、民主主義を守る県連絡会議」は、「運動の組織化」の威力をまざまざとみせつけてくれた。

県弁護士会は、その独自性を保ちつつも、これらの運動体との連携・連帯関係を維持あるいは強化していく――ここに、刑法改悪反対運動が、今後いっそう、県民的なもの、国民的なものに発展していくかどうかを左右する決定的なポイントが、あるのではないだろうか。

クセのある実行委員たちを上手にまとめあげられた飯島委員長も、不自由な身体にもめげず反対署名を隣近所から集められた滝沢会員も、そして果断に臨時総会を召集された中村会長も、今は亡き人である。けれども、先達の遺志は、たしかに次代の者たちに引き継がれている。

中年太りが気になる年齢になった私は、僭越ながら、飯島委員長の後任を託された。嬉しいことには、ここ数年来、司法研修所出身者の県弁護士会への加入が相次ぎ、死亡による登録取消し請求者たちを補って余りありで、八四年五月末現在の会員総数は、過去最高の八十五名。くだんの法制審議会の答申時に比べると、一・五倍の躍進ぶりだ。

とにもかくにも、刑法改悪反対運動のこの十年は、「市民に開かれた弁護士会」「行動する弁護士会」の実践であったと総括できよう。だが、その真価は、これからの活動如何で験されるのではないだろうか。

（追記、その後、刑法改悪反対運動は奏功し、法務省と日弁連が協議して、文語体の現行刑法を、口語体の現行刑法に変える方針に結実した。その口語化、現代用語化された現行刑法を、私たちは、今、六法全書の中に見ることができる。）

第六章　想定外のライフワーク

——小海町稲子入会事件

一　「西武」につかれて

長女が東京杉並の東高円寺で暮らすようになってから、私は、冬場の週末を、そこで過ごすことにしている。冬場以外の時季は、あい変わらず軽井沢の寓居なのだが、高齢者には軽井沢の寒さが耐えられないからである。

今年の一月初め、仕事場のある上田市に戻る新幹線の待ち時間に、東京駅の八重洲口を出て近くの書店をのぞいた。たち並ぶ書棚の片隅に収まっている、中嶋忠三郎著『西武王国　その炎と影』（サンデー社）を見つけた。「西武もの」は群書とあるけれども、「側近ナンバーワンが語る狂気と野望の実録」のサブタイトルに惹かれて、買い求めてみた。新幹線の車中で読み進むにつれ、やがて、私の期待は失望にかわった。なんのことはない、著者自身の回顧録にすぎないではないか。「大将堤康次郎」の礼讃と「大番頭中嶋忠三郎」の自讃に、私は辟易した。「看板に偽りあり」とは、まさに、このことを指すのであろう。

帰宅後、そのまま就寝するわけにはいかなくなって、昨春購入して積んだままの七尾和晃著『堤義明　闇の帝国』（光文社）をとり出した。読み比べて、「なるほど！」と、納得がいった。『闇の帝国』によると、こうだ。

自適の生活を送る中嶋忠三郎が、米寿を記念して、回顧録をものした。それを、『西武王国　その炎と影』としてサンデー社から出版する手筈が整ったところで、西武資本から横やりが入った。一九九〇年の発売直前に、西武資本は、版元からは印刷済みの全冊を買い上げ、著者の中嶋には「追加の退職金一億円」を支給するという挙に出たというのだ。その結果、肝心の回顧録は衆人の目に触れずじまいであった。

その後、西武資本は、セゾングループ史編纂委員会の協力のもと、正伝とも言うべき『堤康次郎』を上梓する。布装の豪華本の中に、何百人もの人たちが実名で登場するけれども、中嶋忠三郎の名前がどこにもない。「番頭は、死んでも、黒衣でいなければならない」とする法は、あるまい。西武資本の度重なる冷たい仕打ちに、中嶋の跡取り息子が発憤した。「発禁本」となった先の回顧録を、二〇〇四年十二月、「新装出版」して日の目を見たという次第なのだ。おそらくは、煽動的なサブタイトルは、その時に付け加えられたにちがいない。

大方の読者にとっては、どうでもよい些事なのかもしれない。しかし、これほどまでに、私が「西武資本もの」にこだわりを持つのは、それなりの訳がある。長野県八ヶ岳北麓の開発をめぐって、三十二年間も、私自身が裁判で対峙させられたのだ。裁判が最終的に済んで七年経つ今も、いまだに重荷を背負わされているからである。

『西武王国〜』の中で、中嶋は、堤康次郎を「不動産の神様」と祀りあげている。そもそも、「神様」が最初に手を染めた不動産は、長野県軽井沢町千ヶ滝の山林二百七十町歩。一九一九年のことで、「神様」の御歳二十九。「若造メが……」と訝る地元沓掛集落の人たちには、身内のツテでかき集めた現ナマを軒先に積み上げる芸当で応えた、と伝えられる。翌二十年には、神奈川県箱根町に飛んで、強羅の山林三十四町歩を買収する。その後も、軽井沢町と箱根町で不動産の買収を繰り返し、良くも悪くも、「軽井沢」と「箱根」を、日本を代表する一大リゾート地に仕立てあげた。

その間、政界にも進出する。出身地の選挙区がある滋賀県の支持者たちから「ドテヤス（堤康）」の愛称を授って、衆議院の多選議員となり、はては議長にまで上りつめた。

事業家としても、政治家としても、通俗的には「功成り、名遂げた」のだから、凡人の選択肢では、「老後の楽隠居」が想定されもする。しかし、「不動産の神様」は、ちがった。六十年代に入っても、八ヶ岳北麓の広大な山林に眼をつける。地図の上では、埼玉県秩父を経由すると、東京の繁華街新宿や池袋と最短距離で結ばれる。だけれども、完成までに少くとも数十年を費やすであろう大規模開発に、古稀を迎えた「神様」には、どれほどの成算があったのだろうか。

長野県南牧村海ノ口の山林を先行取得して、別荘分譲に着手し、その北側にあたる小海町稲子の山林にまで触手を延ばしたのだ。稲子集落（ムラ）のオモダチ衆（ボスという名の長老連中）や町役場関係の幹部らを、伊豆温泉郷に招いて、大開発構想をぶち上げたという。ほどなくして、病にはかてず、「強盗ケイタ」と並び称された「ピストルヤス」も、六四年四月東京駅の地下道で斃れた。

『西武王国～』によると、康次郎の七回忌にあたる七十年、西武資本は、異母兄弟の堤清二と堤義明による分割統治に移行する。西武百貨店を中心とするセゾングループは清二が、西武鉄道やプリンスホテルを中心とするコクドグループは義明が、総帥に就いて引き継ぐ。稲子の山林を含む八ヶ岳北麓の開発は、セゾングループの所轄となったけれども、西武資本に立ち向かう地元住民たちの裁判闘争は、その二年前に始まっていたのである。

二　「西武（堤）商法」の顚末

稲子ムラの歴史は、江戸時代以前に遡る。標高千百メートルの高冷地で、猫の額ほどの田畑はたびたび冷害に襲われたから、ムラに繋がる山林なしでは生きる方途がない。本家衆だけでなく、分家衆やキタリモノ（外来居住者――分家衆と併せて新戸と呼ぶ）にとっても、事情は全く同じだ。そうであったからこそ、ムラ内には種々の差別があっても、ムラビト全戸が力を合わせて、植林・除伐・間伐や下草刈り・ツル切りなど、山の手入れに励んできた。日本の多くの農山村に共通にみられた事象である。

ところが、明治初年の薩長藩閥政府は、西欧のもの真似法制に走り、ムラに生きる法（慣習）をないがしろにしたから、全国各地でムラビトの反発や抵抗を受ける破目に陥った。その妥協策として、民法典に僅か二ヵ条の入会権規定を挿入せざるをえなかったものの、入会権そのものの登記方法などを用意しない冷酷ぶりであった。そこで、ムラビトは、知恵を絞り、産土神や菩提寺の、あるいは、オモダチ衆や本家衆の、名を借りるという便宜的な登記形式を編み出し、自らの手で入会権を守り育ててきたのである。

ムラビトの入り会う山林を買おうとする時は、まっとうな人であれば、先ず入会権を想定し、その存否や内容如何を点検するために、事前に十分な実態調査を実施すべきものである。なのに、西武資本は、開発を急ぐあまり、手間ひま惜しんで、強行策に賭けた。山林の所有登記名義が本家衆七十六名であることを奇貨として、オモダチ衆と結託したのだ。一九六八年八月第一次売買契約書（山林二百八十町歩）を作成し、彼らの所有登記名義を移転させて、本家衆だけに大金をバラ撒いてしまった。

かくては、もはや、話合いによる解決は無理と判断した新戸四十三名が、とりあえずは、未買収の山林三百四十町歩を保護対象地に選び、同年十二月入会権の確認を求める裁判（第一次訴訟）に踏みきった。ムラの歴史始まって以来、初めての出来事である。親兄弟間の、従兄弟同士の、まさに骨肉あい食む悲劇の幕開けだ。

もっとも、本家衆の中には、中間派とも呼ぶべき人たち十五名がいる。新戸の主張する「完全に平等な入会権」の考え方には、直ちには与しがたいけれども、さりとて、オモダチ衆の強弁する「全面的に無権利」の考え方にも異論を唱える。実定法上どのような権利にあてはめられるかは未だ特定できないけれども、慣習上相応の法的利益の存在を容認する立場なのだ。

訴訟手続上、オモダチ衆とその同調者たちと同じ被告席に立たされてきたけれども、第二審を担当した東京高等裁判所の丹宗朝子裁判長が、和解協議の場で、愛想よく「良識派のみなさん」と声掛けをした経緯があるので、この拙稿でも、そのひそみに倣おう。

あろうことか、西武資本は、現に裁判係争中の山林をも、買収せんとする暴挙に出た。そこで、新戸は、その防止手段として、処分禁止の仮処分決定を得て、その旨の登記を済ませた。それでホッと一安心したのも、束の間。西武資本は、仮処分決定を無視し、良識派の強い反対をも押し切って、七一年八月オモダチ衆やその同調者らとの間で、「売買予約」なる手法を悪用して、オモダチ衆らに追加の大金をバラ撒く暴挙を重ねたのだ。「一部の徒輩がどんなに反対しても、事態は、もはや後戻りできまい」との既成事実化を、小賢しく狙ったものであろう。

「不動産の神様は、欲しい土地があれば、十年でも二十年でも、諦めないで待った」と、「大番頭」は、先の著書で称えているのだが、それには、厳密な注釈が要る。「欲しい土地は、手段を選ばず策を弄して、十年でも二十年でも、相手の方が諦めるまで、執念深く挑み続ける」というのが、直伝の「西武（堤）商法」ではないのか。その証しには、「土地買収の唯一のテクニックは、揉めている土地を探すこと」などと、「大番頭」は、「キズ物買いの儲け話」を、とくとくと伝授してもいるではないか。

ドッコイ、稲子の新戸も良識派も、諦めはしない。むしろ、反転攻勢に転じた。第一次売買の土地も裁判の対象に追加して、西武資本を法廷に引っ張り出し、被告の座に据えつけた（第二次訴訟）からである。第一審の長野地方裁判所佐久支部（その後、長野地裁上田支部の合議に回付）は言うに及ばず、東京高裁や最高裁でも、くらい続けた。そして、九九年九月三日第二次訴訟の長野地裁上田支部判決（西武資本は、控訴を断念して、第二次訴訟は、第一審で確定）まで、通算して三十二年に及ぶ裁判を闘いぬいたのである。いずれの判決も、新戸の入会権を認めるものであった。

新戸と良識派は、これらの確定判決を踏まえて、西武資本との直接交渉で、一部の山林を賃貸するなどの次善の策により、地元の意向と利益に沿う開発計画を探る心づもりでいた。だが、驚いたことに、全く想定外の事態が起きた。「アレヨ、アレヨ」という間に、西武資本がよたり出してしまったのである。

先ず、セゾングループが、バブル景気に踊り、無残にも解体した。開発部門を担っていた西洋環境開発会社は、バラ撒いた大金の回収もつかないまま、特別清算のお蔵入りとなった。そして、総帥清二は、九九年にセゾングループの全役職を辞任し、文筆家辻井喬に転身した。社会的責任を果たすと公言し、私財百億円を投げ出したと喧伝されるけれども、稲子の新戸や良識派は、一円の恩典にも浴していない。

「救いの神」がましませば、コクドグループの総帥義明に白羽の矢を立てるにちがいない。父康次郎の正統な後継者を自他ともに認め、父が掲げた社是「感謝と奉仕」が、人口に膾炙しているのだから、父がやり遺した稲子開発だけには、温かい手を差しのべてくれるだろうに……。大多数の関係者たちも、そのように想定していた。

だが、神頼みも、民草の想定も、見事に外れた。

二〇〇四年三月の総会屋利益供与事件が明るみに出ると、株の名義借り・有価証券報告書の虚偽報告・インサイダー取引などの「闇の帝国」に潜むヨタゴトが、次から次に暴かれる。そして、コクドグループも、もはや、開発を遂行する体力のないことがはっきりした。〇五年に入るや、とうとう総帥義明自身が、司直の手に堕ちた。

「西武王国」は、あえなく潰え、「第三のリゾート」は、幻と消えたのである。

三　進まぬ「戦後処理」

これまでの記述で、私は、あえて黒衣役に徹してきたのだが、そろそろ自分の立ち位置をあかそう。僭越ながら、私は良識派の代理人なのである。ついでに付言しておくと、新戸の代理人は、三多摩（東京都立川市）と林百郎（長野県岡谷市、現在は信州しらかば）の各法律事務所に所属する若手弁護士たち。オモダチ衆とその同調者たち、そしてセゾングループは、西武資本の大型顧問弁護団、その代表格が、件の中嶋忠三郎であった。

『西武王国〜』によると、中嶋は、戦前、判事や総領事を歴任したという。一九四六年五月、堤康次郎に請われて、西武鉄道に入社した日本初の「企業内弁護士」。以来側近ナンバーワンとして敏腕を揮い、「西武王国」の確立に貢献した立役者なのだと……。

かく言う立役者の立ち居振舞いは、稲子裁判劇では、どのようなものであったか。

第一次訴訟での訴状の体裁や新戸代理人らの顔触れを見て、「あの小僧っ子弁護士どもには、三日で勝ってやる」と、大見得を切る。「新戸も、ワラビやゼンマイ、きのこなどの毛上物を採取してきた」事実の摘示は、明々白々たるところなのに、「ミレーの名画『落穂拾い』に同じ」と、強弁して争点化する。レベルの高い入会権論が展開される段では、瑣末なことをあげつらって、長丁場に転回させる。序幕では、被告代理人の筆頭席に陣取っていたのに、場数が増える成行きになると、無断で退場・欠席してしまう。終幕を迎える最高の見せ場になっても、舞台の外で自伝なるものの執筆に余念がなかった。その一冊が、件の回顧録にあたるのだが、「不動産買収への異常な執念」とか「開発に賭ける野望」などの章節を用立てていながら、修羅場に落とし込んだ稲子入会山買収騒動や稀有の長期裁判深刻劇は、いっさいカットなのである。

「西武王国の大番頭」の立場はともかくとしても、訴訟代理人である弁護士のあり方としては、いかがなものであろうか。裁判劇の楽日を待たずに鬼籍に入ったと聞くので、ことあらためて責任を問うつもりはない。けれども、企業内弁護士の有り様は、ここで、きちん書き留めておかねばなるまい。

先祖伝来の入会山は全部、西武資本からとり戻すことには成功した。しかし、往時の美林の面影はなく、見るも無惨な様相を呈している。三十有余年手入れが全くなかったからだ。伐期をとうに過ぎた唐松は、生育が区々で商品化が難しい。実生の松や楢などの雑木が闖入し、まるで混合林に変わり果てた。藪の繁みが、入山を拒み、育林の荒廃を加速している。原状に復元するには、かなりの手間とカネが要る。行政サイドの援助がなければ、不可能に近いことだろう。

ところが、行政サイドの末端を担う稲子区は、機能不全のままだ。入会集団から離脱したオモダチ衆とその同調者たち（大半の者が他界して、その後継者らに交代している）や入会山とは無関係の一時寄留者たちも、区構成員の資格があるのに、入会騒動のしこりが残って、区全体としてのまとまりを欠いてしまったのである。

深刻な問題は、別にまだある。良識派と新戸の固い団結が崩れだしたことだ。

新戸にも入会権があると、裁判所は認めたけれども、その入会権は地役権的入会権（民法第二九四条）なのである。入会山の地盤である土地所有権そのものについては、共有権的入会権（民法第二六三条）の存在を判示し、その入会権者集団は、所有登記名義人らによって構成されると、指摘するのだ。

オモダチ衆とその同調者らは、「自分たちには、およそ、いかなる入会権も存在しない」と、裁判所の内と外でも、言い張り続けてきた。「裁判つきで、西武に売ったデ。ワシらは、もう関係ないズラ」と開き直って、中嶋弁護士よりも先に、裁判所に顔を見せなくなった。所有登記名義も、セゾングループの西洋環境開発会社に移してしまった。懐にした大金を返す気はさらさらなく、おそらくはもはや使い果たしていることだろう。そんな徒輩は、名実ともに、共有権的入会集団から離脱していると見做される。

ならば、現時点で共有権的入会集団を構成している面々は、良識派だけという結論になる。あとは、地役権的入会権と共有権的入会権との合理的な調整を、どのように形成していくかという課題になるのだが……。しかし、同志として永年共に闘ってきた新戸にしてみれば、心情的に受け容れがたいことであろう。さりとて、三十二年に及ぶ攻撃防禦の末に捻出された確定判決は、一片の紙切れと唾棄することはできまい。

一九九九年十月十日、裁判上の最終決着を記念して、良識派と新戸は、合同のきのこ狩を決行した。私も、きのこ好きの連れ合いを同伴して参加し、参加者中で一番の大収穫をあげた。早朝に強い霜が降りたこともあってか、全体としては不作であった。早々に諦めて近くの鉱泉にうつつを抜かす仲間もいたが、私どもは、最後まで諦めずに粘った。もはやこれまでと、稲子の集落に下りる坂道にさしかかった時、シモフリシメジの大群生を探し当てたのだ。

その後、稲子区の公民館で開催された懇親会の席上、新戸のみなさんから、「きのこ採りの名人」の栄誉を授かり、積年の疲れも癒される思いであった。良識派も新戸も車座になって、地酒を酌み交わす。今後も、合同のきのこ狩を続けることを誓いあった。それなのに、合同のきのこ狩は、三回ほどで中断し、以後は、良識派と新戸が別々に行う仕儀となってしまった。

四　ムラビトに寄り添い、次代に繋ぐ

今年の一月末に、私は、悠々自適の連れ合いと鎌倉に遊んだ。花寺巡りとシャレこんでみたのだが、鎌倉の冬も厳しかったらしく、時季が早過ぎた。それでも、材木座のひかり輝やく海岸が代りを務めてくれた。上田市と姉妹都市の縁を結ぶ身贔屓もあって、鎌倉は、私の好きな街の一つだ。これまでに名所旧蹟のほとんどを訪ね歩いている。

金沢街道の界隈も、なかなかの風情があって、よく歩く場所である。坂道を東に登りつめると、朝比奈峠になり、下って横浜市金沢町称名寺に至る。その峠周辺で、西武資本が造成した鎌倉霊園があり、その一角に、堤康次郎の豪勢な廟所が設けられている――とは、前々から聞いてはいた。しかし、私はまだ詣でていないし、今後も赴くことはあるまい。故人に対して、もはや恨みはない。どんなに美しく設えようとも、名所旧蹟に価するものではないし、どだい、私のウォーキングには遠すぎるのだ。

古稀には少し間があるけれども、体力の衰えは争えない。先の鎌倉行の際、湘南新宿ラインの車中で、モデルとおぼしき美女に、私の方が席を譲られてしまった。つとめて若作りを装っているのに、

衰えが透けて見えたのだろうか。嬉しくも、又哀しい体験をしたばかりである。だから、正直いって、稲子入会山の急斜面を上り下りするのは、今の私にはとてもきつい。だが、体力の許すかぎりは、きのこ狩に参加していこうと、心に決めている。どんなに些細なことであっても、現地での地道な取組みを重ねながら、新戸との絆を手繰り寄せたいと願うからだ。たとえ、きのこ狩の体力が失せても、求められれば、弁護士として入会権問題に関わっていく覚悟だ。それが良識派弁護士の使命なのだと、自分に言い聞かせてもいる。

その言はよしとして、私が入会紛争の相談にのった最初は、糟糠の妻と結ばれる前だから、今では既に四十年近く経つ。裁判終了後に先送りされた数々の課題を解決するには、まだまだかなりの年月を要しよう。ひょっとしたら、私のライフワークになるかもしれない。私の命があるうちに全面解決にいくであろうかと、思い巡らせば、だんだん気がめいってしまう。

翻って考えてみた。慣習を法源とする入会権をめぐる営みは、遅くとも江戸時代から連綿と続く、ムラビトたちがこもごもにあやなす人間模様の集積である。三百年いや四百年に及ぶ曼陀羅に比ぶれば、一介の弁護士の存在など、ものの図ではあるまい。傍目には混迷と映る状況の中から、相応の慣行や正統な規範をうち樹て、慣習法を大切に育んでいくのは、ほかでもない、ムラビトたちの練り上げた知恵である。ヨソモノである弁護士の御仕着せな知識ではない。弁護士の分を弁え、ムラビトたちに寄り添っていく、それがかなわなくなれば、次なる弁護士にバトンを渡す——それで、よいではないか。

　このように考え及ぶと、私のライフワークは、ちょっと荷が軽くなった感じである。

暦のうえで立春を過ぎると、雪に埋もれた稲子の入会山も、ほのかに生更ぎ始める。稲子ムラの良識派からは、まだ「御招待」の便りは届いていない。なのに、「きのこ採りの名人」は、早くも気を揉み出す。

　シモフリシメジの群生地は、そのまま安泰であるだろうか。たとえ荒らされていても、胞子は、雨風であちこちに飛んでいったにちがいない。そして、秋がくると、広い山中のどこかで、黒灰色の頭をもたげる……。

第七章　それからの「山ベン」
――飯盛山麓の開発をめぐる裁判紛争三十年

一　「山ベン」縁起

二〇〇九年十月下旬私は、松井繁明君が団長を務める自由法曹団から、宮里邦雄君（日本労働弁護団の会長を務めた）ともども、古稀の表彰を受けた。三者いずれも、最高裁判所付属、司法研修所の第十七期・同クラスで、民事裁判の教官が指導する要件事実講義に辟易した者同士であるのに、表彰する側と表彰される側に分かれるのは、何か「変ナ調」の感じがしないでもなかった。だが、これまでに表彰された先輩は、錚々たる面々で、その仲間内に加えていただけるとは、ありがたい話ではある。どだい公的な栄典には縁のない立ち位置で、権力側からは、むしろ嫌われがちな仕事をしてきたのだから、法曹界とは別の途を選んだ子供たちには、親父の生きざまについて、せめて一つぐらい「確かな証し」があってもよさそうな気にもなる。結局は、そんな打算が昂じて、表彰を受諾することにした。

しかし、表彰は、無条件ではない。「挨拶文」なるものの寄稿が課せられている。ここ十数年来、団の組織的活動から遠ざかっていたので、長野県支部を立ち上げた時期（一九六七年秋）のことどもをしたためて、その責めを塞ぐことにした。その際に、関係資料を渉猟していたら、自分が責任者として編集した『長野県・自由法曹団二十年誌―信州人権宣言』（信州の教育と自治研究所発行）に出くわした。二十二年も前の代物で、今では気恥ずかしくて、とても他人様に購読を薦められないのだが、血気盛んな時は違った。弁護士登録以来担当した諸々の入会裁判の中から、三つの代表的事例（須坂市二睦事件・小海町稲子事件・軽井沢町塩沢事件）を素材として、「入会権の現段階と弁護士の役割」と題する論考を、私は長々と論じている。その末尾で、多少の自負心も込めて、当時人気の高かった「労弁」（ローベン）――労働者側に立つ弁護士――になぞらえ、自らを「山ベン」と規定したのだった。

幸運なことに、「山ベン」は、件の三つの裁判で、依頼人であった住民側の入会権を裁判所に認めさせることができた（右記論稿の執筆当時、東京高裁に係属中であった小海町稲子入会裁判のその後の顚末については、いしずえ四十六号の『想定外のライフワーク』で報告済み）。ところが、「山ベン」は、またぞろ入会権のからまる難解な裁判紛争に、十五年近くも巻き込まれる仕儀とあいなった。長野県南佐久郡南牧村平沢事件が、それである。『いしずえ』の原稿の場合ならば、「お気に召すままに記述して」で差し障りがないものではあるけれども、公刊の諸誌紙には、「山ベン」などと気軽に表明するものではないと、つくづく思いしらされた。

二　飯盛山「大変」

ＪＲ中央東線を小淵沢駅で小海線に乗り換えると、世界初とはやされるディーゼルハイブリッド車は、八ヶ岳の山裾を巻いて標高差五百メートルの勾配を上り始める。二年程前までは気息えんえんと沿線に黒いガスをまき散らしていたのに、軽快なフットワークで高原の精気に分け入って行く。右手はるかに長閑な農村風景が拡がっているのに、左手近くに聳える八ヶ岳の峨々たる山容に、目を奪われてしまう。横光利一の小説にあったか、「途中の駅を無視」して、清里に辿りつくと、そこはもう山梨と長野の県境である。標高千二百七十五メートルの駅頭に降りたって、北東方向に目を往なせば、飯盛山（標高千六百五十三メートル）をうかがうことができる。登山愛好家にしてみれば、八ヶ岳連峰や金峰山・瑞牆山などに比べると、無視すべき存在なのであろうが、その山麓南斜面に暮らす平沢集落（ムラ）の人たち（約八十戸）（ムラビト）にとっては、ムラ誕生以来の生きるタツキであった。薪や秣草・カヤなどを採取して山頂までに到ったから、坊頭刈りとなる。それを、単刀直入に坊頭山とは呼ばないで、「めしをお椀に天こ盛りによそう」と喩えたところに、ムラビトの先達の渇仰が偲ばれよう。古老の話では、ムラは地形上水利が不便なため、旱害に苦しんできたという。

ムラの起源は定かではない。飯盛山の北麓には、日本で最初に細石器が発見された矢出川遺跡があるから、「旧石器人」が山麓一帯を徘徊していたであろうことは、想像に難くない。古代律令制の時代では、南麓を流れる大門川を、甲斐国との境に決めてから、法制上は信濃国に属したものの、下って戦国時代、武田信玄の信濃攻めの際には、ムラビトは、度々前線基地の造営に駆り出された。その後も、甲斐国との交流は一段と深まり、今では、生活圏は山梨県にあると言ってよい。ムラビトの就職先企業は山梨県が多いし、大きな買物は甲府市街、大人の遊び場所は石和温泉なのだ。

それでも、ムラの里山が飯盛山であることに変わりはない。北麓は、先の遺跡を介在させて、日本有数の高原野菜生産地・野辺山高原に繋がり、農業を営むムラビトの開畑地帯を形成している。二十世紀後半における世界的な生活革命が、日本の農山村にも浸透するにつれ、ムラでは、カヤで屋根を葺く家がなく、薪を主たる燃料にするエコ人間もほとんど見受けなくなった。開畑不適地の山林原野にまで入り会うことが少なくなった里山の有効活用策と言えば、営利企業に開発を任せる御決まりの選択であった。一九七〇年代後半の出来ごとである。リゾート法制定前ではあるが、隣ムラの海ノ口（長野県）では、西武資本による別荘開発が脚光を浴びていたし、川向こうの清里（山梨県）では、県当局の後押しを受けた大規模開発が推進中であったから、この地方では、むしろ後発組に該当する。

飯盛山麓西側六十万坪の土地に、「別荘地開発及び分譲を中核にして、ゴルフ場・ホテル・貸別荘村・ハングライダー場・人造湖・スケート場・乗馬場・フィールドアスレチック・テニスコートなどの総合開発」をして、「四季を通じてレジャーを楽しめる、唯一無二の別天地」「日本でも、最初の、そして最大の規模とレジャー要素を含む別荘村」なる大構想をぶちあげる大矢観光グループが現れると、平沢ムラのみならず南牧村当局まで、歓迎の大合唱となった。七八年秋、地元の土地所有者である平沢財産区並びに南牧村の両者に対し、賃貸借契約をとんとん拍子に締結・調印させるに至る。

だが、資金的裏付けを欠く大風呂敷なるものは、破れて宙に舞うのも早い。翌年春には、資金ショートをきたして不渡手形を発行し、取引停止の破目に。有相無相の債権者連中、事件屋、ゴロツキ右翼、暴力団などが、利権と強欲を求めて、陸続と飯盛山に蝟集する。三十年に及ぶ大騒動の始まりだ。

三　奇しき因縁

大騒動には、裁判紛争劇がつきもののようである。飯盛山「大変」でも、夥しい裁判紛争がくりひろげられた。仮差押・仮処分の保全事件、本案の民事・行政訴訟、強制執行事件、告訴・告発事件、刑事公判事件などに加えて、弁護士懲戒申立事件までである。現在でも、精確な掌握ができていないが、私の手元資料で判明している狭義の訴訟事件に絞っても、十八件にのぼる（一審と二審を別件として計算すると、数字は二十七件になる）。

これらの裁判紛争に、村当局やムラの地元勢の立場で関与した最初の弁護士は、高野尾三男君だ。隣村の川上村出身者である彼は、その親せきが平沢ムラの構成員であった関係で、白羽の矢が立てられた。私より二つ年長なのだが、働きながら勉学を重ねた司法研修所第二十二期生。長野市を実務修習地に選んだので、修習生の時から私とは面識があった。もともと労弁志望で、松本市で「即独」（司法研修所卒業後即時独立して開業することを言う業界用語）すると、県評や社会党の法律顧問的立場に就いた。自由法曹団長野県支部内では、得難い存在で、統一戦線の面で相応の役割を果たしてくれた。平沢裁判紛争でも、誠実な人柄そのままに、甲府・佐久・上田の各裁判所をかけ回って、よくぞ個別的解決に奔走したものである。大矢観光グループの後継者として名乗りをあげた富田グループへの移譲方針自体は、南牧村当局レベルの行政サイドで決定したものだが、その法的事務処理に腐心しながら、後始末にあたった。それで、表面上は、一応の中休みとなったかに見えた。

それも、束の間、舞台は暗転する。首都圏の風俗営業で巨万の富を築いたと喧伝された富田グループは、手取り早い利益確保を狙って、「夢あふれる総合開発」を、ありきたりのゴルフ場一本化に格下げさせるや、八六年頃秘密裡に市川造園グループに売り抜けてしまった。その難題に加えて、開発対象土地の所有権帰属問題まで絡んできたからである。

明治政府による大合併政策によって、平沢ムラは、海ノ口ムラなどと一緒に、行政上は南牧村に統合された。それに伴い、各ムラの山林原野の多くが、登記簿上、各ムラに相応する財産区の所有名義として顕出される取扱となった。ところが、昭和の「大東亜戦争」の末期に、陸軍省は、野辺山原一帯の平坦な山林原野を「軍の演習場」として、半ば強制的な買収にとりかかった。標高千三百メートルを超える寒冷高地を演習場にするとは、本土決戦の山岳ゲリラを想定したのかと勘ぐりたくもなるが、高度の軍事機密のためか、関係資料のほとんどが焼燬されていて不明である。もっとも、帝国海軍の方も、敗戦直前に、野辺山原の別の一角に特攻隊の基地を設けたとも聞くので、軍事上重要視されていた場所であったことは間違いない。その後、大日本帝国は、あえなく敗北する。現地の軍関係者たちは、我先にと逃散したから、僅かな回数の演習に供されたに過ぎない広大な土地が、ほったらかしのまま残る。そこで旧所有者たちが買い戻しに動くのは、当然の成り行きだ。だが、現実は、筋書き通りにはいかない。国民の飢えを満たす緊急食糧増産の大号令が下される。軍施設の早期解体は、ＧＨＱの至上命令でもある。外地の引揚者たちが、雨露を凌ぐ場所を求めて元演習場になだれ込むと、地元勢も競うように二男・三男を送り込む。演習場は、見る間に、掘り返されて畑地もどきに変じていく。つまるところ、旧所有者たちの買戻し対象地は、開拓不適地しか残らなくなってしまった。そこで、南牧村当局は、平沢その他の財産区と相談して、各財産区の金銭援助を得ながら、南牧村の村民全体の薪炭採草用地とする目的で国から売り渡し処分を受けて、なんとか確保したという次第であった。だから、国からの売渡処分地につき真実の所有者は誰なのかという問題は、当時から燻っていたのであるが、ここにきて急浮上し、遂に火に油を注ぐ事態になった訳である。

「山ベン」に御鉢が回ってきたのは、そんな時期（九十年代初期）だ。高野尾君がいつ健康を害されたか分からないけれども、九六年三月内臓疾患のため五十九歳の生涯を閉じている。引継ぎのないままの役者交代であったうえ、ムラや村役場内では疑心暗鬼や内部抗争が跋扈し、事実経過の掌握や証拠の収集整理に難儀を極めた。終了済み裁判の断片的な資料を拾い集めては繋いでいく、そんな孤独な作業を強いられたのだが、諸々の裁判紛争の嚆矢となった一通の内容証明郵便の所在を突きとめた。

七九年四月二十一日付き平沢財産区管理者南牧村村長宛の書面は、全文楷書の手書きで、契約解除通知書と題し、通知人は㈱丸栄製作所破産管財人北村忠彦とある。どこかで見覚えのある名前なので、付記された住所から弁護士名簿を繰ると、やはり、司法研修所同期同クラス（そして、『いしずえ』の仲間）の北村君であった。「破産会社は、大矢観光グループのスポンサーで、多額の融資をしたが、それが一因となって破産に追い込まれた。債権回収策の一環として債権者代位権を行使して、大矢観光と財産区との賃貸借契約を解除し、立木代金名目で財産区に交付された契約保証金の返還を要求する」云々と。さすがに北村君らしい見事な論理構成だと感心させられた。そう言えば、同クラスで教官たちの思しめでたい模範生だったと、改めて想い起こしもした。地元勢のみなさんにとっては、まことに傍迷惑な御仁にちがいないが、ものは考えようで、開発業者のいかさまを早めに知らせてくれた恩人とも、評価することができるのではあるまいか。いずれにせよ、破産会社との間で幾つもの裁判が係属した模様だが、高野尾君が担当していた時期で、すべて和解で決着したと聞く。気心の知れた同級生同士がまなじりを決することなく済んだのは、なによりのことだった。一連の裁判紛争に一区切りがついた段階で、霧下ソバを賞でながら旧交をあたためたいと念じていたのに、先年急逝されて、もはや叶わぬ夢である。

四　「山ベン」の危機

南牧村は、人口僅か三千数百名の小村ではあるが、平沢をはじめとする旧村が五つ、そして、敗戦後の入植開拓地である野辺山地域が独立し、新しい区を結成したから、六つの行政区が入り乱れて毎回激しい村長選挙が繰り返された。飯盛山の開発は、平沢ムラ主導の発案によるものなのだが、開発地域の一角が南牧村の所有登記名義であることから、いやおうもなく村政の場に引き摺り込まれ、対立候補者の格好な攻撃材料にも仕立てられてきた。村外者で、しかも一代理人の分際にすぎない「山ベン」は、努めて政争からは中立の立場を堅持してきたつもりなのに、村長の交代に絡んで顧問弁護士を解任されたり、誹謗中傷の矢面に立たされた。係属中の裁判の代理人を、こともあろうに裁判官の面前で、一部の当事者等から解任通告されてしまう不始末にも遭遇した。挙げ句の果ては、「長野県弁護士会から除名する」ことを求める懲戒処分の申立に、曝されもした。しかし、これらの仕置は、日本のムラ社会には往々にしてありえた事象で、「山ベン」はそんな些事に怯むヤワではない。しかしながら「山ベン」の危機は、自身の内部に生じた。

最終幕となる筈の裁判紛争は、事件屋と評すべき自称債権者S（大矢観光グループ時代から屯していた徒輩）が、二〇〇四年十二月、歴代村長三名・歴代財産区議員の主要メンバー三十一名・村議会議長一名の個人合計三十五名並びに南牧村および平沢財産区の両行政主体とを、一括して共同被告に仕立て、総額二億円を超える損害賠償金請求なるものを強訴してきた事案だ。言わば、飯盛山の開発をめぐる三十年近くにわたる全てが、裁判の「俎上」に載せられた訳である。であるからには、被告全員が一丸となって、この裁判に立ち向かうと思いきや、被告たちは三つに割れた。「山ベン」の流儀に同調する被告たちが数の上では過半数を占めたけれども、現職の村長とその同調者等は、少数ながらも別の弁護士を選んだ。それでも、裁判では多数派被告と共同歩調をとりたい旨弁解するので、「まあ、よし」としよう。問題なのは、それ以外の被告徒輩だ。彼等は、弁護士も立てないで、自称債権者Sの言い分を鵜呑みにし、逆に矛先を多数派被告・少数派被告に向けてくる。「山ベン」は彼等を脱線派と呼んで、裁判のカラクリを暴露することに努めたのであるが、彼等の妄動は、提訴前からある程度予想されていた。しかし、全くの予想外であったのは、「山ベン」がかつて全精力を傾注して刑事弁護した元村長が、脱線派に与する事態である。とんだ八百長裁判劇ではないか。胡麻の蠅が被告席の一部を汚していたのでは、被告同士のまともな意思疎通もかなわない。国家賠償の法理（公務員個人は、職務の執行に関し、原則として賠償責任を負わない）を駆使して、個人被告に対する訴えの不当性を徹底的に追及した。その結果、脱線派は、自称債権者Sによる訴えの取下申立と同時に、裁判所の強力な同意勧告を受けて、被告席から姿を消さざるを得なかった。

ここまでは、順調な展開であった。件の危機は、二〇〇七年夏にやってきた。家族の者が運転する車に同乗していたところ、交差点で直進車にぶつけられた。頭頸部打撲と脳内出血。折悪く、裁判所は、右陪席裁判官が翌春転任の予定で、集中審理と年度内の結審を決定したばかりだった。そこで「山ベン」は、早期完治を図って、一度ならず二度まで脳外科手術を受けたものの、脳内出血は止まらない。三度目の手術は回避して、とりあえず止血剤の投薬治療とあいなった。やむなく、血腫を抱え込みながらの訴訟追行である。何時倒れるかもしれない不安の中で、連れ合いの内助の功に支えられたことは、敢えて説明するまでもなかろう。特筆すべき裁判上の有力な武器となったのは、それ以前の数々の裁判での資料である。自称債権者Sが、脱線派被告等と結託して、虚偽の陳述書や証言を重ねれば重ねるほどに、かつての自らの証言や陳述書との決定的な矛盾を曝け出していく運びとなった。件の元村長の証人尋問に及んでは、偽証罪を恐れて全て忘却という、逃げ口上に終始するしか途はなかった。

短期決戦を攻勢的にやり遂げると、どういう因果があるのか今でも不明であるのだが、脳内出血も止まり、しつこい血腫も完全に消失していた。あとは、安じて判決を待つばかりの療養生活に入った。

五　裁判遺産の継承

旧態依然に見えるムラ社会も、変化の兆しがうかがえる。安易な妥協を排して道理を通すことの大切さを習得したムラビトが結集し、財産区の主導権を握る。二〇〇七年十一月の村長選では、共産党籍のある元村議が、少数派被告の現職村長を大差で破って、村開闢以来の共産党員首長を誕生させた。開発問題全般に強い関心を持つ彼は、時々「山ベン」と当面の方針を異にして、大部テコずらせたものだが、脱線派被告の元村長の証人尋問には、傍聴席最前列に陣取って監視の目を光らせたし、〇八年八月一日の判決言渡しの際には、「山ベン」に心から御礼と慰労の言葉をかけてくれもした。このような新しい情勢に気圧されたか、自称債権者Sは、全面敗訴判決にもかかわらず、控訴申立さえなしえなかった。三十年に及ぶ裁判紛争劇は、ようやく大団円で終幕を迎えたようである。

件のゴルフ場は、一九九二年春のオープンに漕ぎつけたものの、昭和末期のバブルが弾けて、ゴルフブームは峠を越えていた。二十一世紀に入ると、賃料の支払いにも窮する経営不振に陥り、現在では別会社がなんとか体裁を保つのにやっとの有り様だ。飯盛山北斜面の南牧村所有登記名義の土地では、鉄鋼ビルグループが、先行してスキー場を経営していたのだが、機を見るに敏な「政商」さながらに、早々と撤退を断行し、その後幾つかの後継企業がショートリリーフで繋ぎ役を図ったものの、〇八年には廃業に追い込まれた。鳴物入りで登場した飯盛山開発も、今や五里霧中にある。

かたや、裁判専門の「山ベン」は、あてにしていた高裁審理がなくなって、手持無沙汰をかこつ身となった。暇つぶしに、「ツンドク」用の本棚に手を伸ばすと、部厚い書籍にあたった。由井常彦編・著の『堤康次郎』（リブポート社発行）である。「康次郎本」は、ごまんとあるけれども、内部資料をふんだんに使っているだけに、なかなかの読み応えがある。「衆議院議長、そして晩年」の最終章につき進んで、「八ヶ岳山麓の買収と開発構想」の小節に至る。「壱千万坪ほど買収した段階で、具体的な構想を練ればよいと考えて」、手始めに、「海ノ口牧場二百万坪を買収した」とある。青年時代に、軽井沢と箱根を買収した時と、少しも違わない。人間の性分とは、変わりにくいようである。ところが、「翌年四月急逝したため、一時頓挫をみることになった」との記述が続く。「海ノ口牧場」とは、現在の海ノ口別荘地のことだろうから、それを除いた八百万坪の中には、ひょっとして、小海町稲子入会地二百万坪も、含まれていたのではないか——との推理が、「山ベン」に働いた。康次郎氏は、生前に自著『苦闘三十年』を各界各層にばらまいていたが、稲子入会裁判でも、証拠として提出されていた筈だ。「山ベン」の先の推理があたっているかを確かめてみたい衝動に駆られて、早速に長野地裁上田支部に、裁判記録の閲覧謄写申請の手続をとった。驚いたことに、「既に消却処分に付してあって、裁判記録は一切見当たらない」との回答だ。「保存期間の十年は、まだ経過していない」と詰め寄れば、「最高裁の内部規程改訂により、五年に短縮されている」との返答（因に、判決書や和解調書の類は、より長期の保存期間になっているとの由）。原被告の当事者数だけでも、優に百名を超える多数の人たちが、立場を異にしても、ルールに従って協同し、三十年以上にわたって営々と創りあげた所産——実に裁判遺産と呼ぶべきものが、僅か五年の経過を待って、関係者等の意向を一切聴かないままで、ゴミ屑同然に機械的に廃棄するとは……。

最高裁の内規を、一連の平沢裁判紛争全体にあてはめると、ほとんどの裁判記録が既に消却の憂き目に会っていることになる。最近の八百長裁判だけは、有り難いことに、南牧村および平沢財産区の費用負担の下に、謄写保存が定められたと伝えられる。だが、そこに収録されている証拠類のほとんどは、先行の別件裁判で利用・活用されたもので、当該証拠の来歴などを理解するには、先行裁判の内容が不可欠になろう。偶々、「山ベン」の手元には、断片的ながらも、幾多の資料類が狭い書庫にぎゅうぎゅう詰めに押し込まれている。この際、不十分ではあるが、平沢裁判紛争三十年誌をまとめてみよう――と、「山ベン」は思いたった。「もちろん、ボランティアさ」と念を押すと、財産区関係者や元多数派被告たちは、大喜びで賛同してくれた。

そこで、「山ベン」は、大まかな資料整理を済ませると、〇八年十二月から本格的な執筆にとりかかり、〇九年三月上旬縦長A四判一五六頁からなる特別報告書『飯盛山麓の開発をめぐる裁判紛争三十年』を完成させた。裁判関係者各位に無償配布した残部は、特別に『いしずえ』の常連諸兄に御裾分け。早速に、富山県高岡市の松波淳一兄（富山イタイイタイ病裁判被害者代理人の主軸を務めた）から丁重な礼状が届いた。

「百鬼夜行という言葉がありましたが、村長職や財産区の役員が職権を乱用して、億単位の金を稼ごうとする有様には驚かざるをえません。昨日の友は今日の敵という、信義も何もない有様で、バブルが人心を荒廃させた様をマザマザと見せつけています」――要領よくまとめて、言い得て妙である。「狐と狸と狼の悲喜劇は、バブルがはじけて、ようやく劇の幕切れとなったようですが、長い闘いを勝ち抜かれて御苦労様でした」――とくれば、「山ベン」の苦労も報われる。持つべきは、『いしずえ』の友である。ただ、結びの言葉だけは、いかがなものか。「是非、司法研修所へ贈呈して下さい」とあるではないか。むしろ松波兄の労作『カドミウム被害百年　回顧と展望』（桂書房発行）こそ、司法研修所が購入するにふさわしい書籍なのだ。

幸いにと言うべきか、特別報告書は手元に予備がないので、「いしずえの友」の親切な助言には、「山ベン」は従えずじまいでいる。

白馬大雪渓をゆくひとびと

撮影　中沢健一氏

第二部　闘いを共にした先輩・同僚・仲間たち

第八章　まんまる顔の薬石

――弁護士　宇津　泰親

一九九二年七月十七日、小田原の法授寺で告別式を了えて、東京の東高円寺（長女方）に戻り、独り故人を偲びながらしたためる。

一　奇妙な出会い

宇津さんとの出会いは、たしか司法修習生の時であった。お互いに、生れ在所や出身学校が違うので、それまでは全く面識がなかった。十七期司法修習生に任命されて直ぐに通う司法研修所（東京都千代田区紀尾井町）前期時代でも、クラスが別で、総勢四百余名の修習生集団となるから、親しく交際する機会に恵まれなかった。その後、全国各地の実務修習地への配属の段に至って、地方出身者である彼（福島県）も私（長野県）も、どういう風の吹きましか、東京配属に定まり、しかも、同じ班に所属して実務修習に就くめぐり合わせになった。

その頃、彼は、既に結婚していて、子供を扶養する父親の立場にあった。かたや、私は、学生の身分からそのまま転進した身軽組で、青臭い議論に明け暮れていた。

そんな私に、好奇心の旺盛な彼は、なにやら関心を持ったらしい。折にふれて、彼の方から、しきりに接触を求めてきたように記憶する。

六三年八月の夕刻のことであった。

最初の実務修習官庁に指定された東京地方検察庁は、霞が関にあるので、そこへの通勤に、私は、地下鉄丸ノ内線を利用していた。冷房設備などまだ整っていなかった時代で、最寄りの駅頭は、まるで蒸し風呂同然であった。そうでなくても、東京の夏は、山国育ちの身にはこたえるものだが、さきほどからあくせく拭っても、またぞろ汗が吹き出てくる。面倒とばかりに、しおたれたハンカチを顔全体に押しあてたまま、電車を待ちかまえていると、私の耳元で声がした。

「ウヅですが……」

〝ウヅ〟なる姓は、私のふるさとでは、とんと聞かない。「宇津井」なら、劇映画『松川事件』の若手弁護士役の俳優さんなのだが……。けげんそうな態の私に、すかさず畳み掛けてきた。

「『宇津救命丸』の宇津ですよ」

けおされて正視すると、ずんぐりもっくの体軀に、まんまる顔が、人懐っこく笑っているではないか。なるほど、トレードマークは、最高にきまっている。

「おぬし、なかなかヤルな」

これが、私の第一印象であった。

それ以来、三十年近いお付合いが続くことになる。私の手元近くに置く写真帳を繙くと、喜色満面の彼が、愛児の手を引いているスナップ写真が現れる。たぶん、遊び好きの修習生仲間が、子供の御相手を口実に、新設の放し飼い動物園に赴いた時のものであろう。

六五年四月、弁護士資格を取得すると、彼は東京を、私は長野を、それぞれ仕事場所に決めた。二百キロ以上も距離を隔つことになったのだけれども、「今月は、なんとか食いつなげるか」と、電話でぶしつけに声を掛け合える間柄であった。

同期の「いしずえ会」や青年法律家協会（青法協）、自由法曹団、日本弁護士連合会（日弁連）などの活動を通じても、彼は、たくさんの思い出を創ってくれたものだ。その中で、とりわけ記憶に鮮やかに残っているのは、辰野事件の第二審を共にしたことである。

二　駆けぬけた二人三脚

辰野事件とは、一九五二年四月二十九日夜半から翌三十日の未明にかけて、長野県上伊那郡辰野町辰野警察本署・辰野駅前派出所・箕輪町東箕輪駐在所・伊那市伊那税務署・伊那市美和非持駐在所の五か所が、時限発火式装置のダイナマイトや火焔ビンで襲撃され、あるいは未遂におわる事件が発生したとされ、地元の青年活動家十三名が逮捕・起訴された裁判事案の総称である。

第一審の主任弁護人は、高名な林百郎さんである。これほど規模の大きい刑事裁判を、ほとんど一人で手がけられたといってよい。明日の食べ物にも困窮する被告たちを叱咤激励しつつ繰り展げた獅子奮迅の活躍ぶりは、後々の語り草になっているのだが、遺憾ながら、裁判所の厚い壁を突破できなかった。六十年八月の第一審判決（長野地方裁判所飯田支部の言渡し）は、被告たち全員に重刑を科すものであった。

第二審（東京高等裁判所）の審理は、六五年一月から始まったが、その間に、林さんは、捲土重来を果たして、国会議員に返り咲いていた。そこで、早急に主任弁護人の代行（と言っても、林さんが法廷に立つことが前提になっていたから、実際には弁護団の事務局的役割。だが、間もなく、その前提が外れた。）を置く必要に迫られたのに、人選が難航を重ねたようである。あげくの果てに、あろうことか、駆出しの私に、御鉢が回ってしまった。

アリが、獅子を倒す寓話はありえても、獅子の身代りを務めたタメシはない。だからと言って、そのままスゴスゴと退いたのでは、五分の魂が許さない。進退きわまって活路を求めた先が、畏友の宇津さんであった。

六五年の、これまた暑い夏の昼下り、東京の琴平町にあった東京合同法律事務所に、彼を訪ねた。ガタピシの木造建物は、もちろん冷房設備がない。だが、私は、額の汗を拭う暇もなく、助けを請うのに必死だった。なんとぶざまな有り様であったことだろう。彼も、おそらくは見るに忍びなかったであろう、あれやこれや詮索する労を厭い、「結構ですよ」と、その場を締め括ってくれた。

宇津さんとの二人三脚が始まった。

当時、彼が在籍していた法律事務所は、日本で有数の共同事務所で、ツワモノ弁護士たちが群がっていた。いずれも一騎当千の気構えで、松川（もっとも、刑事裁判は逆転無罪で終了していたが、国家賠償請求裁判が係属中）・メーデー・白鳥・青梅等々の大事件に取り組んでいた。

彼等の豊かな経験と才気溢れる力量を、辰野事件に繋げられないものか。その方法以外に、獅子を超える途はあるまい。今直ぐは無理としても、やがてかなえられる時が来る。その日のために、進行中の裁判は、持ちこたえなければいけない。

裁判官の交代の度ごとに、さして変わりばえのしない内容の弁論を、性こりもなく繰り返す。第一審で実施済みの検証を、一からやり直すよう要求する。採用の見通しのないまま多人数の警察官証人の再尋問を迫る。更には、鑑定申請や釈明戦術も。あまつさえ、第一審判決が適用する法規の憲法違反論までブチあげる。証拠の採用を渋る裁判所には、「ここぞ」と、忌避の鉄槌を加えもした。

傍目には勇ましく映ったかもしれないけれど、内心忸怩たるものがあった。なにせ背伸びしてなす所作なのだから、公判が終わると、疲れがどっと噴き出す。自ら演出した興奮の持って行き場がなく、場末の酒場で気を紛らせるしかない。それも一時凌ぎで、酔いが醒めれば、次の公判が気懸りになってくる。

損な役回りである。私自身は、さだめと諦めもしようが、彼にまであてがってしまった負い目が、何時も重くのしかかっていた。だが、彼は、嫌な顔一つ見せず、淡々と自分の部署をこなしていく。

そんな対応に、私は、どれほど精神的に救われたことだろう。

人は誰でも、使命感の自覚や理念の信奉だけで、仕事を永く続けられるものではあるまい。人生とは、生身の人間があやなす修羅場にほかならない。罪滅しの気持ちも込めて、現地調査や地元開催の弁護団会議の機会をとらえ、私は彼を持て成すように心がけた。〝持て成す〟と記せば大仰に響くけれども、所詮、田舎弁護士の懐のこと、中身はしれたものだ。彼の好みと聞くフランス料理には及びもつかないが、信州名産のザザムシやハチの子、蚕のサナギ、馬刺しなどのゲテモノなどに、「まんまる顔」は、相好を崩しっぱなしであった。ひとたび興に乗れば、飲屋横丁の四畳半にあっても、シューベルトをドイツ語でやり始める粋人なので、彼の話題は、やがて、裁判から離れて、文学や人生論に移っていた。


宇津さんから吉報が届いたのは、六九年の初夏であった。青梅事件の常任弁護団の心張棒役を務められた植木敬夫さんと渡辺脩さんの両先輩が、辰野事件の常任弁護団への参加を承知してくれたというのだ。その頃の裁判の進み具合いは、先の忌避申立が最高裁でも棄却され、一部採用された検証のやり直しも既に実施済みの状況で、いわゆる泥縄式弁護は、次の攻め手を探しあぐねていた。まさに、干天の慈雨である。またまた、「まんまる顔」に救われた。

だが、心張棒の締めつけは、聞きしに勝るものがあった。有罪のキメテとなっている捜査側の証拠を徹底的に分析する作業が、最優先の課題として提起された。

「捜査側の証拠なんて、彼等が都合よく作っているのだから、内容は、被告たちに不利にきまっている」との先入観に禍されて、それまでは脇に押しやってしまい、被告たちのアリバイを証明する資料の発掘に、一所懸命であった。このような旧来の手法に、厳しい批判が浴びせられたのだ。

非現実的で、非科学的。それでは、勝利の道筋はおろか、展望さえ見えない。方法論としても、誤り以外の何ものでもなく……、耳の痛い指摘が連打される。

そして、年来の持論が披瀝される。

この事件の最大の特色は、「〝被害者〟とされる者が、即、訴追する立場の警察」という点にある。だから、弁護団の任務は、各被告について種々の弁解を並べたてることよりも、捜査側における権力犯罪の手口を暴露することである。第一審の有罪判決を組成している捜査側の証拠は、視点を変えると、捜査側のフレームアップの軌跡を裏付ける証拠に転化する。その過程を系統的に追及していけば、反撃の対象たる〝弱い環〟が顕在化してくる……。

司法研修所では、ついぞ聞いたことのない発想と手法である。主任代行の私としては、立場上、なにやら反論しようと試みるのだが、有効打が出ない、ずるずると後退させられるばかりである。「もはや、勝負あった」と、自ら宣告する破目になる。隣の「まんまる顔」は、いかに——と、うかがえば、眼まで丸くして、戦意喪失の面持ちであった。

それからは、常任弁護団の面々は、裁判記録の虫になりかわった。肉眼では追えない隅々までも、拡大鏡をかりて喰らいつく。とても時間が足りない。合宿につぐ合宿が強行される。場所は、人里離れた辺鄙なところが選ばれる。宿泊費用のこともさることながら、途中で娑婆気を起こさせない配慮からである。しかし、合宿の都度、供述調書の改ざんや〝被害状況〟の偽装といった重大事実を発見するので、いわば〝宝探し〟の興味が、幽閉生活の辛さをやわらげてくれもした。

頭痛の種は、各人に割り当てられるレポートである。心張棒の締めつけは、そこにまで及ぶ。血眼になって探り出した幾つかの矛盾点を自慢気に書き連ねて、入念に仕上げたものでも、観点が不明確であったり、全体の組立てに照らして整合性を欠くと、全面書直しの憂き目に会うのだ。

いかに矛盾点を羅列しても、それでは、たかだか弱点を指摘する次元にとどまる。要諦は、有罪の構造を突き崩す〝弱い環〟に止揚する……、私は今こう書き進めてみるのだが、正直なところ、新しい発想と手法の奥儀を、的確に表現できないもどかしさが残っている。それでも、見よう見まねで、ある程度の要領を体得し合った宇津さんと私は、どうにか、苦汁を嘗めさせられないで済んだ。

最も被害を蒙ったのは、私たちよりも後から参加した後輩たちである。経験未熟や時間不足などの抗弁は、いっさい却下。書直し命令が、厳正に執行された。そんな後輩たちがたむろする部屋に潜り込み、何気なく冗談めかしては彼等の気持ちをなごませる流儀は、「まんまる顔」の真骨頂。私には、真似のできる芸当ではない。

多様な人材からなる弁護士集団の結束を固めるのには、大変な苦労が伴うものである。だが、新体制後の辰野事件常任弁護団のありようは、誇るに足りる範例だと評しても、過言ではあるまい。

口の悪い被告たちは、時々、弁護団を学校の教師集団になぞらえて、茶化していた。両先輩が校長と教頭、私たちが主任クラスか、その他がヒラで……。この比喩を実情に則して補えば、校長や教頭の管理職と平教員との間をとりもつ大切な役割は、宇津「主任」が担っていたのである。常任弁護団の団結は、彼の存在に拠るところが大きかった。

抜本的な方針が練りあがると、あとは押せ押せである。法廷は、弁護側が名実ともに攻勢に転じ、検察側を圧倒した。後日談だが、新刑訴派の中野次雄裁判長に、「弁護団は、よく記録を読みこなしていましたね」と、いわしめたほどである。

弁護団が主導権を発揮するのに呼応して、被告たちを支援する運動は、急速に全国に拡がり、被告たちもまた、第一審の時に示した戦闘性を回復した。この三者の歯車が噛み合うと、裁判のピッチもあがり、二年ちょっとで最終弁論に突き進んだ。それに先ずる苦節十七年に較べると、今さらながら、スピードの早さに驚かされる。

一九七二年十二月一日、スモッグ禍の東京に、青空がのぞく。弁護団にとっては、実に目まぐるしい一日であった。午前十時開廷前に挙行された東京高裁前の激励集会。「被告人らは、いずれも無罪」の宣告前に起こった拍手に沸く東京高裁第三刑事部法廷の立会。その後、東京弁護士会館に設営された記者会見。次いで、日比谷野外音楽堂で開催された勝利判決報告大集会。最後に、新宿西口の大衆食堂で夕食も兼ねた弁護団総括会議。

一連の公式行事が終わると、二人三脚の足取りは、軽やかに四ッ谷方向に流れた。行きつけのスナックは、師走入りにしては、人気がない。その日ばかりは、お互いに気張ってテーブルを豪勢にしつらえたものの、いつになく言葉少なであった。

ややあって、「まんまる顔」は、間を持たせる心配りで、一言ひっかけてきた。

「裁判の醍醐味ってヤツは、どんなもん？」

「そりゃ、ゲテモノよりは上等でしょう」

そこで、掛合いは途切れた。しばらく長い沈黙が続く。脂粉のかもす妖しさの中で、私は、二人三脚の紐を解くことになる感傷にとりつかれていた。紅灯の淡い光に映える「まんまる顔」は、意外に神妙であった。おそらくは、起伏に富んだ大衆的裁判闘争の回想に、余念がなかったのであろう。

三　早過ぎる別れ

「まんまる顔」とじかに向きあった最後は、やはり、辰野事件であった。

九二年六月七日、無罪判決から二十周年を迎える「記念のつどい」が、辰野町の天竜河畔に立つホテルで開かれた。かつては元被告たちとの打合せによく使った川魚料理屋だったが、時流に押され、コンクリート造りに様替りしている。そこに連なる商店街も、降りたった辰野駅舎も、近代化の装いをこらしてはいるが、白昼ほとんど人通りがない。過疎化の波は、ここにも押し寄せていた。全国各地から馳せ参じた総勢百名近い仲間たちが、往時の〝現地調査街頭行進〟さながらに、確かな足取りで会場に急いていた。時移り、街変われども、弾圧に抗う闘いがともした火は、潰えることなく、同志の心の中に赤々と燃えているのだ。旧交を温かめ合う人々の輪が、幾重にも織りなして、感動の渦を形づくってゆく。東京弁護士会から横浜弁護士会に登録換えしていた宇津さんが、自宅のある小田原から駆けつけて、「つどい」に花を添えてくれた。

だが、宴会場の華やかさの陰で、元被告たちは、物故者三名を数えていた。ヒナ壇を飾る筈の林百郎さんの姿もなかった。梅雨空模様の日本列島を、「百さ、斃る」の衝撃が走ったのは、その数日前のことだった。

「だんだんに淋しくなるけど、君の痩せようも、尋常じゃないね」

「心配御無用だよ。人間改造に取り組んでいる最中。ちょっと度を越したか、修習生時代の貧相に戻っちまった。新規巻き直しさ」

「これから再挑戦するなんて、強欲というもんだ。信濃路は、ゆっくり愉しみながら歩くにかぎる。今夜は、久しぶりに、人生の味を堪能しようじゃないか」

「あいにくさまだ。明日、上田で、生臭い裁判を控えていてね。お楽しみは、上京の折に。偶には趣向を変えて、赤坂の青畳の上で……」

「面白いじゃないか、不動産成金や政治屋連中の縄張りを荒らすなんて。だかね、それには、体力に加えて、相当な金力も要るんだよ」

「あんたは、いいよな。『救命丸』の守り神が付いているし、だいぶオナカに溜め込んでもいるみたいだし……」

主催者側の歓迎の辞などそっちのけで、元「主任クラス」は、相変らず、たわいない掛合いにほうけていた。

それから、三十八日後のことである。東京合同の同僚弁護士であった西嶋勝彦さんから、宇津さんの訃報（享年五十七）が届いた。過日の「つどい」の一締めに、元弁護団を代表して万歳の音頭をとったのは、宇津さんだった。左手のマイクを口元に押しあてて十年後の再会を誓う口上を述べながら、右手のこぶしを突き挙げる〝ガンバロー〟スタイルで、「我、健在なり！」をアッピールしていたのに……。死に至る病いを患っていることなどオクビにも出さないで、かえって、私の身体を気遣っていたではないか。

いや、もしかしたら……。帰途に着く私の姿が眼にとまると、宇津さんは、二次会の席を中座して、わざわざホテル玄関まで送ってくれたのだったが、その際なにか告げたかったのではあるまいか。そんな心中を察することなく、そそくさと迎えの車に乗り込んでしまった不明を、私は恥じる。かけがえのない機会を逸した無念は、容赦なく痩身を痛めつけている。

翻って考えてみれば、翌日の裁判なんか取り止めにして、私の方からゲテモノに誘うべきだったのだ。ベルリンの壁崩壊からソ連邦の解体に及ぶ、激動の世紀末に際会して、語りたいことどもや論ずべき諸問題を、山ほど抱えていたのだから。唐突な難問にも、「まんまる顔」は、必ずや、名答を捻り出したにちがいない、やや眉をひそめる仕草を加えながら……。

「あんたの守り神に、看板通りの御利益がないのは、なぜだ」

「それとも、ロマンに憑かれて、汚濁の現世を見かぎり、潔く天上に昇華したのか」

はしたない問い掛けに、祭壇の遺影に納まる「まんまる顔」は、ただ、笑っているだけだった。そぼ降る雨が、法授寺の石段を洗い清めると、ずんぐりもっくの重みが残る亡骸は、生き写しの嗣子に導かれて、野辺の送りに向かった。雨宿る栗の木陰に立ちすくむ参列者たちの肩に、大粒の雫がしたたり落ちて止まない。

境内から望む相模の蒼海は、この日、鉛色にくすんでいた。

第九章　尽くしえぬ花談義

――弁護士　林　豊太郎

「ちょっと開けてくれ、これじゃ通れないよ」

「入ってもらっては、困るんだ」

「なかのみなさんとは、事前に、ちゃんとアポをとってあるんだよ」

「ここは、私共が管理している場所。私共の許可がない限り、入室は認められない」

「タナコを訪ねるのに、いちいちオオヤの許しを求めるのが、どこにいる。だいたい、今回の用件は、君たちのためにもなる。一緒に聴いてもらって結構だ。さあさあ、みんなで始めようや」

「用件がどうであれ、あなた方の入室は、認めないことになっている」

「無礼もの！　心得違いをするな。聴きたくなければ、職場に戻れ！　そこにいられれちゃ邪魔なんだ。どきなさい」

そんな押し問答が続く。一九八四年十月中旬、長野県庁十階司法記者クラブ前の出来事である。入り口に立ちはだかる屈強の徒輩は、背広組の県警幹部。対峙するのは、自由法曹団長野県支部長の私と同事務局長の林豊太郎君である。製本まもない冊子『明るい街をもとめて――暴力追放と民事裁判』を小脇に抱え、勇躍して県都に上り、記者会見に馳せ参じたのだった。なのに、あろうことか、警察に出端を折られようとは……。

団支部は、七八年の上山田温泉（現在の千曲市）のケースを皮切りに、暴力団追放の一環として、その根城である組事務所を撤去させる運動に取り組んできた。

今でこそ、暴力団や暴力団員にたいする規制法令の庇護の下、警察を始めとする各種団体が、公的な組織に糾合し、公的な資金援助を得て、それなりの活動を行っているけれども、当時は、暴力に泣かされる被害者たちの決死の覚悟と自前の手弁当に頼るしかなかった。それだけに、自発的な住民運動を挫折させてはなるまいとの使命感から、「一日も早く、確実に、目的を実現するには、どうしたらよいか」――全団員の知恵を絞り合ったものである。中途から事務局長に就いた豊太郎君が、支部定例会の折に、心張棒さながらに、各地の実情報告を促して、ケース毎に最も有効な法的戦術を探り、ケース毎の弁護団の力量アップに貢献した。その甲斐あって、松本・上田・岡谷・佐久の各市でも、見ごたえのある落城ドラマが、短期間に次々に演出された。

「豊太郎君、これは、現代版『国盗り物語』だわ。いよいよ、天下取りも、夢ではないよ」

「そういって、戦果に酔いしれているだけでは、もったいない。同じ問題で悩んでいる全国の人たちに役立つように、活字にしてみませんか。一味違う祝酒が楽しめますよ」

そこで、関係する各団員が分担して執筆し、豊太郎君の好編集の基に、冊子が完成した。そのＰＲ

を兼ねた御披露目が、先の記者会見という次第であった。

六尺余の大柄な豊太郎君の腕力をもってすれば、強行突破もできようが、いかんせん五尺五寸の相棒が非力ときては、どうにもままならない。その分、声だけはオクターブを上げるものの、いっこうに局面打開に結びつかない。

「支部長、そろそろ引潮時ですよ」

「理不尽を前に、引き下がる訳にいくか」

「それは、別の機会に。今日の本題は、記者会見。なにも会見場所にこだわらなくてもよいのでは」

沈着冷静な豊太郎君の機転で、急拠、会見場所が、記者クラブ前の廊下に設営された。廊下は、県民の自由通路、県警の管理外。さしもの県警幹部も、文句のつけようがない。

傍目には、余りサマにならない立ちん坊に見えたであろうけれども、私たちは意を尽しえた。しょっぱなのハプニングに驚いた記者諸公が、好意的に取材してくれたお蔭で、PR効果は抜群。時宜にかなった企画内容とあいまって、冊子は、たちまちに売り切れた。

調子づいた豊太郎君は、増補版をもくろみ始めたのだが、団支部二十年誌『信州人権宣言』の出版という大型事業を控えた財政事情もあって、ついに日の目を見なかった。ところがどっこい、なかなかのしたたか者である。その後コツコツと書きためて、「現代暴力団考」をモノにするや、ちゃっかり『信州人権宣言』の中に紛れ込ませたではないか。

そして、後日談がからまる。

郷里の大先輩大塚一男弁護士（飯山市出身。団東京支部所属）が全国版団ニュースの書評欄で、豊太郎君の労作を、「この種の問題の法的処理のポイントを、要領よくまとめている。支部集団の活動チームワークの良さと蓄積のレベルの高さが窺える」と推奨したものだから、またもや、「洛陽の紙価」を高める立役者となった。

「発行責任者の立場から、最大功労者の君に、ひとこと御礼を言わせてもらうよ」

「えっへい、支部長さん、増補版の方なら、乏しい支部財政を、もっと潤わせたズラ」

いかんとも憎めない、好漢である。


軽井沢の寓居（軽井沢町成沢）の前庭に、今年は、マツムシ草がたくさんの花穂を結んだ。秋天の高原に群れ競う眺めは、壮観ではあるが、一株一株の紫紺は、なぜか愁いを漂わせる。そういえば、たしか奥蓼科での支部定例会だったたか、酒宴の肴に、好みの花が話題にのぼった。

「私は、だんぜんマツムシ草ですよ」

「これは意外だ、ちっちゃなヤツに心ときめかすなんて。君のナリには、ヒマワリが似合う。『南信の太陽』と、デッカクいこう」

「うわの空ではなしに、大地にしっかり根をはるのが、自由法曹団の身上なり――そう説いてきたのは、どこの、どなた様ですか」

お互いに、酒勢にかられると、茶化す癖があるものだから、折角の話題が上滑り気味で、深められずじまいに終わった。

団支部創立二十周年を迎えた八七年秋、私は、自分の時間を確保することを優先しようと決心して、二十年間務めた支部長を退いた。そのあおりで、豊太郎君とのコンビは解消になってしまったのだが、過ぐる日、佐久の裁判所（佐久市岩村田）で、偶然に顔を合わせる機会に恵まれた。

「過労死問題にまで手を拡げて、身体は大丈夫かね」

「心配無用。そんな気遣いよりも、たまには支部定例会に花を添えて下さいよ。淋しくてしょうがない。週末の軽井沢通いは、どこが魅力ですか」

「ところを変えてみると、今まで気づかなかったものが、よく見えてくるんだ。いろんな発見があってね。ここから眺める浅間山は、軽井沢では、まるで違うんだ。君も試しに来ないか。暇は意識して創りださなけりゃね」

「南軽井沢の曲屋での支部定例会は、実に愉快でした。人間と馬が共棲する住まいと言う発想自体が温かいし、宿主の滝沢花江さんの手料理も懐かしい。曲屋のすぐ近くですって、週末にしけこむ先は。」

「悲しいことに、花江さんは、先年亡くなられたよ、あの広い建物内で。御遺族は、前橋住まいでしたから、御遺体の発見が、かなり遅れたそうだ。『死ぬるは、独り』の覚悟がいるね」

弁護士経験でいくと、私の方が、十五年も先輩に当たるのに、随分と助けてもらったし、教えられもした。あの大らかさも、見習いたい徳性の一つである。林百郎の御曹司という育ちの良さからくるのか、あるいは、長い司法浪人生活の中で自ら培ったものだろうか。激動の世紀末に際会して、お互いに論じ合うべきテーマが多い。それに、くだんのマツムシ草だって、先送りされたままだ。マツムシ草の花言葉は、「未亡人」「恵まれぬ心」「私はすべてを失った」と、ものの本にある。最初のものは論外だが、後二者は、なにか機縁があったのだろうか。

今となっては、全て、かなわぬことになってしまった。にわかに碓氷峠を駆け降りてきた濃い霧の中に、前庭のマツムシ草は消えいりそうである。忙しさにかまけて、どちらかと言えばぞんざいに扱っていたのだが、これからは心して育てていこうと思う。

一九九二年秋、過労死問題の講演の後、講師席にもどるや崩れるように斃れた豊太郎君（享年四十五）を偲ぶ、よすがにしたいからである。

第十章　「きさらぎ」を待つ

——農民運動家　茂原　智量

佐久平の二月は、まだ寒中にある。
暦のうえでは、大寒を過ぎて立春だというのに、浅間おろしは頬をつき刺し、土塊は硬く凍ったまなだ。大地のぬくもりを踏みしめ、高原の玲瓏に浸りきることなど、とうてい望めるものではない。なのに、ここ数年来、私にとって二月は、待ち遠しい季節になっていた。

茂原さんが佐久平農協の専務になって間もなく、一般組合員のための法律相談制度をたちあげた。組合員に相談ごとがあると、その都度、担当職員を通じて、顧問関係にあった私共の法律事務所（上田市中央西所在）に持ち込む。それが原則なのだが、年に一回、毎年二月には、私共が農協本所（佐久市野沢所在）に出向いて、直接に組合員と対面し、相談に応ずる便宜も講じられた。

サラ金禍や悪質な訪問販売などの病弊は、都会にとどまらず、農村にまでどんどん侵入してくる。気やすく保証印を押したばっかりに先祖伝来の田畑を失い、甘言に乗せられて法外な高い買物を背負い込む。農民は、農業経営以外の面からも、生活破綻の淵に立たされてしまう。このような事態を、農協としても、成行きに任せてはおれない。そこに、法律相談制度開設の理由があった。
ただ、相談内容は、都会暮らしに起因する病弊問題に限られるものではない。お隣との境界争い・跡取りと遺産分割・嫁と姑の不仲・交通事故の示談交渉・農業用水の利用・共有山林の売却など、現在の農民が抱えている心配ごとや問題すべてに及んでいる。時には繰り言に終始することもあれば、場合によっては人生相談にとどまるものもある。しかし、どれをとっても、相談する側の者にとっては、重大で深刻な事柄だ。それゆえに、相談に応ずる側の者にとっては、いいかげんな対応は許されない。

そんな気苦労を察してか、相談会の終了後、本所近くで、一席を設けてくれる。佐久鯉をつつきながらの会食なのだが、茂原さんの豊かな話題と巧みな話術が、なによりの慰労であった。とりわけ、川上村での青年団活動や生産者と消費者を結ぶ産直運動のことどもは、今でも私の耳に焼きついている。都会での大学生活からそのまま法律家の道へ進んだ私には、うかがうことごとくが珍しく、生きた学習であったと思う。茂原さんが傾注されたひたむきさ、そして、自主的な運動の帯有するエネルギーの大きさなどは、私の弁護士活動の鑑となっている。

寒気が一段と強まる頃、いつも議論になるのは、ムラ社会のことである。日本の民主化にとって、どんなに障害になってきたことか。だが、封建時代の遺制と、言葉のうえで一蹴することは簡単ではあるけれども、これまで長い間、ムラ社会は、民衆の生存の基盤であったし、現在でも厳然として存続している。そうだとすれば、ムラ社会をどのように変えるかという課題は、科学的に、そして多面的に追究されねばなるまい。茂原さんの試みが、農協運動の本源的な「協同」に向けられていたことは間違いない。その「協同」なるものが、実際にムラ社会をどこまで変革することができるか。毎年繰り返される報告は、生々しい実践であるだけに、私の興味と関心をかきたててきた。

一九八七年の二月は、寂しいものであった。楽しみにしていた実践報告は、聞かれない。ムラ社会を議論する場面もない。旧臘、五十六歳で急逝されたのだった。

しかし、私は、諦めない。いつか、茂原さんの赤ら顔が、ひょっこり現れるのではないかと、おもえてならないからだ。

二月は、如月ともよばれる。岩波書店の『広辞苑』によると、「生更ぎ」の意味で、草木の更生することをいう。佐久平の二月も、眼を凝らせば、「生更ぎ」が見えてくる。浅間おろしの中でも、凍った土塊の下でも、やがてくる春に備える営みが、せっせと続けられている。茂原さんの試みや活動も、有志の人たちが立派に引き継いでくれるにちがいない。そう遠くない将来、二月の楽しみは、甦るであろう。

「きさらぎ」を、私は心待ちにしている。

第十一章　たった一度の約束違反

――歴史研究者　松本　衛士

一

弁護士稼業を二十余年も続けていると、担当した裁判事案は、相当な数に達するものだ。それらの資料が、法律事務所の狭い倉庫を満杯にし、いや応なく焼却を強いられる事態に至って、しみじみ感じさせられたことがある。裁判事案の一つひとつが、当事者本人にとってはかけがえのない生きた歴史であり、弁護士にとっても精魂こめた闘いの記録なのに、そのほとんどが忘却の彼方に押しやられている。マスコミを賑わした幾つかの事案でも、時が経てば中身を想い起こすことさえ難しくなる。民衆の生きた証しが、このように脆く潰えてしまってよいのだろうかと……。

そんな反省から、「弁護士は、民衆の代弁者として、次代に引き継ぐ記録を、不十分であっても、遺すべきものだ」と考え、長野県内弁護士有志と共同で、『信州人権宣言』の発刊を企画した。一九八六年秋ごろのことである。その志やよしとして、まことに恥ずかしいことに、私共の先輩弁護士の歩み――代言人や弁護士は、敗戦前、長野県下でどのような活動をしていたのだろうか――も、まともに判らない有り様であった。そこで、安易な解決策として、身近な歴史研究者の松本衛士先生に、ちゃっかり特別寄稿をお願いした訳である。

かくして、先生の玉稿『長野県下における自由法曹団の歩み――戦前編』が、『信州人権宣言』（八七年十月十八日信州の教育と自治研究所発行・自由法曹団長野県支部編集）の巻頭を飾ることになった。

菊池貫平から木下尚江や立川雲平、そして山崎今朝弥を経て青柳盛雄に至る系譜が、それぞれの時代における重大事件（秩父事件、大逆事件、警廃事件、L・Y・L事件、松高事件、二・四事件など）を絡ませながら展開されていて、現在の弁護士たちも学ぶことの多い好論稿である。

その一方で、松本先生は、次の指摘も忘れない。

「治安維持法の成立過程から、その改悪にいたる司法大臣は、すべて長野県出身者であった。治安維持法制定時の司法大臣小川平吉は諏訪出身、治安維持法改悪時の司法大臣は原嘉道で須坂出身、いずれも弁護士の経験をもっている。原に続いて司法大臣になったのは、渡辺千冬で岡谷出身である。小川から渡辺まで、一九二五年から一九三一年の六年間の司法大臣は、すべて長野県出身であり、三・一五事件、四・一六事件の時の全国の総指揮者というべき役割をになった東京地裁の検事正塩野季彦は、松代藩士の子孫であり、のちに司法大臣をつとめる。また、小川司法大臣のもとで、治安維持法体制を確立した内務省警保局長山岡万之助は岡谷出身である。」

「先進地信州」「革新県長野」の内実を、抉られる思いに駆られたのは、私だけではあるまい。

とまれ、これほどの力作を、多忙の折にしかも短期間で、コンパクトにまとめ上げられるとは……。私は、感謝の念を超えて、畏れいってしまったものである。しかし、その超人技のナゾも、このたび上梓された『長野県初期社会主義運動史』（株式会社弘隆社八七年十一月発行）に接し、たやすく解けたように思う。新しい史料の発掘をはじめとして広範囲に収集された厖大な資料を、存分に駆使しながら、対象の実像にアプローチしているからである。そういえば、いつぞや屋代の街を徘徊され、ある時は上田の図書館で古新聞を渉猟されている先生の姿が、私の眼にとまったのだが、今顧みると、先生は資料の収集に余念がなかったのであろう。

戦後第二の反動期を迎えて、歴史の書き替えが進行中である。名もない民衆の運動や人民の階級的な闘いは、どんどん歴史の片隅に押し込まれようとしている。それだけに、民衆や人民の立場にたって、事実と記録を伝える営みは、ますます重要なものとなってくる。私共も、その一翼を担いたいと念じてはいるのだが、そのためには、松本先生の御手数を煩わし続けねばなるまい。

先生の御健康を祈るや、切なりである。

二

右記の拙文は、『長野県初期社会主義運動史』の出版を祝う会（会場・長野市岡田町ホテル信濃路）の求めに応じて、私がしたためたもの（一部加筆。原題は、「松本先生への期待」）である。松本先生の人徳もあって、東京都立大学名誉教授塩田庄兵衛をはじめとして、沢山の玉稿が集まったと聞く。それらを大勢の人たちの閲覧に供しようと、文集作成が試みられ、祝う会当日（八八年二月二十七日）八十二ページの冊子が仕上った。

その表題が、かわっている。なんとも珍妙なのである。『やはり健康は至寶です――お二人共十分にお気をつけられます様』だと……。なにも健康医療関連本でもないのに、なぜだ。種明かしには、やや詳しい説明が要る。

松本先生は、東京大学文学部史学科で、実証性を重んじる宝月圭吾教授の薫陶を受けたようであるのだが、本人の関心は実践活動に向き、部落問題研究会に一所懸命であったという。学者の道を選ばず、卒業と同時に、長野県高校教諭となって、私の故郷（佐久市望月）にある県立望月高校に赴任した。先生の才覚に一番先に目をつけたのは、長野県高等学校教職員組合（高教組）の方である。あっという間に高教組本部の書記長に抜擢された。当時の委員長は、清水正行氏。別名「コウキョウ組《グミ》」のドンと呼ばれた闘う労働組合の御大であったが、病には克てず、八十年代前半から闘病生活に入った。松本先生の研究者としての資質を見ぬいたのも、やはり御大で、書記長退任後の身の振り方を探っていたようである。やがて、八一年四月長野県史常任編纂委員の活路が開かれ、「社会運動・社会政策」を担当することになった。御大から「全身脳ミソが詰まっている豆タンク」と評された松本先生は、水を得た魚のように、記録の大海にわけ入った。だが、遮二無二の突進は、危難を招く。とどのつまり、佐久市協和にある自宅と勤務先との往復四時間を要する帰宅途次、八三年十二月長野駅頭で倒れた。持病の喘息発作による心不全で、「俺は死んじゃう〜」と末期もどきの声を発したとか。国鉄職員たちの適切な対応で、九死に一生をえたのであった。

そんな松本先生の身を案じて、御大が佐久病院の病室から松本夫妻に差し出した書簡の中に、件の言葉があった。御大は、やがて八五年一月二日に逝去したが、松本先生が先の出版を誰よりも先に告げたかった人であったことから、御礼の気持ちを込めて、御大の言葉を表題に掲げたという次第だ。やっとガッテンがいった。

三

『長野県初期社会主義運動史』は、日露戦争前後から「大逆事件」の前後まで、年代で記せば、一九〇四年ごろから一九一〇年ごろまでの時期を扱っている。長野県は、「進歩と革新の伝統」などと喧伝されている。明治十年代の自由民権運動や大正デモクラシーは、よく語られもし、書かれもしている。しかし、両者の間には、それなりの時間的空白があって、どんな繋がりがあるのか、必ずしも実証的研究がなされているとは思われない。その繋ぎ役として、松本先生は、初期社会主義を設定した。その構想は、長野駅頭で倒れて入院中の病室で練ったという。退院後、「休日を利用して、実津子夫人を『お抱え運転手』に仕立てて、長野県内のみならず、隣県の群馬や山梨ととび歩いて、史料を発掘したりした」と、長野県史親睦会発行の『かおす』に書いている。そうすると、私共が先の原稿依頼をした時期は、収集・分類した史・資料に基づいて書き進めていた最中にあたる。ならば、同時進行で、書き分けていたことになるではないか。先の文集冊子に載る実津子夫人の手記によれば、「どんな事があろうとも決して欠かす事のないお酒でも、夜中二時、三時に起き出して仕事をする精神力、ファイトには敬服させられます」とある。とんだ無理を強いてしまったと、私は、今さらに後悔が募る。長野県史刊行会主任編纂委員長塚田正朋氏の文章――「本書は、ひとり長野県史近代史の研究ばかりでなく、ひろくわがくに近代史研究に一石を投ずる労作だと信じます。多くの方がたの味読をお推めします」に触れて、私は、いくらか気が休まった。

四

その後、松本先生は、一九九一年四月、勤め先を、上田市下之郷所在の長野大学にかえた。通勤時間が半分に短縮されて、研究と教育にじっくり取り組める環境が整った。しかし、「教授室」に閉じこもるタイプではないから、歴史研究の仲間たちと、上小地域の歴史研究会を立ちあげた。どこからの情報源か定かではないけれども、私の依頼者の内に「七三一部隊」（中国の旧満州で、生きた中国人を人体実験に供して、細菌戦などの研究をする秘密軍事組織）の関係者がいるとして、私に協力を求めてきた。依頼者の個人情報を保護することは、弁護士の基本的職務である。さりとて、松本先生の申し入れも、もっともである。当該組織関係者等は、ＧＨＱとのヤミ取引で、戦争責任を免れたことから、彼等の犯罪行為の多くが、歴史上秘密のベールに隠されたままであるからだ。国民の知る権利の観点からも、有意義なことではある。板挟みになりながら、私独自に可能なアタックを試みたのだが、残念なことに目的を果たせなかった。係属中の裁判に関わる事項であれば、場合によっては、裁判所の職権発動を要求する手立てはあったのだが……。歴史的事実を掘り起こし、史料を収集する営みの大変さを、私は思い知らされた。

上田小県地域を対象とする情報誌『週刊うえだ』は、かつて『理論社』社長を務めた小宮山量平氏が、郷土のために健筆を揮い、同紙の紙価を高めていた。同じコラム欄を、松本先生が引き継いで、上田自由大学に関する連載を書き始めた。平明な文章で、スタートから評判がよかったのだが、突然、連載中止となった。松本先生が九二年三月急性硬膜下血腫で急逝されたからである。享年五十。

件の文集冊子の表題に、松本先生があえて「やはり健康は至寶です」を掲げたのは、御本人自身の自戒の念も込められていたのではなかったのか。私は、不惑の年を契機に、五尺五寸の身体を、佐久病院の健康管理部門に預け、毎年一泊二日の人間ドックの世話になってきた。その間、親譲りの遺伝的素因によるのであろう業病に罹りもしたが、その後病気と折り合いをつけながら、馬齢を重ねて後期高齢者の仲間入りをした。松本先生は、たしか私より二歳年下だ。せめて古稀まで永らえていれば、「豆タンク」は、巨きな業績を遺す事ができたろうに……。全般的に侵攻する歴史改竄攻勢を、どんなにか押し返しえたことだろうか。

五

「松っつあん」は、親しい友人の間で、松本先生の愛称とされている。本人の曽祖父は、房総地方の藩主筋と伝え聞くが、私との会話ではオクビにも出さなかった。少年時代は、末っ子の甘えん坊であったともいわれるが、長じては、「強固な意志と情熱の人」「正義漢の頑張り屋」「ひろい心の持ち主」などが、知人や同僚の人物評である。私にとっては、ひょうひょうとしていて、とらえどころのない面相であるけれども、酒が入ると茶目気たっぷりとなり、邪気のない笑顔が、やはり、「松っつあん」なのであろう。

拙文『松本先生への期待』の末尾に、「先生の御健康を祈るや、切なりである」と記したが、それは私の一方的な願望の表明であるから、なるほど、講学上は約束とは言い難いだろう。だが、「松っつあん」との間には、確かな約束があった筈だ。上田市立図書館で遭遇した折、近くの老舗ソバ屋で一献を傾けた際のことである。

長い談笑のあとで交わした言葉が、「お互いに健康に気をつけようや」だった。こちらの方は、肩をたたき合いながら双方の意志を確認しているので、明らかに約束の成立と認められる。「松っつあん」がおかした、たった一度の約束違反なのだが、とりかえしのつかない重大な約束違反となってしまった。

第十二章　「雫の水滴」を大河に

――教育労働者　黒岩　康太郎

長野県教職員労働組合は、現在県下五つの法律事務所と顧問契約を結び、そこに所属する総勢十一名の弁護士が、組合員とその家族の法律相談に携わっている。組合員の諸要求に応える一つの制度として、今や定着をみていると言ってもよいであろう。

しかし、県教組のこの仕組みの先駆けとなったのは、実は佐久支部であり、その積極的な唱道者が、黒岩康太郎書記長であった。私が長野市の中央法律事務所に在籍していた頃だから、もう三十有余年も前（一九六〇年代後半）になるけれども、なぜか、私が黒岩書記長のお眼鏡にかなってしまったのだった。

顧問契約内容につき、事前に十分煮詰めておかなかったたたりか、その後、黒岩書記長の「弁護士遣いの荒さ」に戸惑うことがたびたびだった。

丸一日の長い裁判を終え、クタクタになって法律事務所に戻ると、黒岩書記長から電話がかかってくる。「重大事件が発生したので、今夜緊急三役会議を召集するから、ぜひ参加されたい」「今直ぐ飛び立っても午後九時過ぎになってしまうよ」「臼田の清集館に宿を用意してあるので、明日は、朝一番で長野に戻られたい」。

私の異議申立を折込みずみで、全て段取りを整えていたのだった。

六七年当時、佐久支部は校長・教頭の管理職組合との分離を実現し、自立に向けて、組織を守り強める運動に苦闘していた時期であった。

悪評の高い校長が、またぞろ露骨に介入し、今回は確たる証拠も揃っているので、徹底的に責任追及する――その効果的な方法と手順は如何に――が議題であった。なるほど、この種の不当労働行為は、現象的には突発的に発現するもので、組合としては、間髪を容れず果敢に反撃することが定石だから、黒岩書記長の強引な召集もやむを得ないと、一旦は、私も気を取り直す。しかし、三役会議での議論がいただけない。甲論乙駁なのだ。駆付けの三杯の煽りも渦してか、過激な冒険主義まで現れる始末。しかしながら、収拾がつきそうもない長談判を首尾よくまとめあげたのは、やはり、黒岩書記長の才覚である。

このような活動を重ねる中で、黒岩書記長の「弁護士遣いの荒さ」は、組合と組合員への限りない献身性と表裏の関係にあることを私は悟った。

個々の組合員の家庭事情や悩みにつけ込んだ校長や教頭などの管理職の狡智な働きかけは、外部に現れにくい分だけ、組合崩しが浸透してしまう弊害がある。さりとて、組合員個人のプライバシーの問題もからんで、組合役員が直接関与することがなかなか難しい。その間隙を縫う形で、組合員の秘密を厳守しつつ弁護士が法律相談に乗るという方式が、黒岩書記長との話し合いで編み出された。たしか七十年のことだったと思う。こちらの活動は、予め相談日を定期化、組合の教宣活動の一環として大々的に宣伝したので、いずれの相談日も大盛況。多くの一般組合員から好評を博した。時には、相談者の中に、深刻な家庭問題を抱えた教頭などの非組合員が紛れ込んでいて、それでも見て見ぬ振りを決め込んだ黒岩書記長の太っ腹に感心させられた。

佐久支部の法律顧問制度とその活動実績は、他支部の注目を集めることになり、間もなく上小支部でも採用された。そして県教組執行部が坂口光邦体制になると、県教組全体の法律相談活動に発展し、県下各支部に波及するに至った次第。

その後、黒岩先生は、支部副委員長を経て、支部委員長を三期務め、長い支部役員歴を締めくくられた。しかしながら、定年退職後も、支部組合と連携をもち、支部五十年史編纂委員会の事務局長に就任して、委員会委員長の坂口光邦との黄金コンビを復活させ、執筆にも併せて取り組んだ。十有余年の歳月をかけて、九八年十二月十三日『長野県教組佐久支部五十年史』が完成した。多種多様な組合活動の中では、法律相談活動なぞは、ささやかな一分野の事柄に過ぎないのだが、『五十年史』の数ページをさいて記述されているのを見つけ、黒岩先生の目配りの良さを、私は改めて思い知らされた。

佐久の教育労働者たちは、副題に、壮大にも、「雫の水滴も、集まれば河となり、岩をも動かす」と掲げているのだが、私が親から授けられた姓（岩崎）の岩もまた、つき動かされたクチに入りましょうか。

『五十年史』の上梓後、ほどなくして、黒岩先生は、「旧三役会議」を召集された。坂口先生の他に、金尾隆之先生や原武先生の懐かしい面々が、国民宿舎に勢揃い。年をめされたけれども、口舌は達者。議題は、労働戦線の深刻な右傾化にとどまらないで、広く人生論にまで拡がる。だから、この時も又、深更に及んだ。

進行役の黒岩先生は、今回は、性急な総括を避け自由な討議にまかせた。翌朝の緊急行動が予定されていなかったからである。そして、年一回の割合による最終期限なしの継続開催を提案され、全員「異議ナシ」の賛成を得たものの、第三回目の召集通知を出す前に、一足早く鬼籍に入ってしまわれた（享年七十五）。

進行役不在・討議未了――まことに無念である。

第十三章「この道」を辿りゆかん！

――弁護士　大塚　一男

一　「生涯一弁護士」考

大塚一男弁護士は、実に多くの著作をものされた。随時一冊の本に編まれ、世に問うてこられた。筆者が思いあたるのだけでも、十冊を数える。そのうちの一つに、『この道をゆく――一弁護士の四〇年』（一九九〇年六月）がある。

愛娘が企画・編集などを担当された由で、御内儀も題字の筆をとっておられる。著者本人の手になると思われる故郷信州（厳密には、奥信濃飯山）の山並みや千曲河原の写真が、薄グリーンの彩色をほどこされて、表紙カバーや見開きを飾っている。大塚ファミリーあげて佳いものをつくろうとされる心意気が顕れていて、なんともほほえましい。

中身に目を移すと、冤罪・誤判に関する諸論稿に加えて、エッセーや書評があり、ＰＴＡ会長としての入学式祝辞から先達への追悼文まで収められている。まことに多彩で、Ａ五版の四五七頁に及ぶ大部な書物である。

それだけに、著者の人となりを識るには、好個のものと言ってよい。なのに、残念なことには、非売品扱い（私家版）で、おそらくは限られた人たちの目にしか触れられていないのではないか。筆者は、弁護士歴で十六年も遅れをとる者ながら、「謹呈」の幸運に恵まれたので、現在まで大切に蔵している。

その「あとがき」欄で、著者は、題名の「この道」とは、「生涯一弁護士の道」なのだと明かされている。巻頭文に据えられたのは、司法研修所第一期会編『法曹三十五年』（八三年六月）に寄稿した一文だが、なんと、その題名も、「『生涯一弁護士』の道を」。

八十年代の段階で、大塚弁護士の唱えられる「生涯一弁護士」は、確固不動のものになっていた。

件の「生涯一弁護士」なるものに、筆者が興味と関心を持ち始めたのは、それなりの訳があった。同郷の後輩（と言っても、七十キロ以上も千曲川を遡る上田市を活動の拠点にし、司法修習生になる前は、一面識もなかったので、若干表現に適切さを欠く嫌いがあるけれども、本稿では、敬愛の念を込めて、以下先輩と呼ばせていただく）でもある筆者は、最初から、信州を仕事場と決めた。「地方の時代」が囃したてられ始めていた時期であった。こと信州に限ってみると、塩尻市や山ノ内町での共産党員首長を皮切りに、主要都市部で、革新首長が次々に誕生した。だから、「地方の時代の到来」と軽信した後輩は、「次は、県知事」とばかりに浮かれた。身の程も知らず革新統一の知事候補者選びに足を突き込み、挙げ句の果てに、白羽の矢を大塚先輩にたてたのであった。

「松川事件の主任弁護人としての著名さは、現在の信州でも通用する」「悠揚迫らぬ大人振りは、複雑怪奇な革新陣営内のまとめ役として打って付け」「温厚で、どことなく泥くささを滲ませる性向は、農山村の婦人層に親しみやすい」「出身地飯山市は、革新市政下にあって、それを支える人々の多くが、先輩の知人や友人たち」等々が、推薦理由であった。

満を持しての出馬要請は、いともあっさり断られた。説得どころか、とりつくしまがなかったと聞く。この一件以来、後輩は「生涯一弁護士」には、深い意味が込められているにちがいないと、推察した次第であった。

先輩の処女出版は、『弁護士への道』だ。司法修習生を対象とした講義録からの二編と、弁護士を対象とした「弁護人抜き裁判法案阻止集会」での講演録一編の合計三編を収める。七八年十二月発行なので、弁護士在職二十九年、マラソン競技に喩えれば、折り返し点を過ぎて間もないところに当たろうか。

その副題に、「生きべくんば、民衆とともに」が掲げられている。自由法曹団創立者の一人布施辰治弁護士がよく用いたフレーズの、前半分を借りたものだ。今でこそ、書名からして、「布施先輩と同様に、民衆と共にある弁護士への道をゆく」というメッセージを読み取ることができるのだが、不明の後輩は、その当時、本文を読み進めていく中で、ガツンと頭を叩かれてしまった。該当箇所を引こう。

「弁護士の仕事というものは、年季のない、これでよいという終わりのない」仕事と前置きして、真情を披瀝する。

「自分の身近で、年老いてなお現役の弁護士として毎日、事件調査・検討にあけくれている先輩をみると、たとえその人が、形式的、社会的地位がなくとも（そして、その人は、演説をぶったり、理論をふりまわすことのない人ですが）、そういう人こそ、本当に尊敬すべき先輩だと、いつも感じております」

　極め付きは、次の言辞だ。

「わたしは、ひとりの政治家が育つよりも、ひとりの弁護士がその使命にこたえて成長していく方が、はるかに難しいのではないかと、考えています」

「弁護士の道は、そういう意味では、苦難な道であります。がまた、非常にやりがいのある、生きがいを感ずる仕事であるといえます」

　東京都の場合、歴史的な事情から、東京・第一・第二の三つの弁護士会があって、それぞれ独自の実務研修を実施している。東京弁護士会に所属する先輩の講義は、この三会合同の企画で、それだけ注目度が高かった。シャイな先輩にしては、よくぞ明言したものだ。「弁護士の卵」への熱い期待が、然らしめたものであろう。

　尚、処女出版の「あとがき」欄で、「あの暴虐な松川二審判決（一九五三年十二月二十二日）のときに、誤判と自由心証を生涯の課題にして追究していこうと深く心に期した」との記載に接し、この時点で早くも、「生涯一弁護士」の萌芽があると、後輩は考えもした。

ここで、法律を専門としない人たちをも念頭に、若干の解説を試みておこう。

文中にある「その使命」とは、現行弁護士法第一条所定のものである。

「弁護士は、基本的人権を擁護し、社会正義を実現することを使命とする。

2、弁護士は、前項の使命に基づき、誠実に職務を行い、社会秩序の維持及び法律制度の改善に努力しなければならない」

「尊敬すべき先輩」のありようは、同法第二条（弁護士の職責の根本基準）との関連で捉える。

「弁護士は、常に、深い教養の保持と高い品性の陶やに努め、法令及び法律事務に精通しなければならない」

弁護士が擁護すべき民衆の基本的人権は、権力との対抗関係の中で、たえず侵害の危険に晒されている。ひとたび侵害があれば、弁護士は、民衆の側に立ち位置を定めて、誠実に服務し、日頃の研鑽に基づく法令や判例・学説などを存分に駆使し、社会的権力を含むあらゆる権力と果敢に闘わなければならない。たとえ、侵害された民衆が絶対的少数者であってもだ。まさに、終わりない苦難の道である。なるほど、日本の現役政治家諸公などのよくなしうるものではあるまい。

だが、この道は、なにも他から強いられたものではない。弁護士の先達らが、やりがいと生きがいのある仕事の与件として、設定したものなのだ。

敗戦後、弁護士を憲法上の存在と規定する新憲法に適合する新しい弁護士法（弁護士自治を根幹とする）の制定を期して、崇高な使命と職責の根本基準を掲げた。守旧派勢力の根強い抵抗を受けながら、議員立法という形で、新憲法の制定に遅れること二年八か月後に、ようやく獲得した法律なのである。

つまり、一言でまとめると、平素は、市民相互の紛争案件にコツコツと取り組みつつも、常に、法の求める「あるべき弁護士像」に一歩でも近づこうと精進を重ねる者こそが、まっとうな弁護士に成長していく――と、なろうか。

先輩の平明な語りに、実定法上の根拠づけを図るあまり、いかにも理屈っぽい解説に堕してしまった。「それでは困るのだよ」との先輩の苦言が、聞こえてきそうだ。

本筋に引き戻したい。

要するに、先輩が「弁護士の卵」を相手に名講義を繰りひろげていた時期（七五年前後）には、有言実行の人なればこそ、「生涯一弁護士」の肚を固めていたと見てよいだろう。

先輩の弁護士登録（四九年六月八日）に際し、面白いエピソードが語り継がれている。

当時、現行弁護士法がまだ施行になっておらず、日本弁護士連合会も発足していなかったから、登録申請先は、法務総裁宛であった。登録と同時に、自由法曹団にも加入申込みをした。団の事務局的業務をこなしていた小沢茂弁護士が、申込書の紹介者欄に林百郎弁護士兼衆議院議員の名前を、目ざとく見つけるや、一発かました。

「君も林君のように、いずれ信州に帰って、政治家にでもなるのかネ」

小沢弁護士特有の飄逸さを知らない純朴な農村青年は、真顔で答えたにちがいない。

「いいえ、ずっと弁護士として活動したいのです」と。

和やかな雰囲気の中での即興的問答なのだから、話半分に割り引いて、そのまま聞き流してもよさそうなネタではないか。だが、どうして、そうにもいかない節があるのだ。

七六年十月、小沢弁護士を敬愛する同僚たちが、『小澤茂を語る』を、一冊の本に仕立てた。その主要メンバーの大塚先輩の寄稿文『小沢茂と私』が、如何ともクセモノなのだ。先のエピソードが、尾ひれ付きで書き込まれているからだ。

「あれから満二十七年、小沢さんとの約束を守って、立候補の話に耳をかさず、今日に及んでいる」と。

かくては、額面通りに受けとめねばなるまい。とすれば、「生涯一弁護士」は、弁護士登録以来の仕儀になる。もはや、書誌学擬いの詮策はやめにして、頭書の『この道をゆく』にたち戻ろう。この私家版を基に、後輩の知見と追悼集『大塚一男さんを偲んで』（二〇一二年四月）を加味すると、先輩の生きざまが、より鮮やかに甦ってくるからである。

二 「腐っても鯛、初心の弁護士」

先輩は、弁護士になるまで、いくつかの曲折を経ている。しかし、弁護士への思いは、かなり深いものであったと、うかがわれる。

一九二五年三月二十三日生れの先輩は、地元の小学校尋常科を卒業すると、近くに旧制飯山中学があるのに、千曲川の向い（右岸―下高井郡木島平村）に所在する組合立（現在は県立）下高井農林学校に進んだ。

「将来は、営林署にでも、就職できればとの望みをもって」と記すが、女手一つで育ててくれた母親を一日も早く楽にしてあげたい孝心が、先行したものであろう。そのために、「林、農の学科にいい成績をあげねばと努力した」けれども、むしろ、「国語、地理、歴史は得意科目」で、「学校で教わる『公民科』は、わりあい興味がもてた」という。文科系への指向が顕著だ。先輩の進路選択にあたって、むしろ、農林学校関係者たちの働きかけが、大きな影響を与えたのではないか。彼等は、組合立農林学校の存続・充実のために、優秀な人材を求めて、対象となる児童の家庭訪問や各町村への募集協力要請を、積極的に行っていた。その渦中に、先輩もその母親も取り込まれていたと推察される。

だから、先輩は、三年目の終わり頃に、営林署の職員になる気持ちが変わってきて、四年次の授業で出題された「将来の希望について」、次の通り、書いて提出している。

「将来は、法律学を勉強して、高等試験司法科（高文とよばれていた）に挑戦し、農民など働く人たちの弁護士になろう」

その心境変化について、私家版では、「どうしてそうなったか、具体的には思い出せない」と記すにとどめているのだが、それから十年ほど後のエッセー『ちかごろ想うこと—日の丸・君が代・盗聴法』の中で、次のように、はっきりと述べている。

「小学校四年生の頃、無実の町民を強盗未遂容疑で捕え、翌日拷問して殺してしまった。そのことで、警察の恐ろしさ、信用できないことを、子供心に強く感じた。それが弁護士を志望した一因ともなっている」

先輩の気持ちが固って、「自分の学力と短期間の修学年限でなければ、経済的にもたちゆかなくなる事情を考慮し、進学校を早稲田大学専門部法律科と定めた」

農林学校に在籍のまま、「進学に必要な科目を、自分で参考書を選んで、勉強することになった」

四二年四月、志望通り、早稲田に入学がかなえられた。だが、向学心に燃える少年に、現実は厳しく、時代に翻弄されてしまう。勉学どころではなかったのである。

大日本帝国は、前年の十二月八日「大東亜戦争」を惹き起こしたけれども、その半年後には、ミッドウェー海戦で、早くも大敗北を喫していた。

「学園では、軍事教練の強化、年々くり返される勤労動員も、ついに三年目は鶴見の造船所に泊込みとなり、講義どころではない。

はては、半年後に、繰り上げ卒業となる。

教えられることなく、押し出されることになった」

三年次の就職入社試験で、安田保善社に合格し、四四年十月一日から、飯山に近い安田銀行長野支店勤務と内定していたが、その次善の策さえ奪われた。

「戦局の緊迫化にともない、この年から徴兵年齢も十九才となり、私は甲種合格（工兵）とされ、入隊がきまっていた」

「意外に早く入隊通知がきて、同年九月末日までに門司に集合せよという」

「門司に赴くと、いきなり連絡船に乗せられて、中国河北省の教育隊に入隊（本隊は仏印―ベトナムへの横断道路をつくる野戦道路隊）」

「本隊を追いかける途中、病気入院し」「終戦を中国の武昌で迎えた」

四六年三月復員したが、その時、日本では、第二十二回衆議院選員選挙の真際中であった。婦人参政権が認められた最初の選挙で、尚且つ、敗戦前非合法政党とされていた日本共産党が、全国で堂々と選挙戦を展開していた。地元飯山地域を含む長野地区では、飯山近在の出身である高山洋吉氏が、日本共産党から立候補していた。秀才の誉れ高く、東京帝国大学経済学部に在学中、新人会に加入して、東京の共同印刷争議などを応援した。卒業後、諸雑誌の創刊や編集に携わり、数多の翻訳本を世に送っていた。

それらの活動を知っていた先輩は、早速に高山氏の選挙運動に飛び込んだ。その時の選挙は、全県を一区とし、三名連記の大選挙区制で、高山氏は、二六、四八八票の得票で、惜しくも落選となったが、上田・小県地区から立候補した学者高倉テルは、五三、四〇六票で当選を果たし、諏訪地区から立候補した弁護士林百郎は、四〇、一五二票で法定次点であった。

大物青年活動家の登場で、飯山の民主勢力は、大歓迎で、地区青共同盟の責任者に押し上げた。不正摘発闘争や町村大会に、先輩は奔走した。このままいけば、場合によっては、政治家大塚一男が誕生していたかもしれない。だが、人生の転機は、思わぬところに潜んでいるものだ。同年五月末頃、停止されていた高等文官試験が、その年の秋に復活・施行するとの情報が、先輩の元に届くと、少年時代に抱いた「弁護士への希望」が、再びかき立てられることになった。

生家近くにある名刹正受庵の一隅を借りて、受験のための猛勉にとりかかった。法律知識の習得は、基本書などで対応できたものの、早稲田大学で「教えられることなく、押し出されることになった」から、高文試験の要領などは、かいもくわからない。その指導を、一面識もない林弁護士に求めることになった。

「しかし、答案の書き方など全く心得がないので、未知の林さんに手紙を出し、指導をお願いした。このことで、岡谷にお訪ねしたことがある。二題くらい出題され、書いて送ったら、六十点位だろう評価された」（林百郎追悼集『不屈の生涯』所収の『その名はながく、人びとの記憶に』）
当時、林弁護士は、まだ東京第二弁護士会に所属していたが、次回の総選挙を期して、岡谷市の生家を拠点に、弁護士兼予定候補者の二股をかけて、忙しい毎日をおくっていた。先輩の住む飯山に比較的近い長野市には、たぶん二十名を超える弁護士たちが在住していたのに、そこを素通りして、三回の汽車乗り換えをいとわず、岡谷に馳せ参ずるとは……。林弁護士の生き方への共感があったにちがいない。

林弁護士は、旧制諏訪中学を卒えて、旧制松本高校に進学する。そこで、有志の学生たちとプロレタリア研究会を立ち上げ、マルクスやレーニンを自主的に学び、仲間を増やしていった。そんな活動が治安維持法違反とされ、一九三三年十二月弾圧された（第三次松高事件）。逮捕・長期拘束・起訴に、学校当局の放校処分が追い討ちをかけた。林青年は、拘置所の中で、弁護士になることを志し、法律の独習を始める。三四年十二月懲役二年執行猶予四年の判決が下ると、上京して、法曹界の重鎮であった江橋活郎の法律事務所に書生として住み込むかたわら、中央大学法律専門部に通う。「夜、眠くなって勉強に身が入らないときは、足を水の入ったバケツに入れ、頭に氷をのせて、六法全書ととっくんだ」頑張りが実って、四十年の高文試験に合格。四一年春大学を卒業すると、今度は弁護士として先の法律事務所に勤めることになった。

治安維持法が四五年十月廃止になるまで、労農グループ事件・日本無産党事件・人民戦線事件・企画院事件などに取り組んだ。

そして、敗戦後初の総選挙に立候補する段になる。「旧家の御曹子」が、新進気鋭の弁護士として、長野県政界に颯爽とたち現れる。地元青年団主催の講演会で、弁舌爽やかに自説を陳述している最中、五人の暴漢に短刀やこん棒で襲われるも、受傷した頭部を包帯でグルグル巻きにして、再び登壇し、暴力ファッショを厳しく糾弾する。いよいよ、林弁護士と先輩との接点が見えてくるのだが、かなり脇道にそれた。ここら辺で、高文試験の指導問題に引き返したい。

林弁護士の採点で「六十点位」とされた答案の出来栄えが、客観的な評価基準に照らし妥当ならば、おそらくは高文の合格ラインに届くまい。林弁護士の採点が辛すぎたのであろうか、それとも、先輩のその後の上達が目覚しかったのだろうか。その間の事情は、先の私家版でも明らかではない。いずれにしても、先輩が、一度の挑戦で、見事に難関を突破したことだけは、確かな事実である。

敗戦後に発足した新しい法曹養成制度は、法曹一元の理念を基に、判・検事志望者も弁護士志望者も、二年間全く同じ研修を受け、修習修了時のいわゆる二回試験を経て、原則として各人の選択によって、それぞれの職務に就く仕組みとなった。しかし、受入れ先の最高裁判所付属司法研修所の体制整備が追い付かなかった事情から、先ずは、全国各地の配属先での実務修習からのスタートとなった。母子家庭の農村青年は、第二十三回総選挙（四七年四月）で初当選したばかりの林衆議院議員のカバン持ちをしながら、修習に臨む算段で東京修習を希望したのであったが、手違いで長野修習に回されてしまった。長野に配属された修習生は、先輩を含めて僅か二名であった。

「四七年の七、八月頃、長野地裁に出向いたが、受入れ側の三者（裁判所・検察庁・弁護士会）は、初めての経験で、どう応待したらいいのか、とまどい、放任（放置？）されたので、すきなようにふるまうことができた」

時すでに、新憲法は施行されていて、それに適合するように、諸法令の改定作業が急ピッチで進められていた。とりわけ、刑事訴訟法制については、職権主義から当事者主義に大転換が図られ、その具体的展開が法曹界の関心を集めていた。その経緯を、先輩は、じっくりとフォローし、敗戦後における刑事弁護人第一任者の素地を、草深い信州で培っていたにちがいない。

四八年の晩秋、東京千代田区紀尾町にあった司法研修所に移る。総勢百三十人前後の中で、大柄でまだ二十三才の若者は、おのずから目立つ存在である。そして、任官勧誘のターゲットになる。検察担当の指導教官などは、直々に「検事にならないか」と誘ったという。四九年初夏に実施された二回試験の口頭試問でも、法務庁の人事課長が、「君は、どうして任官しないのか」と、あえて問うたと伝えられる。官尊民卑の風潮が根強く残っていたことを考慮しても、先輩への任官勧誘はちょっと度が過ぎないか。

そんな時、先輩がきまって返した答えが、ふるっている。

「腐ってもタイではないが、初心の弁護士だ」

三　駆けずり回る新米弁護士

司法修習のスタートが遅れたことから、卒業は、四九年五月にづれ込んで、先の弁護士登録のエピソードに至る。卒業生百三十四名の大半の者が任官し、弁護士は十八名の少数であった。そのうち自由法曹団への入会は、先輩一人だけで、林弁護士の手引きによる。団員総数は百名前後で、当時の本部は、東京・京橋の片倉ビルの裏手、根本ビル内にあって、戦前からの弁護士歴を有する青柳盛雄と小沢茂が本部に詰めていた。東京合同法律事務所は、大塚先輩や先の戦前派弁護士等によって、五一年一月設立されているので、それまでの間、先輩は、自由法曹団本部に出勤する形であった。変則的なことではあるが、全国の弾圧事件などの多くが、直接に団本部へ持ち込まれたから、新米弁護士は、初期出動の要員として重宝がられ、初っ端から、沸々たる闘いの修羅場に放り込まれた。

第一弾は、平事件である。

福島県平市（現在は、いわき市）の日本共産党地区委員会は、平市警の署長許可（四九年七月二十日を期限とする）を得て、同年四月十五日から平駅そばの国鉄貨物取扱所前の県道上に掲示板を設置し、その地域の時事問題を壁新聞の形で取り上げてきた。

ところが、同年六月下旬、同地方を巡回したアメリカ軍政部が、偶々右掲示板を目に止めて、その撤去方を求めたことから、平市警署長は、同月二十五日「交通に支障がある」との口実で、右許可を取り消し、同月末日までの撤去を求めるに至った。

その結果、同地区委員会との交渉が継続し、六月三十日を迎える。警察署長の理不尽さに怒った共産党員や労働組合の役員等二百名ほどが警察署に参集し、一部の者が署内に入るなどしたものの、最終的には、同日夜半右地区委員長の指示で解散し、当該地域の静穏さが戻っていたものであった。

同年七月四日に至って、仙台高等検察庁は、さきの事態に騒乱罪を適用する方針をたて、警察と検察は、関係者たちを次々に逮捕し、福島地方検察庁平支部は、福島地方裁判所本庁に、百五十七人を起訴したという事案である。

同年七月上旬、先輩は、小沢弁護士の指示を受けて、一人で平市に駆けつける。被疑者等との面会、家族との連絡や激励などは、基本的な弁護人活動であるが、それらを一人でこなすのである。規模からして、大変なもので、過酷と評しても言い過ぎではあるまい。なのに、先輩は、先の弁護人活動にとどまらないで、同年一月一日から施行されたばかりの新刑事訴訟法に基づいて、勾留理由開示公判の請求を断行した。勾留中の被疑者と傍聴席の仲間や家族らと共に闘う場を設定し、公開の法廷で不当捜査を糾弾したのである。その状況を、次のように記している。

「勾留開示公判を一日中やったりした。利害関係人として労働組合員八十名位が請求を出したら、裁判所は悲鳴をあげていた」

もしも、後輩が相弁護人の立場にあったら、裁判所ならずとも、相弁護人も又、悲鳴をあげていたかもしれない。同じ信州人であっても、雪深い奥信濃の根強さは別格——と、後輩は自分に言い聞かせている。

公判前の弁護活動が一段落したのを機に、東京に戻ると、同年七月十五日夜、東京都三鷹市の中央線三鷹駅で、無人電車が暴走・脱線して、乗降客や駅前に涼みに出ていた付近の住民たちが、はね飛ばされたり下敷となって、六人が死亡し、二人が負傷する事件が発生した。その二日後、国労三鷹支部の活動家飯田七三氏が捕えられた。同氏は、事件当夜、三鷹駅南口の民家（高相方）で会議をしていたことから、その会議に参加していた複数の人たちにも累が及ぶことを心配した救援会から、自由法曹団に相談が入った。その場に居合わせた先輩は、岡崎一夫と岡林辰雄の両戦前派弁護士と一緒に、先の高相方に駆けつけた。会議参加者らから会議の状況などを聞き取ったばかりか、その内容を供述調書という形に仕上げた。従前は、供述録取書は、警察や検事が作成するものと観念されていたのに、弁護人が先じて作ってしまうとは……。

迅速な弁護活動に驚いた捜査側は、後れを取るや、地団駄踏んで悔しがったそうである。

「高相会議」を「謀議」とすり替える検察の主張は、第一審判決で、「空中楼閣」と指弾され、「実行犯」とされた竹内景助氏を除いて、その余の被告たち（九名）が無罪となっている。

幸いなことに、三鷹事件の公判は、小沢主任弁護人を始め、多くの戦前派弁護士（林衆議院議員も公判に立ち会う）が弁護人に就いてくれた。新米弁護士の過酷なまでの負担が、多少は軽くなったと言ってよいのであろうか。その判断は、間もなく先輩を襲う新しい事態の発生を踏まえねばなるまい。

先輩は、同年八月上旬、平事件の公判準備につき被告らに接見するため、初めて福島駅に降り立った。当面の課題は、二つあった。一つは、被告らの身柄の釈放である。もう一つは、審理する裁判所を、被告らの住居のある平支部に移すという要求である。

裁判所は、当初、一部の被告に保証金一万円で保釈を許可した。しかし、大多数者の被告らは、明日食べる食事代にも窮する有様で、被告団は断固としてこれを拒否し、「金銭納付のいらない勾留の執行停止にせよ」と、要求し続けた。執行停止制度は、特別の場合に対応する手続きではあろうけれども、どうにもならない貧窮状態を訴え続けて、とうとう被告全員につき勾留執行停止の措置をとらせて、身柄の釈放を実現した。

後者の要求は、至って正論である。そもそも、当時の交通事情などからすれば、平市の住所地から福島市の福島本庁に出頭することは、むしろ東京に出向くより不便であった。だが、裁判所の抵抗は、意外に強かった。福島地裁平支部には、百五十人も入る法廷がなく物理的に不可能に近かったからである。福島地裁本庁での公判が、同年九月一日から五十人前後の三グループに分けて強行されてしまった。岡林弁護士が主任弁護人に就任し、ようやく二人体制の布陣となった。

当然のことながら、被告・弁護側は、全被告の併合審理と平支部への回付を求めて、激しい法廷闘争を展開した。困り果てた裁判所は、最高裁と協議を重ね、多数の被告らと相応の傍聴人を収容できる東北地方最大の法廷を平支部に新築することを決めた。

それで、五十年四月十二日まで続いた二十六回の公判は御破算に。新規巻直しの統一公判が、被告たちの地元でとり行われることになった。

先輩が平事件に忙殺されている最中、同じ福島県下で、とんでもない大事件が起きた。松川事件がそれである。

四九年八月十七日未明、東北本線の松川駅の北方約一・八キロ地点で、金谷川駅と松川駅の中間にあたる、見通しの悪いところで、上野駅行き旅客列車が進行中、突然脱線し、機関車が転覆、列車に乗務していた機関士一名・同助手二名が死亡し、乗客を含む四名が軽いけがをした事案である。

平事件の公判は、とりあえず冒頭審理手続を四九年九月二十日頃までに終了し、先輩が同月二十二日帰京したところ、国鉄と東芝の各労働組合に所属する共産党員数名が、松川事件で逮捕された（第一次検挙）ことを知る。在京の救援会関係者から福島に行くよう求められて、同月二十八日頃、福島に赴く。だが、現地では、先輩を受け入れる段取りが全く整えられていなかった。

「救援組織もない。どんなところでもよいから、今夜から寝泊りする処を用意してくれ。なお、予算はない」と、知人の生家に談判しなければならない実情であった。その半月後、ようやく、「二宮被告の自宅二階に、事務所兼寝泊所が決まる」有り様だったという。

にもかかわらず、先輩の初動弁護活動に、いささかも怯るところがない。接見妨害に遭いながらも、粘り強く交渉して早期の接見を実現させたうえ、不当な妨害に関係した警察官らを、弁護活動妨害の犯人として厳重処罰を求める告訴戦術を駆使する反撃を試みてもいる。

松川事件の検挙は、十月に入って、二次（四日）、三次（十七日）、四次（二十一日）と続く。その一方で、平事件の公判は、予定通りの日程で進行していたのであるが、松川事件の被疑者接見や証拠の収集・確保という弁護活動も同時に遂行しなければならない。そこで、平事件の法廷は、岡林弁護士にまかせることにし、先輩は、途中で退廷する苦肉の策をとらざるをえなかった。かくして、松川事件の被疑者らから供述録取調書を作成し、その分量は三十センチの厚さになったと伝えられている。それらの証拠書類が、後々に、捜査側の作成した自白調書の信用性を弾劾する有力な証拠になってもいる。

四　連敗を超えて

福島地検が、四九年十月十三日から同年十二月十日までの間、次々に起訴し、国鉄労組員と東芝松川工場労組員それぞれ十人ずつ、合計二十人を被告とする大型裁判になった。

松川裁判の公判は、同年十二月五日には開廷となり、十二月中に八回、翌五十年に入ると、一日おきの週三回開廷のハイペースで進められた。しかも、五十年四月中旬までは、平事件と同時進行であった。現場検証の場合などは、連日の実施。終盤における自白調書の取調べは、八月七日から十五日まで九日間の連続開廷で、土曜も日曜もなかった。そして、早くも九月からは最終弁論が始まり、判決言渡し予定は、同年十二月六日という日程である。

ここまで書き進めてきた後輩は、一つの疑問を抱くに至った。本稿の本筋から多少外れることになるけれども、大切なことと考えるので、あえて書き留めておきたい。

つまり、裁判の規模からして、正味十か月足らずの審理期間は、短か過ぎるのではないかという問題提起である。後輩が控訴審から参加した辰野事件の第一審は、被告十三人で、林弁護士がほとんど一人で、約八年間頑張った。メーデー事件では、被告二百六十一人に及んだこともあってか、第一審に十七年間も費やしている。それぞれ事案の内容を異にしているので、単純な比較で論評してはなるまい。なるほど、公判回数（九十五回）でみれば、密度の濃い公判闘争が展開されたであろうことは、想像に難くない。そして、両主任弁護人とも自由法曹団の優れた先達であるから、勝利の具体的な展望を描きながら結審したにちがいなかろう。

しかしながら、判決という形で最終判断を下すのは、三人の裁判官からなる裁判体なのだ。たとえ、客観的にみて、検察官の主張と立証を論破しえていたとしても、その認識を当該裁判体に説得しえていなければ、換言すると、事実と道理に基づく反証を理解せしめなければ、勝利判決はない。ましてや、当時の保守党政府や商業マスコミは、反共宣伝に躍起であった。そんな情況下で、裁判体への説得に、どれほどの配意と精力を尽くしたのであろうか。御両人とも幽明界を異にしているので、残念ながら、後輩には、確かめる術がない。

五十年十二月六日、福島地裁は、被告全員を有罪にし、死刑五人、無期懲役五人、懲役十五年一人、同十二年三人、同十年二人、同七年三人、同三年六月一人、とする厳罰を宣告した。

ここで、その後の平事件について触れておきたい。

五一年春、福島地裁平支部に、最大限二百人の被告と五十人の傍聴人が参加できる大法廷が完成した。やり直し公判が、同年六月二十五日から開かれるのだが、被告団に分裂が生じた。約五十人の分離公判グループは、自由法曹団の弁護人を解任し、いずれも起訴事実を認め、短期決着の方針に転じた。

これに対し、統一公判グループは、原則的な公判闘争を展開することにし、五五年三月九日の結審までに、公判は二百十八回を数えている。この間、先輩と岡林弁護士は、松川事件の控訴審と重なることもあって、五一年四月弁護士になったばかりの竹沢哲夫氏を主任弁護人に据え、余力を松川事件に傾注することにした。

竹沢弁護人も、新米弁護士ながら、なかなかのしたたか者である。月八日間の開廷という裁判所の方針に、被告団と共に反対し、「裁判をそんなにひんぱんに強行するなら、『日当を出せ』と要求するに至った。裁判所も、やがて徐々に被告団の主張の真意や実情を理解するようになり、失業対策当局に裁判当日も日当を支給してほしいと要請する行政的解決をもたらした」(同弁護士の回想)。

こんな涙ぐましい孤軍奮闘を重ねて、五五年一月の第一審判決は、見事に、騒乱罪不成立とし、百十七人を無罪、その余の有罪被告たちは、建造物侵入や職務強要などの微罪であった。

しかし、日本の司法は、そんなに甘くはなかった。検事控訴によって、開廷・進行した仙台高裁は、五八年夏、騒乱罪の成立を認め、ほとんどの被告たちに執行猶予を付したものの、十一名の被告たちに実刑を科した。被告たちの上告を棄却する最高裁判決は、六十年十二月八日であった。

このような裁判の帰趨は、奇しくも、松川裁判と好対照である。

松川事件の控訴審は、五一年十月二十三日から仙台高裁で始まった。その間、検事の論告をなぞったような第一審判決に怒った被告たちは、冊子『真実は壁を透して』を発行して、全国の心ある人々に支援を訴え、全国の弁護士たちには右冊子を添えて弁護人就任を要請した。その結果、自由法曹団の仲間たちを中心に約百三十人の弁護団が編成された。とりわけ、高裁審理が行われる地元の仙台弁護士会では、戦前からの保守の大物であった袴田重司弁護士（当時の仙台弁護士会会長）が、「重大な誤判の疑いがあるので、このまま見逃すわけにはいかない」として、弁護士会を挙げて弁護に乗り出すことを主導された。

大型弁護団が編成されたこと自体は、慶事にちがいはないけれども、それで先輩の負担が軽減することはなかった。弁護人相互の連絡や調整、弁護団会議の招集と運営、大型弁護団の結束強化など、生身の人間関係について細かな配慮を要し、神経をすり減らす新たな役回しが、二十代後半に入ったばかりの青年弁護士の肩に、重くのしかかってきたからである。

控訴審の審理は、第一審の二倍を超える約一年九か月を要し、公判回数は百十回に及んだ。新刑訴法では、控訴審は基本的には事後審の仕組みなのだが、実際上は、事実調べからやり直す形となった。

にもかかわらず、五三年十二月二十二日の高裁判決は、結論としては、第一審判決を大筋で支持し、死刑四人、無期懲役二人、懲役十五年二人、同十三年一人、同十年三人、同七年四人、同三年六月一人との厳しい内容で、国鉄側の被告三人だけは、第一審の事実誤認を指摘して、無罪とした。

松川事件の被告たちは、とうとう最後の土壇場に追い込まれた。

当時の商業マスコミは、一斉に高裁判決を称え、「被告たちが上告しても、もはや絶望的」とまで評している。しかし、三人に無罪判決を言い渡す一方で、その余の被告たちに極刑や重刑を科すために、検事の筋書を大巾に変えている高裁判決の内容自体に、重大な矛盾を内包している。

それを見抜いた小説家の広津和郎は、高裁判決から三か月も経たないうちに、ペンを採るや、雑誌『中央公論』に高裁判決批判を書き始めた。その連載は、実に、四年半に及んだ。完結と同時に、大著『松川裁判』（第三巻）として刊行した。最高裁判所大法廷での口頭弁論（五八年十一月）の開廷直前のことである。

先輩もまた、高裁段階で編成された大型弁護団を組み直し、弁護団の総力を結集して、更なる前進を図る決意を固めた。

具体的には、両主任弁護人の所属する東京合同法律事務所に入所した司法研修所第二期生から同第六期生までの戦後派弁護士らが中核となって、縁の下の力役を担い、大型弁護団全体の力量を一段と高める狙いのものだ。

そのために、それらの若手メンバーで定期的な判決検討会を地道に継続させた。広津氏も、時には、その検討会に参加したと伝えられている。それらの成果を踏まえて、五五年八月、伊豆の伊東温泉で二十日間の長期合宿を断行した。高裁判決破棄の論点を練り上げ、若手メンバーが分担して書き上げた膨大な原稿に、整合性を計りながら、提出期限の同年九月三十日までに大部な上告趣意書を仕上げた次第であった。

広津氏による先の連載論稿も、同氏の了解を得て、両主任弁護人名義の上告趣意書という形で、併せて最高裁に提出された。

「この合宿に結集した戦後派弁護士集団こそ、新編成の松川弁護団の中心的担い手となっていたのである」と、先輩は回想している。

その後、総評を中心として各界各地における救援運動の全国的組織化(松川事件対策協議会の結成)、広津氏をメインとする全国講演行脚、積み上げる現地調査や公正裁判要請署名活動、数本の映画制作とそれらの上映運動、映画制作過程で発見されたアリバイ証拠「諏訪メモ」、秘匿する検察に対する提出要求、最高裁での異例の証拠調べに準ずる「職権による事実調べ」(「諏訪メモ」が提出命令で法廷に登場)、十日間にわたる最高裁大弁論など、いわゆる大衆的裁判闘争の原型が、形づくられていく。

それらのドラマチックな経緯は、既に多数の出版物などで世に明らかにされているので、本稿では詳述を避けたい。その後における各裁判の言渡しだけを、摘記するにとどめる。

五九年八月十日、最高裁大法廷は、先の高裁判決を破棄し、仙台高裁に差し戻す判決を下す。六一年八月八日、仙台高裁は、第一審判決を破棄し、被告全員に無罪を言い渡す。六三年九月十二日、最高裁第一小法廷は、検事の上告を棄却する。これで、仙台高裁の無罪判決が確定することになった。

被告たちの第一次検挙以来、実に十四年にわたる長期の刑事裁判は、ここに幕を閉じたのだった。ひまわりバッチもないまま、諸処を駆けずり回った新米弁護士は、名実ともに、押しも押されぬ第一級の戦後派刑事弁護人に成長していた。

五　軸足を移す

先の『小澤茂を語る』の中で、先輩は、次のように記している。

「松川裁判の終る頃、私は健康を害し、自宅で静養し、生活をささえる限度でのささやかな仕事をひとりでやっていた。それがやがて慣行化して十年に及んだ」

東京合同法律事務所に一九六九年に入所した岡部保男弁護士も、当時の状況について、「大塚一男先生は、この時期には、長年にわたる過酷な松川事件闘争の影響により体調を崩され、その回復途上にあり、週一回ほど事務所に顔を見せる程度でありました」と報告している（追悼集所収『生涯一弁護士—大塚一男先生を偲ぶ』）。

しかし、その間、同法律事務所に結集する若手たちは、メキメキ力をつけ、数々の成果を挙げていた。

上田誠吉（第二期生）と中田直人（第九期生）は、メーデー事件で、植木敬夫（第五期生）と渡辺脩（第十三期生）は、青梅事件と辰野事件で、右渡辺と西嶋勝彦（第十七期生）は、仁保事件で、それぞれ逆転無罪判決を確得し、所要年数でいくと、松川事件を凌ぐ長期裁判に決着をつけた。そのうえ、松川事件をかわきりとする数々の裁判闘争を系統的に総括して、実践的な裁判論（大衆的裁判闘争）を構想中であった。

それらの事情も酌んだのであろう、小沢弁護士（六一年九月に四谷法律事務所を共同で立ち上げた）は、七三年の春、自分たちの法律事務所への移籍を持ちかけた。

その様子を先輩は、同じ寄稿文の中で、次の通り書き添えている。

「七三年六月から、十数年ぶりで、同じ処で机を並べて、小沢さんと仕事をすることが復活した。小沢さんは、私の弁護士活動の運命的スタートに関与されたことの、いわば締め括りとして、私に声をかけられたのかもしれない。いま私はとにかく自由に、のびのびと、そして自分なりに若々しく、元気に過ごしている」

何時ぞや、筆者（後輩）は、先輩にぶしつけに問い質したエピソードがある。

「先輩が弁護士の卵たちに語った『本当に尊敬すべき先輩』とは、小沢先生のことでしたか」と。

「小沢さんは、『大沢』先生ですよ」と、まぜっかえされてしまった。

健康を回復した先輩への期待は、四谷法律事務所の仲間たちばかりではない。日弁連人権擁護委員会に集う面々からも、熱いコールが寄せられた。七四年春には、所属する東京弁護士会からの推薦で、日弁連人権擁護委員に就いた。

翌七五年六月、先輩は、右委員会内の運営委員会に出席していて、一人の腰の曲った白髪の老人と出会う。加藤新一（八十四才）氏である。加藤老は、「二度目の再審を申し立てたので、日弁連の御支援をお願いします」と、しっかりした口調で訴えたことが、先輩の第一印象に強く刻まれた。

戦前の一九一五年、山口県の山村で起きた強盗殺人事件で、加藤老が無期懲役刑に処せられ、一六年には確定をみている事案であった。第一次再審請求では、日弁連は、特別委員会を設けて相応の対応をしたものの、手がかりがつかめないために、一応打切りの扱いにしていた。

七五年度の北山六郎人権擁護委員長（第二期生・神戸弁護士会所属、後記の財田川事件の弁護団長。八六年度日弁連会長）は、第二次再審請求に前向きで、さっそく、同委員会内に事件委員会を設け、先輩に委員の就任を打診したという。

先輩は、「再審は、未経験で素人だが、勉強のつもりで、一員としてなら、この委員会に加わってもよい」と応じ、「その年の五月に、いわゆる白鳥再審請求事件の最高裁決定（特別抗告棄却であったが、法曹界では、その理由中の判断が注目されている）がでて、その中で再審が成り立つかの判断に際しては、『疑わしきは、被告人（再審請求人）の利益に従う』原則が適用されることが明らかになった。そのことが念頭にあった」と、後に述懐している。

事件委員会は、先輩の他に、山口・広島・神戸の各弁護士会並びに東京第二弁護士会の各会員合計七名をもって構成し、先輩が委員長に選ばれる。既存の第二次再審請求弁護団と日弁連の事件委員会による二本立ての強力な弁護体制が築かれた。

何分にも、確定判決書以外に、裁判記録が残っていないケースであるだけに、状況資料の収集を強いられた。図書館で大正時代初期の新聞を漁ったり、山口県の検察庁倉庫で古い資料を探したりの、まさに発掘探検張りの肉体的労働が求められた。

先輩は、新しい鑑定に活路を見い出した。すなわち、確定判決で摘示する凶器（押切器）で果たして判決の摘示する切傷ができるか。そして、二週間以上経過して採血されたと摘示する血痕なるものは、果たして人血と判定できるものか。これらの論点にかかわって、かつて日弁連人権擁護委員会で講演を依頼した縁で、法医学博士上野正吉東大名誉教授（当時は、東邦医大教授）の鑑定を仰ぐことになった。同博士作成の鑑定書は、右の二点について、いずれも不可とするものであった。「上野鑑定書の登場は、大正初期以来六十年間、安泰を誇ってきた確定判決の核心部に深く打ち下ろされた科学的鉄槌であった」と、先輩は高く評価している。

しかしながら、検事側も、手を拱いてはいない。上野鑑定に対抗して、その粗探しに狂奔し、別の鑑定人をして反証の鑑定書なるものを提出してくる。今度は、弁護側の追加鑑定、鑑定まで要しない事項については、鑑定人の意見書あるいは回答書の提出という手順になるのだが、検事側も又、同じ細工を重ねる。

このような現象は、なにも加藤老事件に特有のことではない。程度の差こそあれ、他の裁判にもよく見られる残念な事態である。残念と表現したのは、検事側は、国家をバックにしているから、鑑定料などの資金にきゅうきゅうとする必要がなく、御用学者の動員もいたって容易で、この点でも、当事者双方の対等性が壊れているからである。

加藤老事件は、上野博士の善意に救われた。同博士の追悼集『遠きにありて』に先輩が寄稿した『上野正吉博士とのめぐりあい』によると、その間の事情はこうである。

「再審事件をたくさんかかえこむ日弁連の台所の苦しいこともよく承知しておられ、いつもあたたかい態度を示された。加藤老事件で鑑定書、意見書を何通も作成して頂いたが、その費用については、いつもタイプ代等の実費にほんのすこしプラスする程度の些少な額しか受け取られなかった」

「藤堂主任弁護人から、それまで日弁連で上野鑑定書にどれだけ支出してあるかを問われて、その数字を知らせた。藤堂氏は、『あの上野博士の鑑定にそんなことで』とおどろかれた。再審事件が正義の回復をかける重要な仕事であり、それを一手にひきうける日弁連の実状をよく知っておられる博士の配慮によるものですと、説明しておいた」

やや脇道にそれてしまったが、日本の現実の裁判では、被告・弁護人側は、上野博士に代表される善意の人たちによって支えられてこそ、なんとか検事側との対等な立場が保ちえて、それなりの訴訟追行が可能になることを指摘して、先に進みたい。

加藤老事件での鑑定合戦では、上野鑑定の方を、再審請求裁判所の受け容れるところとなった。同裁判所は、七六年九月再審開始の決定を下した。

そこで、裁判は、再審公判に進んだが、その段階でも、弁護側は、上野博士から別箇の鑑定書をいただくことになる。その際のやりとりを、先輩は、同じ寄稿文の中で記している。

「再審公判審理の見通しについて、夏頃になると申し上げると、『そんなに先にのびて、老人の生命は大丈夫か』と気遣っておられた」

だが、それから二か月もしないうちに、当の上野博士の方が、最終判決を待てずに、この世を去られた。

加藤老が七七年五月十三日に先輩にあてた手紙が、私家版の中に収められている。判決言渡しを前にして、六十二年にわたる雪冤の人生が実ることへの確信と喜び、そして先輩への感謝の気持ちがよく伝わってくる。

「公判日には一方ならぬ御心配下され、誠に嬉しく何とも御礼の申上げ様もありません。時間の制約の中で、あれ程微に入り細に渉る熱弁には敬服致しました。衷心から厚く御礼申し上げます。

先生の御名声は、松川事件以来老生は存じて居りました。今回計らずも老生の為に御救援頂きました事は、真に天祐と感激致して居ります。

御手紙の中の御言葉には貴先生の御気持ちがよく拝察できまして、老生雀躍して泣いて居ります。

きくよは、あれの一生の数々の怨みも一掃されたと喜んでおります。余生は短くとも一遺の光明に接し、亡き老祖父母に申訳が出来ると、泣いて喜んで居ります……」

同年七月七日、予想通り、加藤老に無罪の判決が言い渡され、そのまま確定した。

八十六才を数えるに至った加藤老は、早速、今は亡き御先祖の皆様に、「泣いて喜んで」報告したにちがいない。

「弁護士冥利に尽きる」とは、このような場合に呟く科白なのであろう。

六　「死刑再審無罪の流れ」をつくる

先輩は、日弁連の人権擁護委員に就任して三年目の一九七六年四月、その委員長に選ばれた。従来の慣例では、日弁連会長へのステップとされる要職であったが、そんな欲目は、先輩には毛頭ない。「名誉なことではあるが、名誉職とは考えていない」として、組織改革に積極的に取り組んだ。各調査案件の第一線で悪戦苦闘している若手委員たちの声を代弁しての措置である。

とりわけ、焦眉の課題であった再審問題では、毎年秋に実施する恒例の人権大会で、「再審と人権」のシンポジウムを設定した。更には、組織内に、鑑定問題事例調査研究委員会を立ち上げ、刑訴法学者や法医学者との共同研究を始めた。

翌七七年二月の日弁連理事会で、刑事再審法案を採択させて、本格的な立法要請運動の道筋をつけもした。

それらの地道な活動が、やがて花開いて、日本の裁判所に厳存してきた「開かずの門」を、大きく抉じ開けることに成功するのである。

日弁連の人権擁護委員会委員長の任期は一年とされるが、その任期満了間際に、新しい再審請求事件が先輩に持ち込まれた。島田事件である。

五四年三月十日静岡県島田市周辺で発生した幼女暴行殺人事件で、放浪癖のある赤堀政夫被告が、事実無根と争ったが、五八年三月第一審で死刑判決となり、控訴・上告も認められず、六十年十二月確定した事案で、既に三次にわたる再審請求も、最終的に棄却されていた。

その第四次となる再審請求が、七七年三月十一日、静岡地裁で棄却された。既存の弁護団は、東京高裁に即時抗告を申し立てると同時に、「ワラにも縋る思い」で、日弁連の人権擁護委員会の支援を要請したのであった。

先輩は、当時、加藤老事件の委員長の立場にあったけれども、島田事件の委員長をも受諾したのであった。後者の第一審以来の弁護人を務め、数次にわたる再審請求にも関与し続けてきた大蔵敏彦弁護士（静岡弁護士会、第二期生）が、かつて東京合同法律事務所に在籍していた事情などを勘案したのであろう。中途参加の形にはなるが、先輩は、既存の弁護団の人たちに劣らない、本格的な取り組みを開始した。

日弁連人権擁護委員会は、当時死刑再審請求事件として、島田事件の他に、次の三事件も抱え、各事件委員会が鎬を削っていた。

㈠　免田事件

四八年十二月二十九日夜、熊本県人吉市で起きた強盗殺人事件

免田栄氏が第七次の再審を請求中

㈡　財田川事件

五十年二月二十八日、香川県財田村で起きた強盗殺人事件

谷口繁義氏が第二次の再審を請求中

㈢　松山事件

五五年十月十八日未明、宮城県松山町で起きた強盗殺人、放火事件

斉藤幸夫氏が第二次の再審を請求中

右の三事件は、島田事件より一足早く、いずれも七九年中には再審開始決定をえ、検事の即時抗告を受けながらも、ことごとく棄却させた。

そして、いよいよ再審公判に進む。先ずは、免田事件が、八三年七月十五日に無罪判決を獲得し、日本の刑事裁判史上初めて、死刑台からの生還を果たした。二番手として、財田川事件が、八四年三月十二日に、三番手として、松山事件が、八四年七月十一日に、続いたのである。

一年以内に、三件もの死刑再審無罪が現れるとは、世界の裁判史上でも例がないと評されている。

これにひきかえ、島田事件は、かなり遅れをとった。先の即時抗告審を担当していた東京高裁刑事第三部は、裁判官の転任が重なって、審理の合議体が組めないまま、宙ぶらりんの状態が続いていたからである。審理開始・促進を求める強い要請を受けて、八三年五月二十八日やっと判断を示すに至ったけれども、その内容は、静岡地裁に差し戻すという、つれないものであった。

そこで、再び静岡地裁で、再審開始の是非につき事実調べが始まった。そして、八六年五月二十九日再審開始決定が出ると、今度は、検事が即時抗告する挙に出たため、舞台は、改めて東京高裁に移った。八七年三月二十五日、検事の即時抗告が棄却されたので、ようやくにして、再審公判が静岡地裁で進行するという複雑な経緯を強いられたのである。

検事の即時抗告あるいは異議申立を法規制しない限り、このような迂遠な手続を繰り返す事態は、避けられないのであるが、残念ながら、現在に至るも、立法的解決が実現していない。

その間、既存の弁護団と日弁連事件委員会は、共同で、検討会や合宿を繰り返して、強力な陣容を整えていたのであった。そこでの先輩の担当は、総論的、あるいは総括的部分で、その在りようを、河村正史弁護士（第二十九期生）は、次のように回想している。

「島田事件において有罪判決や再審請求棄却決定の根拠となった証拠の構造と、それらの証拠が実はどれ程脆いものであったか、法曹は事実認定の前に何にも増して謙虚でなければならないことを、自らの経験、過去の冤罪事件、文献等を引用して醇々と説かれた。

その記述は、島田事件を離れても尚、私共法曹の教材となるものである」（追悼集所収『島田事件と大塚一男先生』）。

八九年一月三十一日、赤堀氏に無罪判決が言い渡された。

死刑再審無罪の事例として、四番目の偉業である。


ここまで、死刑再審無罪に絞って論述してきたけれども、輝かしい成果は、それらにとどまらない。先輩が日弁連人権擁護委員に就任した七四年四月から起算して八九年の末までの期間に、右の四件の再審無罪を除いて、六件もの再審無罪事例（先の加藤老事件や著名な徳島ラジオ商殺人事件など）があるからだ。

日本の刑事裁判史上、特筆すべきことである。

尚、先輩から平事件の主任弁護人を託された竹沢弁護士は、その後、先輩の後を追うように、七六年四月東京弁護士会の推薦で、日弁連人権擁護委員に就任した。先の人権大会のシンポジウム「再審と人権」では、基調報告の大役を務めているし、七九年四月には同委員長にも選ばれる。八五年まで、主に再審法の制定分野で活躍し、再審無罪の潮流を、側面から支えたのだった。

七　次なる者への贈りもの

島田事件の無罪確定から十周年になるのを記念して、九九年一月三十日、静岡県焼津市で、赤堀政夫氏や救援関係者たちも出席して、懇談会が開かれた。その席上、先輩は、日弁連人権擁護委員会が引き受けた経緯や同僚大蔵敏彦弁護士（九四年一月没）の思い出などを語ったあとで、次のように述べたと伝えられている。

「裁判所への弓を、いつも強く引き絞っておかなくてはならないと、考えている」

もうすぐ齢七十四歳を迎えようという時の覚悟の表明である。高令のため共同経営の四谷法律事務所を離れたものの、武蔵野市境南の自宅に個人の法律事務所を付設して、刑事弁護活動は続けた。国選控訴事件や当番弁護士（全国各地の弁護士会が自発的に創設した制度で、起訴前の被疑者段階での対応）の役は、弁護士のキャリアに関係なく、順番で担当が回ってくる仕組みなのであるけれども、身体が動く限り、コツコツこなしていた。

やがて、八十路に入ると、さしもの先輩にも、病魔が襲ってくる。

二〇〇五年、前立腺ガンがみつかる。〇七年には、心房細動と診断されて、病院通いが多くなった。それでも、講演や執筆の依頼には、快く応じていた。

〇八年以降の主なものを挙げると、仙台弁護士会主催の「松川事件公開講座　刑事弁護についての座談会」、自由法曹団全国総会のプレ企画「松川事件と大衆的裁判闘争」、松川事件六十周年記念集会での講演など。

弁護士在職六十年（〇九年六月）を迎えるにあたり、「自分の弁護士人生でもっとも多くの時間をかけた誤判と冤罪との闘いの跡をかえりみて、それまでの著作をまとめようと考えた」「しかし、それでは一冊の本に収まりきらない分量になることが判明した。そこで、松川事件に絞り、既出の数論稿に若干の補筆を加えるにとどめた」として、〇九年十月、『回想の松川弁護』を上梓した。「二一世紀の刑事司法で活動される人々のために、小著がいくらか御役に立つところがあればと思って、世に送る」として、地方在住の後輩にまで贈ってくだされた。しかも、今回は先輩の手にかかる「謹呈の為書」付きであった。私家版の題字に比べると、やや力強さに欠け、ブレが多少気にかかるけれども、むしろ、そこに先輩のシャイな人柄が偲ばれて、後輩には、懐かしくも、有り難い。中身は、コンパクトに仕上っていて、かえって「遺思」が直截に伝わってくる。

後輩の数少ない「お宝」の一つで、気が向けば、何時でも即座に取り出せるように、雑多な書棚の中でも、一番目立つところに並べている。

想い起こせば、先輩との出逢いは、後輩の司法修習生時代に遡る。松川刑事事件が最終決着して間もない頃だと記憶するが、青年法律家協会に結集する第十七期生の有志が、松川事件を学ぶ研究会を企画し、その講師に先輩を招いたのであった。

松川事件に関連する劇映画で、俳優宇津井健の扮する青年弁護士を想像していただけに、当日会場に顔を見せた先輩のやつれた様子に驚かされた第一印象が、今も鮮明に残っている。後日知らされて合点がいったのだが、胃潰瘍で闘病中であったのだ。それにもかかわらず、若い法曹の卵たちのために、無理を押して応えてくださったのである。そのうえ、法律専門家としての弁護士の役割と責任の重要性を意識的に追求したことを、熱く語った。表面的なやつれとは裏腹に、人権擁護のために闘う弁護士の内なる気魄を、かいま見ることができた。

その後、日弁連や自由法曹団などの諸会合で、顔を合わせ、気さくに声をかけてくださったのだが、ある再審請求案件で、弁護団を同じくする幸運に恵まれた。

川辺村事件がそれである。先輩の命名にかかるものだが、おそらくは、法律関係者の仲間内でも、ほとんどの人たちは、初めて耳にするのではあるまいか。

一九五二年十一月二十日、恵比寿講の祭で賑う小諸の街に買物に出かけた中老の男性が、小諸駅前の食堂で夕食を済ませて、千曲川左岸にある自宅（旧川辺村、現在は小諸市）に戻る途中、翌日午前二時頃、殺害されて金品を奪われた。その被疑者として、在日朝鮮人のＢ氏が、逮捕・起訴される。Ｂ氏は、長野地裁上田支部での第一審から、一貫して犯行を否認したが、控訴・上告とも棄却されて、第一審の無期懲役刑が確定する。千葉刑務所に服役中、刑務所から支給される作業報償金で裁判記録を謄写し続け、再審請求の準備に余念がなかった。

七五年十一月仮釈放になり、在日朝鮮人関係の諸問題に関与していた上田誠吉弁護士を介して、日弁連人権擁護委員会に支援を要請するに及んだ。

そこで、日弁連人権擁護委員会は、再審請求の可否につき調査するとして、田中敏夫弁護士（第二十期生）を委員長とする特別委員会（支援決定になれば、通常の事件委員会に移行する）を立ち上げた。五人構成のメンバーは、先輩と上田弁護士の残り二名を、地元の長野県弁護士会から推薦を受けて任命する方針で、七八年五月、後輩と大門嗣二弁護士（第二十六期生）に、御鉢が回ってきた。後輩にとっては、初めての再審請求事案であった。それ以上に、先輩と上田弁護士のビッグなコンビと一緒に仕事ができることに、感激したものである。早速に、日弁連本部から裁判記録を取り寄せて記録読みにとりかかり、同年夏には、上山田温泉で大門弁護士と二人だけの合宿を挙行した。両先輩の膝下に少しでも近づきたい思いによることは、言うまでもなかろう。そして、同年秋には、両先輩ともどもに、一泊二日の綿密な現地調査を敢行した。このような取組みを経て、重大な論点が幾つか浮き彫りになり、いよいよ五人全員による特別委員会の検討が始まる直前になって、想定外の事態が発生した。

Ｂ氏が再審請求の依頼を取り下げる旨の申入れが、上田弁護士に伝えられたからである。Ｂ氏が仮釈放後、交際する女性に恵まれたのであるが、彼女は、再審請求などで世間の耳目を集めることに、強く反対したそうである。結局のところ、Ｂ氏は、「無実を晴らす」よりも、「今ある片隅の幸せ」を選択したので、もはや説得が困難とする上田弁護士の報告を了承するしかなかった。それで、特別委員会は解散になった。

「幻の再審事件」とは、後輩にとっては、残念至極であったが、両先輩との切磋琢磨は、その後の弁護士活動に生きている。

当時、大塚先輩は、島田事件の再審請求で、日弁連人権擁護委員会の事件委員会委員長として多忙であったばかりか、たしか江津事件（島根県江津市で発生した殺人、死体遺棄事件）の再審請求につき、既存弁護団の団長という立場で、中国地方の自由法曹団員等と共同して取り組んでいた時期とも重なる。だから、寸刻の時間でも惜しい状況で、川辺村事件にも対応していた。なのに、右の事情で取り下げになるとは……。それまでに費した時間や労力が無汰になってしまうのだから、後輩以上に無念であったにちがいない。

しかし、愚痴一つ言わず、右経緯をたんたんと受け容れた。当該事案に取り組む以上は、誰しも最終目的の無罪を目ざすのは、当然のことだ。けれども、必ず最終目的が達成される訳ではない。むしろ、達成されない場合の方が多いだろう。それでも、先輩が多くの再審請求事案に取り組むのは、その過程をも大切にしているからである。

多くの弁護士仲間、とりわけ若手弁護士たちと共同で取り組むことによって、先輩が修得した経験や教訓などを、次の世代に継承させ、弁護人側の力量を全体としてアップさせることに寄与できればとの強い思いがある。

『冤罪に抗して』（一九九三年五月）の中で、「十の誤判評論をやるよりも、――もちろん意義のあることですが――現実の一つの冤罪の救済に力を注ぐことこそが重要であり、有意義であると信じております」と、先輩は記している。

法廷場面だけでなく、弁護団会議や合宿の折々に、先輩がじっくり話し込むことどもが、若手弁護士たちの血肉となっていく。誰が言い出したか定かではないが、何時しか、関係者たちの間で、「大塚学校」の尊称が生まれた。

先の江津事件は、一九八七年二月、最終的に再審請求の棄却が確定してしまったが、「大塚学校」の卒業生たちは、その後、人権擁護の第一線で、牽引役を担っている。

八　弁護士の鑑

後輩の筆者は、ここまで日本の刑事裁判史上著名な無罪事件を記述してきたのであるが、大塚先輩が関与した無罪事件は、その他に、数多くある。それらを一々列挙することは、本稿の目的外になるので、あえて省くことにし、若干の金銭問題に触れておきたい。

先輩がそんなに沢山の無罪事件に関与しているならば、その成功報酬額はさぞかしと、勘繰る向きがいるかもしれないが、現実は、全く逆なのである。

なるほど、無罪確定者には、刑事補償金制度はある。しかし、その支給額は、当該本人が実際に蒙った損害に限定してみても、まことに微々たるものにすぎない。その実損害を回復させることは、正義や公正の観念には合うものの、現行法制度下では、国家賠償法に基づいて、損害賠償請求の民事訴訟を提起するしかない。その場合、国家の側に、つまり、警察や検察、あるいは裁判所のいずれかの職務行為に、故意や過失の法的責任があることを、無罪確定者は、主張し立証しなければいけない。被告にされた権力側は、素直に認めることがほとんどない。責任論のハードルも、実務上、極端に高い。だから、民事訴訟も、又長期化する。そのために、民事訴訟を断念せざるをえない無罪確定者が大多数なのである。

そんな実情にある無罪確定者に、いっぱしの成功報酬など、請求しうべくもないではないか。その点をめぐって、先輩のオリジナルな科白がある。安井規雄弁護士（第三十四期生）の『小さな事件の無罪判決』（追悼集所収）から引く。

「冤罪事件の収入は、冤（えん）を雪（そそ）ぎ無罪を得ることがそのすべてである。どれだけ報酬をもらったところで、苦闘をペイするものとはならないであろう。経済的計算に、もともとなじまないものと考えるべし」

胸を打つ話は、御内儀の『御礼とご報告』（追悼集所収）の中にも、登場する。

「時に夫は、『稼ぎの悪い弁護士でわるいね』などと申し、私は、『四人の子供をとにもかくにも育て、人並みの生活をおくることができたのですから』と、こんな会話を交したりしたものでした」

先輩ありて、御内儀ありか。いや、御内儀ありて、先輩ありと言うべきか。いずれにしても、「よくできた夫婦」である。

先輩の家庭事情に立ち入ってしまったが、もう少し踏み込むことをお許し願いたい。

御内儀の実兄は、松本善明弁護士（第六期生）である。日本の因習に従えば、先輩は、松本弁護士の義弟になるのだが、実年令でいけば一歳年上である。弁護士キャリアでいけば、五年も先んじていて、松川事件の第一次上告審段階におけるあの長期合宿では、松本弁護士等の若手メンバーを「鍛える側」の先頭にいたのである。

松本弁護士は、その後、黒田法律事務所（現在の東京法律事務所）を経て、松本善明法律事務所（現在の代々木総合法律事務所）を立ち上げ、そして政界に転出する。林百郎弁護士と共に、長い間衆議院議員として、国政の革新を目ざす活動を華々しく展開した。

先輩は、胃潰瘍を患った後、健康維持のために、奥多摩の低山歩きを始めた。後に、東京杉並に事務局を置く「たそがれ山岳会」に入会し、若手会員たちの後押しを受けて、三千メートル級の雄峰にもアタックしたと聞く。そして最後の山行は、奥信濃に近い妙高山（新潟県）で、先輩のたっての願いであった。故郷への思い入れの深さは、私家版の装丁にも、よく現れている。

二〇一〇年十二月、肺腺ガン末期と診断される。もはや適当な治療法はなく、丸山ワクチンの投与を受けながら、武蔵野日赤病院への入・通院を繰り返した。

「痛みは、ほとんどなく、わりあい普通に食事を摂ることができ、穏やかな時を過ごすことができましたことは、家族にとって救いでございました」と、御内儀の先の手記にある。

入院中の先輩を見舞った松本弁護士の報告文（追悼集所収）でも同様だ。

「とても元気で、心ゆくまで話し合う機会を持つことができた」

約二時間に及ぶ両者の話合いの中身は、主に、一九四九年夏発生した国鉄がらみの三大謀略事件（下山・三鷹・松川の各事件）。

「お互いに時間や病を忘れるくらい話が弾んだ。思っていることをみんなさらけ出して、ともにあの時代を生きた人間同士としての回想談だったが、大塚君が最後に言った『いい人生だった』という言葉が忘れられない」（『最後に心ゆくまで話し合って』）。

先輩は、亡くなる二日前、うなぎの差入れを所望したという。玩味して食べながら、はるか遠く故郷飯山の名代――老舗うなぎ屋に、思いを馳せていたのだろうか……。

二〇一一年九月三日早朝、先の病院の病室で、帰らぬ人となった。享年八十六。

民衆に寄り添い民衆と共にある弁護士への道を、ひたむきに追い求め、六十二年余にわたる弁護士一筋を全うされた。その生きざまは、現行弁護士法が志向する規範的弁護士像の鑑だ。無定見な「サービス・ビジネス論」が横行する弁護士界の現状に照らせば、「弁護士大塚一男のありよう」は、より広く、より永く、銘記されるべきではあるまいか。

不肖の後輩は、とても及びもつかないけれども、先輩が切り拓かれた「この道」を、自己の流儀ながらも、辿ってゆく覚悟だ。

この決意表明をもって、「謹呈の為書」に対する「礼状」に替えさせていただきたいのだが、その余りにも遅きを、恥じ入るばかりである。

北岳に続く尾根

撮影　中沢健一氏

第三部　弁護士の講演録

第十四章　日本の屋根から人権の旗を

——東日本部落問題研究集会の記念講演

一　はじめに

ただ今御紹介を受けました弁護士の岩崎です。たいへん身に余る御紹介に加えて、非常に大きな演題を与えられてしまいました。さぞかし大きな期待を抱く方がおられるのではと心配するのですが、そんなことですと、失望もその分だけ大きいということになりかねません。それでは、私自身も困りますし、暑い中（八月二十三日）みなさんの体にもさわることになりましょう。そこで最初に、一言弁明させていただきます。

今回の記念講演の依頼は、さきほど基調報告をされました松本衛士先生からありました。日頃親しく御付合いさせていただいている気安さから、ついウッカリ「ああ、いいよ」なんて生返事をしたものの、この集会の歴史や実績というものを種々聞き及ぶにつれ、どうも私はその器ではないということがわかってまいりました。「これはよわった、よわった」と、話のテーマも筋も決まらないままでいたところ、事務局の方々が、たぶん大会資料の印刷などの都合からでしょうか、私の書いた拙い本

――『日本の屋根に人権の旗を』（一九八三年十二月銀河書房刊）――の題名をもじって演題をつけて
しまったというのが、事の真相です。
そんな訳で、今日はだいそれたことを、みなさん方に申し上げるつもりはありません。ただ、一介の弁護士として、私がかかわった事件を通して考えてみたことや数年来人権問題について考えていることどもを、みなさん方に披露することで、なんとかその責めを塞ぎたいと思います。どうか、予め御容赦のほどお願いします。

二　先輩弁護士たちの受難
——差別と統制の下で

みなさん方は、今日まで十何回目かの研究集会を重ねてこられました。その継続的で地道な研究と実践に、私は敬意を表します。このような不断の活動や運動こそが、やはり同和問題の、又、人権問題全般の、基礎になることではないかと、私自身考えているからです。それにひきかえ、私共弁護士界の同和問題への対応は、どうだったんでしょうか。

なるほど、あの八鹿高校事件（一九七四年十一月二十二日帰宅途上の県立八鹿高校の先生六十余名に対し、兵庫県但馬地方の「解同丸尾派」の者たちが、白昼路上で襲い暴力を加えて校内に連れ戻し、十三時間も監禁して暴行・脅迫のうえ自己批判書の作成を強要した）などでは、私共の仲間——自由法曹団の弁護士たちが、献身的に取り組んでおります。たいへん立派なことだと思います。しかし、日本の弁護士総数は、全国で現在一万二千余名ほどになるのですが、総体としての弁護士が同和問題にどのように対応してきたかを、客観的に眺めてみますと、非常に寒々としたものを覚えざるを得ません。これは、なにも私個人の感想ではありません。弁護士の全国団体である日本弁護士連合会（略称日弁連）が、はっきりと自己批判しているのです。

日弁連は、これまで三回ほど、弁護士の人権擁護活動の状況を、『人権白書』（日本評論社刊）という形で世に問うてきましたが、昨年（八四年）出版された最新号の「差別と人権」の項で、こう述べています。

「我々弁護士の同和問題に対するこれまでの取組方の不足についての反省と今後の決意が重要である。人権の擁護を使命とする弁護士、各単位弁護士会、日弁連においては、取組と関心の薄かった過去を反省し、単一ではない部落解放運動に対しても、公正な立場を堅持しながら理解を深め、今後とも部落差別という重大な人権問題に対する関心を深めるとともに、適切かつ粘り強い活動を通じて、人権問題の解決のために努めていかなければならない」

「弁護士は、基本的人権を擁護し、社会正義を実現することを使命とする」と、弁護士法（四九年六月十日公布）の第一条に明記されています。この条文は、「たいへん立派なもの、よくもまあ先輩たちが、こういう表現を考えついたものだ」と、私は、折にふれて感心しているのです。それでは、この立派な条文に見合うことを全国の弁護士たちがなしえているのか。こう自問すると、さきの同和問題の場合を引き合いに出すまでもなく、現在の日本の人権状況が弁護士に求めているレベルには達していないことを、率直に認めざるをえないと思います。

それには、いろいろ要因があります。もちろん、私共の主体的力量不足もありましょう。しかし、この際、日本の人権の歴史を繙く時に見落としてはならない視点であると考えますので、次の事柄を、私はあえて指摘しておきたい。

他人（国民）の人権を守るべき弁護士の仕事――弁護士業というものを、それにふさわしいものとして確立すること自体が、たいへんな課題であった。つまり、弁護士業に国民の人権を守るのに相応な制度的保障を確立することが、まさしく弁護士自身の闘いであった――百年を超える弁護士の歴史の大半を占めてきたということです。

今でこそ、弁護士といえば、なにか人権擁護のチャンピオンのように目され、最近の一連の死刑再審無罪裁判（免田・財田川・松山などの各事件）ではマスコミに英雄扱いされもしておりますけれども、日本の弁護士の出発点（国の制度としては、明治初年の代言人にさかのぼる）では、とても惨めなものでした。依頼者の弁護をするということで法廷に立っても、問題になっている法令――太政官布告の当否を発言することが許されない。裁判官のおかしな訴訟指揮に文句を言うこともできない。さらに、検察官の不当な進め方に、異議を唱えようなら、当時は監督権者が検察官であったから、検察官に楯突く代言人ということで、懲戒処分をくらってしまう。

こういう状況でありました。ですから、時の政府は、西欧型の近代的国家の体制（それも、不平等条約を改正する思惑が強い）を整える目的から、外国に倣って裁判には弁護士という存在が必要だとして導入したけれども、その実は形だけのもので、臣民の人権を守るものとしての使命や職業という観点で、まともに見ようとしなかった。むしろ逆に、時の政府に反抗することのないように、統制と差別を加える狙いがありあり、でした。

明治の中頃、代言人の呼称は、弁護士へと変えられましたが、統制と差別の状況は、変わりません。みなさん方の中には、戦前の法廷を御覧になった人がおられるかと思いますが、裁判官と検察官が一段高い所で構えていて、その一段低い所で弁護士が「お上」に申し上げる——その光景が、法曹三者の中での身分の違いを端的に描き出していました。法曹としての資格を取得する試験も、法曹を養成する教育制度も、裁判官・検察官と弁護士は、はっきりと区別されていたのです。

先輩弁護士たちは、このような状況に甘んじてはおりませんでした。「もっと弁護権を拡充せよ」「裁判官や検察官と対等の立場を認めよ」「弁護士会に自治権を保障せよ」などの要求を、既に明治の時代に掲げて、政府に突きつけておりました。もっとも切実なものは、弁護士に対する監督権の問題でした。粘り強い運動を展開して、その都度、司法官憲側に譲歩を強いて、検察官から、その長にあたる検事正に、そして、司法大臣へと変わりましたが、残念なことに、戦前には、司法官憲側からの監督を受けるという桎梏を、取り除くことができませんでした。

戦時体制が強まってくると、弁護士の存立そのものが、危うくなってしまいます。国全体が、「戦争だ、戦争だ」と叫んでいる時に、ドロボーするなどという不心得者は、そもそも非国民—そんな徒輩を弁護するのも、非国民のやる所業となる。「こういう時世に、弁護なんていうことは必要ない。もっとまともな戦争協力の仕事——正業に就きたまえ」と、若い将校なんぞに威張られる。その結果、転職したり、田舎に引っ込んだりした先輩が多かったと聞きます。

このように、弁護士業も、労働運動や未解放部落運動と同じような軌跡を辿って、戦後に及んだ経過があります。

それでは、戦後、弁護士丸は、順風満帆で出航できたかというと、決してそうではありません。基本的人権の尊重を原理とし、その擁護のための弁護人の存在や役割が条文上に明記される新しい憲法が制定される運びとなった訳ですから、その具体的担い手となる弁護士に関する法制度が、充実整備されてしかるべきであった。だから、先輩弁護士たちは、年来の要求を実現する好機到来とみて、政府に強く迫ったのですね。ところが、戦犯追放を免れた司法官僚がゴロゴロいて、司法省（現在の法務省の前身）を牛耳って、新弁護士法の制定に反対する。四七年五月三日に新憲法が施行されるのですから、遅くともそれまでに、裁判所法や検察庁法と一緒に、弁護士法も衣替えすべきであったのに、置いてけぼりにされた。先輩弁護士たちは、もはや司法省をあてにしてはいけないと得心して、自ら法案を作成し、国会議員を説得・工作し、議員立法という形で、弁護士自治の保障を根幹とする現行弁護士法を制定させたのです。それが四九年六月のこと、新憲法の施行からでも二年余の歳月が経っています。弁護士丸は、多難な船出を強いられました。

日本の人権問題には、いろいろ特長的なことがあると、学者は指摘しておりますが、弁護士業の制度的保障を確立する闘いと経過は、もっと注目されてよい事柄であると、私は考えます。

三　入会権をめぐる部落差別——二睦事件

さて、かくいう私は、新しい憲法の下で育ち、法曹三者共通の司法試験に合格し、最高裁判所付属の司法研修所に入所して、裁判官や検察官の各志望者と分け隔てなく二年間の研修を受けた後、弁護士資格を取得しました。戦前の弁護士に比べると、恵まれた環境を享受させていただきました。そして故郷である長野県にUターンして、弁護士在職二十年余になります。その間、非常に多くの事件や裁判に取り組み、大勢の人たちに出会い、数多くのことを学んで参りました。その生きざまを、心ある人々に伝えたいという気持ちから、先ほどの拙著を書いてみた訳です。そこに収められた諸事件の内でも、とりわけ私にとって忘れられないものの一つは、いわゆる二睦事件と呼ばれる裁判で、入会権をめぐる未解放部落住民に対する差別事件であります。

問題の山は、長野県須坂市内の仁礼という地籍にある。県外の参加者にはちょっとわかりにくいかと思いますが、スキーとラグビーで有名な菅平高原の北側に位置する広大な山と連想して下さい。この会場（戸倉・上山田温泉）の東方にあたるのですけれども、里山に遮られて、残念ながら望めません。

現在は、須坂市に合併しておりますが、かつて井上村という行政村がありました。この井上村の地域住民は、先祖の代から（少くとも江戸時代まで遡る）、問題の山に入って、タキギをとり、秣草を刈り、ワラビやゼンマイ・キノコなどの山菜を採取して、生活の支えにしてきました。当時の住民の生活にとっては、まさにかけがえのない山です。そうであるからこそ、そのような慣行や慣習が、入会権という一つの財産権として容認されもし、長い間、住民は、その恩典に浴してきたのです。

ところで、入会権というものは、時代の流れを敏感に反映するもので、この山の場合も例外ではなかった。住民の生活様式の移り変わりに応じて、山の利用が変わった。山菜やタキギなどに頼らなくても、通常の生活を維持していくことが可能になると、山は、そこに植林をしてその立木を売り、あるいは開墾して田畑用地になる。そのような利用形態に変わると、住民全員が山に入って手入れ作業などをやるよりも、住民の代表者たちが代って管理を行い、労務作業は専門の山林業者に委託した方が、かえって効率がよい。このような事情から、井上ムラでも管理委員会が制度化され、日常的業務を継続的にこなす中で、その権限が次第に強くなっていった。

そして、いよいよ植林した立木が伐期を迎えて、高価で売れる時期に至り、一九六六年頃売却代金を住民に配分する必要が起きます。配分することになると、それにあづかる人たちの頭数が少なければ少ないほど、一人当たりの配分額が多くなるのは、数理上の帰結です。その配分にあたって、管理委員会は、未解放部落の住民である二睦の人たちを除外してしまう。それにとどまらない。その二年後には、「山の管理をもっと近代的なものにするための規程を作るんだ」と称して総会を開いた際に、二睦の人たちに召集通知を出さない。しかも驚くことに、その規程の中に、「山は、井上区、幸高区、中島区、九反田区のものとする」との条項を盛り込んでしまった。区というのは、他の地域では自治会と呼んでいるものに当たります。井上ムラには、先の条項に記された四つの区の他に、一九二二年頃二睦区が設けられて現在に至っています（この二睦区が新しくできた経緯も、一つの差別の現れなんですけれども、この講演ではその点に触れません）。

ですから、先の条項は、その反面として、二睦区の住民である未解放部落の人たちには入会権がない――ということを宣言する形になる訳です。要するに、近代的管理の大義名分の下に、二睦の人たちの入会権を剝奪しようというのです。二睦の人たちは、行政当局などに仲介の労を要請して是正を求めたのですが、管理委員会の頑迷な抵抗にあって功を奏しない。事ここに至って、「最後の拠るべき方途として、もはや裁判しかない」と、六八年八月、二睦の人たち全世帯（六十九戸）が原告になって、四つの区の住民全世帯（五百三十二戸）を被告とする裁判（自分たちも同じ入会権があることを確認する）に及んだのでした。

四　差別を蔽い隠す理屈と手法

管理委員会をはじめとする、差別する側の言い分（答弁）は、どのようなものであったでしょうか。当然のことながら、「オレたちは、差別している」なんて、公然と言いっこないですね。私共は、一つの予想をたてました。二睦の人たちの入会権は、ある時期までは存在したけれども、その後消滅して今では存在しないと。しかし、この言い分だと、訴訟手続上では、消滅したという合理的理由と確かな証拠を、差別する側が裁判所に提出しなければならない（主張・立証責任を負う）。その点で、彼等は不利な立場になるだろうと……。だからなのか定かではないが、彼等は、私共の予想を超えて、とんでもない言い分を持ち出してきました。

「二睦の先祖は、農民ではない。農民としての一つの集団（生活共同体）とそうでない者たちの生活共同体とは、江戸時代から違っていた。入会権は、農民の生活共同体に帰属するものなんだ」

みなさん、この立論を、どのように考えますか。なによりも先ず、「ひどい」「えげつない」と感じられるでしょう。私も、あまりにもバカバカしいものですから、初めのうちは、まともに反論する気にもなれなかった。しかし、彼等の立論が、荒唐無稽な屁理屈ではないことに気付きました。彼等がネタにしたものが、ちゃんとあったんです。

戒能通孝という法学者の『入会の研究』（一粒社）の中で展開されている議論が、それです。

戒能さんと言えば、「法律というものは、本来民衆のためになければならない。これまでの官僚法学を脱皮せよ」と唱導され、民主的な法学者として活躍された方です。そのうえ、岩手県の小繋事件（県北にある小繋村の住民が、入会権の回復を求めて五十年以上も闘っている）で、住民が刑事弾圧を受けたのを見て、「自分が学者として支援するにとどまっていてはいけない」として、都立大学の教授職を投げうって、その弁護人となり裁判に参加した実践家でもありました。

しかも、この『入会の研究』という本は、一九四三年に書かれたものですが、日本の入会学説上大きな影響力をもっており、現在でも古典的名著の一つに数えられています。

御承知の通り、江戸時代の村は、二つの側面（一つは行政を司り、他は生活を司る）を有していて、両者が一体のものであった。明治になって近代的な町村制が整えられるに伴い、二つの側面がそれぞれ分化していくことになります。その点に着目して、戒能さんは、「入会権の主体は、生活を司る側面としての村であるから、町村制によっても、入会権は、行政単位としての町村に帰属せず、昔からの生活共同体としてのムラ――住民全体――に残されている」との理論をまとめた。この理論は、画期的なものでした。天皇制政府は、住民の生活手段よりも市町村の財政基盤の強化を重視して、入会権を収奪する基本政策を一貫してとっていただけに、戒能さんのこの理論は、住民にとって、このうえない強力な武器になった訳です。

戒能さんは、学者として、この理論を体系づけるために、生活共同体を構成するメンバーとはどのような人々であるかというところに、議論を進めていきます。集落の実態に目を向けると、そこには差別されている人たちの存在がある。諸々の差別の複合と集積によって、生活の在りように明瞭な違いが見られる。そこで、この生活共同体の理論を、差別が存在する集落生活の諸現象に、機械的にあてはめていくと、差別する側と差別される側とでは、生活共同体が異なるんだという結論に陥りがちになる。実際にも、戒能さんは、明治初期の大審院（現在の最高裁判所に相当する）の判決を踏まえて、「未解放部落の人たちは、生活共同体が違う。だから、入会権利集団には入らないと認むべきではないか」と、言っているんですね。

　ましてや、二睦の場合、二睦区というものが歴然として存在し、しかも、区としての独自活動を盛んに行っている――差別を解消して平等を回復するためである――だけに、集落生活の現象的な違いは、明白です。そこに、管理委員会をはじめとする差別する側は、飛びついたのだ。


　この議論が、一介の学者のものであれば、非常識の一語で済ませてしまいもするのですが、日頃敬意を抱いていた戒能さんの、尚且つ、『入会の研究』の中に収まっている議論であれば、裁判官たちへの波及的効果も計算に入れると、ぞんざいには扱えない。それどころか、なにか大きな壁のように立ち現れてくるではないか。これは、権威なるものの然らしむところでしょうか。ある時期、弁護団は、頭を痛めることになってしまいました。

　こういう場合は、翻って考えてみるのがよいようですね。住民にとって一番大切なのは、入り会う山、「最初に山ありき」なんだ。入会権とは、本来山に入る権利であって、里での生活状況がどうであるかは、次の問題ではないか。先ずなによりも、山に目を向ける。二睦の人たちは、先祖代々山に入っているわけです。既に江戸時代から、そして明治においても、大正になっても……。他のいわゆる一般の人たちと一緒にですよ。山に入る時携帯する道具類（カンジキ・ウド鎌・トチ・手ノコ・手ヤリ等々）は、二睦の人たちの家庭に今でも残っている。それで、これまでなんの問題も起こらなかった。この厳然たる事実と経緯から出発すべきものだ。差別する側の先の理屈に従えば、二睦の人たちは、白昼山に不法侵入し、窃盗行為に及んだ――公然と何百年も犯罪行為を繰り返してきたことになろうか。こういう道理と事実にもとる結論を、法の名において容認することができますか。それでは、社会正義が許さないでしょう。公然と平穏に山に入ってきた事実を、法的に保護するに価する利益（入会権）として、あの強権的な明治政府でさえも、民法典の中に明記せざるを得なかったところではないか。その原点に立ち戻って山の歴史を見れば、自ら二睦の人たちに入会権があるとの結論に至るべきものです。

それでは、戒能さんの生活共同体論を、どう見直したらよいか。答えから先に述べると、その理論に言うところの生活共同体には、種々の面があるのではないかということです。例えば、大雨で洪水が起き、井上ムラの集落全体が冠水してしまう危険が生じた時、「あれは、未解放部落の人達だから、その手を借りない」なんて言っていたら、それこそ大変な事態になってしまう。だからこそ、井上ムラでも、二睦の人たちと力を合わせて、水防や治水の作業に取り組んできた。その集落全体の安全や存立を守るというギリギリの所では、未解放部落も一般もない。一つのまとまった集落を形成してそこで生活する以上、力を合わせなければいけない領域・分野がある。その根源的部分（基盤と称しよう）における共同関係に、入会権の基礎を置いてはどうだろうか。現実の集落生活は、その基盤のうえに、さまざまな社会的・経済的・文化的関係が積み重ねられて、多面的で幾層もの生活共同体が築かれている――そのように捉えることができるのではあるまいか。

このように考えて、私共弁護団は、裁判所に迫りました。長野地方裁判所は、七三年三月十三日、二睦の人たちに、全面勝訴の判決を下したのであります。

五　二睦裁判の輝かしい成果

この記念講演の素材に二睦裁判を取り上げようと思い立って、当時の記録などにあたり直してみたのですが、この裁判が重要な意義を持っていることを、改めて認識した次第です。

先ず第一に、判決の中身です。

未解放部落の住民が一般の者と同じく入会権があると主張して闘った事案は、他にもたくさんあります。それらの多くは、行政当局の仲介などによって前向きの解決が図られておりますが、裁判所の判決という形で認容されたケースは、極めて希有のことです。しかも、その内容が、未解放部落の人たちと一般の人たちとの基盤としての生活共同性が同じであることを正面から認めて、入会権については完全に平等の権利を認容しています。この結論は、戒能さんの先の入会理論における議論をのり超えており、学問的にも注目されます。学者が自己の理論を体系づけようと考えることは、それ自体悪いことではありませんし、むしろその本能的とも言うべき衝動が、学問の進歩を促がすものでありましょう。しかし、その作業や手順は、あくまでも、事実と道理に依拠していなければいけない――体系づけの完成を急ぐあまりの粗雑な論理展開は、かえって当人の信条に反して、差別を肯定する理屈に堕する場合がある――これらの事柄を、二睦裁判は、教訓として導き出しているのではないでしょうか。

次に、運動の力ということです。

裁判を起こしてから最終決着まで、四年ちょっとの年月がかかりました。あるいはみなさん方は、「それでも長いなあ。単純な結論を得るのに、なんでそんなに時間がかかるのか」と思われるかもしれません。しかし、この種の裁判の平均的な所要時間と比べると、超特急で終着駅に辿り着いたものと、私は断言します。先ほど紹介した小繋事件を引き合いに出すまでもなく、私自身がいま担当している稲子事件（長野県南佐久郡小海町の稲子区で、分家側が、入会権を否定されたとして、本家側や開発資本の西武を訴えている裁判）では、既に十八年を費やし、まだ東京高等裁判所に継続中です。これがまあ、残念ながら、日本における入会裁判の実情であります。これに反し、二睦裁判は、入会権があるかないかの争点に、部落差別の問題が絡んだ事案ですから、通常の入会裁判よりは手間がかかってもおかしくないところでしょう。それなのに、なぜ短期間で、しかも中身のある確定判決を獲得するという成果を挙げることができたのか。その要因に、私は興味を惹かれます。

二睦の人たちは、あたりまえのことですが、思想・信条をそれぞれ異にしていますけれども、入会権を守るという点で一致し、最後まで団結して頑張りました。この思想・信条を超えた結束を、私は、先ず挙げたい。しかし、それと並んで重要なことは、次のことです。

財産権としての入会権を確保するという個人的な要求にとどまらないで、入会権をめぐる差別を許さない――つまり平等を確立することが、人権を守り民主主義を発展させる社会の基礎になるんだとの共通認識のもとに、地域の労働者や農民・商工業者その他大勢の勤労市民に積極的に協力を要請していったことです。換言すれば、二睦の人たちは、裁判を大衆運動として展開した訳です。これに応える側も、学校の先生方を中心にして運動体を組織し、裁判支援の輪を大きく拡げていきました。この広範な勤労市民の連帯が、やがて、井上ムラにおける差別する側に身を置いていた人たちの良心を揺り動かすことになりました。

もともと、井上ムラの住民の中にも、「二睦の人たちにも、入会権はある」と主張する人たちがいましたが、対外的に表明する者の数は、絶対的に少数で、状況を変える影響力を発揮できなかった。第一審判決が出されると、差別する側の中心メンバーは、東京高裁への控訴に賛同する署名集めの方針を樹てる。しかし、絶対的少数の良心派は、「もうやめろ。控訴しちゃいけない」と、大激論を闘わせる。これに呼応するかのように、それまで様子眺めであった大多数の人たちも、「こんな争いを何時までも続けちゃいかん」「裁判所の判断が出た以上、それに潔く従うべきだ」「これ以上結論を先に延ばすこと自体、新たな人権侵害になるのではないか」等々、勇気を出して声を挙げることになる。僅か二週間（控訴申立期間）の内に、形勢は全く逆転してしまった。遂に、差別する側の中心メンバーも、「絶対的少数になっては、もはや、訴訟追行をやれない」と観念して、控訴断念に追い込まれたのでした。

差別を許さないとの一点で、未解放部落の人たちも、一般の人たちも、共に手をとりあうことが、どんなに大きな力になるか――そのことを、まざまざと見せつけてくれた一幕であります。権利闘争の原型が二睦裁判にあると、私は思うのです。

六　利益社会から権利社会に

話は少しそれて恐縮ですが、戒能さんの後継者と目される渡辺洋三さんという法社会学者がおられます。軽井沢町に山荘を構える誼で、軽井沢町塩沢事件（入会山の売却代金の配分をめぐる、本家と分家の争い）の裁判進行につき、幾つかの御助言をいただきました。その渡辺さんが、最近岩波新書から、法律を専門としない読者を対象に、『法を学ぶ』という本を出版されました。弁護士稼業を二十年以上も続けると、惰性に陥るのでしょうか、細かな法律知識や法的技術に捉われすぎると、私は自戒しているのですが、この際初心に戻って、もう一度法を学び直してみようと思い、この本を手にしました。

その論点は、「日本人の権利意識は、まだまだ低い。このような状態では、日本は危険な事態を迎えることになる。今こそ権利社会を確立しなければならない」というにある。わかりやすい言葉で述べられているので、私は、一気に読み了えました。

現在、マスコミの一部でも、次のような論調が強まっています。

「最近、日本人は、何でも権利だ、権利だと言って、権利主張が横行している。権利の反面として義務があることを忘れてはなるまい。今大切なのは、むしろ義務観念である。」

この論調の誤りを、渡辺さんは、明確に指摘しています。

「権利というものと、利益あるいはその要求とを、とりちがえてはいけない。利益の要求は、権利の一つの出発点ではあるが、即権利になるというものではない。権利は、私的な利益や生活要求を基礎にしているものではあるが、そこにとどまることなく、社会的正義としての公的性質を受けたものとして、普遍的に承認された利益内容である。この点が、権利と単なる利益要求あるいはエゴイズムと分つ決定的なポイントなんだ」

この論点に立脚して、日本の現状を分析しています。

「戦後は、たしかに個々人の利益要求が強まっている。まさに利益社会ブームと言ってよい。しかも、その利益の要求は、個々人がするよりも、一つの集団に依存し大集団全体の利益に浴するというパターンをとりながら、いわゆる利益共同体を形成している。企業ぐるみ、農協ぐるみ、村ぐるみ、家ぐるみ――この集団的な利益共同体が、そのまま国家的利益共同体、国家ぐるみ共同体に形成されていく危険がある。そこにファッシズムの温床がある」

これは、まことに確かな視点である。現代日本社会をおおうモヤモヤを、見事に切り裂いてくれたものと、私はいたく感心した。それでは、このおぞましい利益社会を、どうしたら権利社会に変えることができるのだろうか。それが一番の問題です。

「権利というものは、社会的正義と普遍的価値をもった、対立する相手さえも認めざるを得ないものであるから、最終的には対立する相手との力関係の中で形成されていく。その拮抗を通して、発展もし後退もする。権利を守ろうとする者は、その必要を社会に強くアッピールして、その正当性を広く認めさせる強い社会的力を持たなくてはならない。この意味で、実力によって裏付けられていない権利は、権利ではない。自分の力で権利を守るという主体性のない者には、権利を云々する資格がない」

この辺りまで読み進んできて、私は、自然と二睦裁判を想い起こしました。渡辺さんは、学者ですから、このように論理的に物事をまとめられた訳で、その力量はさすがと思い知らされました。だが、そこに述べられている事柄の多くは、二睦の人たちが、既に十有余年前に、自発的に実践したものではなかったか。権利のための闘争の代表例として、渡辺さんは、高裁判決のあった灯油裁判（山形県下の消費者たちが、灯油の不当値上げに対抗して裁判を起こした事案）を紹介していますが、私は、二睦裁判の方がより適切なものと考えるのですが……。どうも、長野県人は、ピーアールが上手ではないようですね。

七　悪法反対運動での多数形成を
——弁護士会活動の経験から

話は、またまた飛びます。着地点を探しながらですから、もう暫く御辛抱下さい。

人権侵害事犯は、社会が高度化・複雑化するにつれ、形態もますます多様化しています。例えば、公害・環境の問題、消費者問題がそうですし、いじめやプライバシーなどの問題がそうです。これらの問題の解決には、各界各層の人々の協力が求められ、行政や政治の対応も必要です。もはや、個々の弁護士の献身的な努力だけでは対処しきれません。深刻な課題ではありますが、この講演では、これらの個別的な人権侵害事犯には踏み込みません。近年の人権問題を考えるにあたって、私が指摘したいと考えることは、人権に対する全般的な侵害の危険性が強まっているという問題です。具体的に言えば、刑法や少年法の改悪という形で現れている事柄です。「刑法犯罪があとを絶たないのは、被告の人権、人権などと叫んでいるからだ」とか「とにかく少年を甘やかせている。少年に対する警察の取り締まりを強めろ」「処罰範囲を拡め、重罰を課し、警察権限を強化せよ」などの暴論が、声高に流布される。その風潮が、刑法や少年法の改悪へと短絡的に結びつく。代用監獄（警察の留置場）の恒久化を狙う警察拘禁二法の制定策動も、その延長線上にあります。

更には、スパイ防止を口実にした国家機密法も同類です。国民生活の中に、警察がドンドン入ってくる——国民生活の隅々まで警察の監視の目が届く——つまり、警察国家の再現につながります。

これら一連の動きは、警察（旧内務）官僚であった中曽根康弘氏の「戦後政治の総決算」に符節を合わせていると、私は捉えているのですが、人権擁護の上で由々しい事態です。弁護士個人としては勿論のこと、弁護士会としても、無関心ではおれません。いや、適切な対応を迫られているのです。しかし、これらの問題は、すべて立法という国家作用にかかわっておりますので、個別的人権侵害事犯の場合にはない難しさがあります。

日本の弁護士は、仕事をする場合には必ずどこかの弁護士会に所属しなければならない仕組み（強制加入）になっており、その弁護士会は、法律に基づく公的な団体です。従って、弁護士の中には、自民党の支持者の方がおります。おりますどころでなく、私の見るところ、やはり多数でしょう。数ある野党を支持する者もおりますし、政治的無関心派もおりましょう。そこで、難しくなる訳です。立法というものは、それを推進する政党や政治勢力の存在を前提にしていますから、弁護士会がある立法に反対するということになると、形の上では、推進する政党等と対決することになってしまう。つまり、当該政党等を支持する弁護士の思想・信条の問題にかかわってくるからです。個別の人権侵害事犯の場合なら、「よし、会を挙げて取り組もう」となるのに、立法反対の場合は、なかなかそうはいきません。そんな時、私は、治安維持法の例を引き合いに出して、「歴史から学ぼう」と語りかけることにしています。

希代の悪法である治安維持法の制定作業あるいはその後死刑や無期懲役刑を盛り込んだ改悪作業の中心メンバーには、残念ながら、弁護士の肩書き持つ人たちがいました。在野の立場にある弁護士たちも、組織だった反対をしませんでした。おそらくは、「国体の変革」あるいは「私有財産制度の否認」（同法第一条）は、自分たちには関係ないことと思っていたのでしょう。しかし、この悪法に基づく実際の運用は、どうであったかは、みなさん方御承知の通りです。共産主義者や社会主義者にとどまらず、自由主義者や宗教家まで、同法違反で逮捕投獄されましたし、国民全てが、同法違反容疑がないか監視の下に置かれました。

累は弁護士業にも及びました。その典型が、共産党三・一五事件、四・一六事件の第二審開始段階における弁護士弾圧事件です。

それらの事件の弁護団は、主に自由法曹団の先輩弁護士たちですが、あの厳しい状況の中でも、被告団と協力して果敢な法廷活動を展開しました。「バラバラに法廷を開いたのではダメだ。統一の公判で、堂々と裁判をしよう」との要求を掲げて、その実現を裁判所に迫りました。今、私共が弁護人になったら、あれほどまでやれるだろうかと思わせる頑強な闘いぶりです。その結果、第一審は、統一・公開の法廷で、「治安維持法は、どんな法律か」「日本共産党は、どういう政党か」を、国民に対して明らかにすることができたのです。第二審でも再度挑戦しようと意思統一して、いよいよ明日裁判が開かれる段になって、弾圧事件が起きました。「弁護人が治安維持法違反の被告を弁護すること自体が、同法違反」との理屈で、弁護団全員が引っこ抜かれてしまった。だから、第二審の弁護どころでない、自分自身の弁護人を探さなければならない羽目に。治安維持法は、時の政府の意のままに解釈・運用されて、弾圧に猛威をふるったのでした。

このような嘆かわしい事態を二度と許してはならない。弁護士として同じ犯ちを繰り返してはいけない。なるほど、弁護士個人に思想・信条の違いがあり、支持する政党等は異なるけれども、人権を擁護するという点では一致できるはずのもの――そこにこそ、弁護士会の存在理由がある。だから、ある立法の政治的な背景や評価、本質的な捉え方について、各人の意見を異にしても、法律家の立場から見て拡大解釈の虞れや乱用の危険がある限り、その立法には反対し、是正を促し、そのために必要な運動を起こしていくべきではあるまいか。弁護士法第一条（使命）の第二項には、「前項の使命に基づき」、「法律制度の改善に努力しなければならない」と、明記されもしているのです。

このような立場を確認して、長野県弁護士会は、先の諸法の制定や改悪に、会を挙げて取り組んできました。この姿勢は、長野県の場合に特有のものではない。全国各地の弁護士会（合計五十二会）にも、程度の差がみられるものの、共通のものとなっています。

八　国民と共に
――日本の弁護士の歩む道

私共弁護士の、あるいは弁護士会の、このような人権擁護の活動に対して、右派の政治勢力側から、攻撃がかけられつつあります。

「政府のやることに、なんでも反対する」「日弁連は、アカに牛耳られている」とかのデマから、「弁護士に自治権なんぞという治外法権を与えているのが、おかしい」「政府のやることに反対する弁護士を、国の費用で裁判官や検察官と同等に養成するのは、とんでもない」などの戦前復帰型の制度改悪論まで。この講演の冒頭（第二節）で、「日本の弁護士は、戦後になってようやく、国民の人権を擁護するに足りる制度的保障を獲得できた。国民の要請に応えられるのは、これからだ」と、私は述べましたけれども、現在日本の弁護士の置かれている状況は、必ずしも確固不動のものではありません。弁護士がその使命に忠実であろうとすればするほど、先きの反動攻撃が強まってくるでしょう。そんな攻撃に怯まず毅然と対決していかなければなりませんが、攻撃する側の巨大さに比べれば、日本の弁護士全体の力量は、まだまだ微々たるものと言っても過言ではないでしょう。やはり、人権を守るために闘っている人々、平和と民主主義を守るために活動している多数の個人や団体と、広く深く連帯していくべきものです。

日本の弁護士は、もともと、庶民の中から誕生したのですから、そのことが可能ではないでしょうか。この点が、外国の、主に西欧のいわゆる先進国とされている国々の弁護士とは、だいぶ違うんです。プロフェッションという言葉がありますが、本来は聖職と訳すのでしょうか、外国の弁護士は、プロフェッションの一翼を担っていました。宗教上の諸々の活動として、貧しい者、病める者、生活上の悩み事を抱えた者などに、施し物を与え、施療し、知恵を授ける。そんな活動の中から、医者や弁護士が、一つの職業として分化・発展してきたといわれます。だから、その仕事は、聖なるものとされ、当初から高い社会的評価を与えられてきたのです。

冒頭（第二節）で、弁護士の前身として代言人のことを話しましたが、代言人という言葉を聞かれて、会場のみなさんの何人かは、三百代言なる言葉を連想されるかもしれません。当たりですネ。金のない者から三百文もらって、カラスをサギと言いくるめる如き所業を、生活の糧とする代言人の存在に、その語源があるからです。残念ながら、そのような代言人がかなり実在したことは、歴史的事実です。だから、明治初期の新聞に、次のような論説が、デカデカと載っています。「三百代言の横行を許すわけにはいかない。日本には、まだ代言人制度は必要ではない。代言人を直ちに検束せよ」

この代言人のルーツを辿りますと、江戸時代の公事師に行きつくようです。その時代の裁判なんていうものは、制度上他人が弁護するという余地はありませんから、公事師は正規の職業ではなかった。裁判を受けるために江戸に出てきた人たちの定宿を、公事宿と呼んでいたそうですが、彼等は、裁判の手続や提出する書類の書き方など全然わからない。公事宿に出入りしたり、たむろしている徒輩が、見聞きして覚えた知識や情報などを彼等に教えて、なにがしかの口銭をもらっていた。そのような徒輩が公事師と呼ばれたわけです。だが、裁判を受ける側の庶民が、公事師を必要とした面もありましょう。

要約しますと、江戸時代の公事師が、明治になって国が認めた代言人の中に流れこみ、やがて弁護士の源流になるのです。

私が弁護士を志望する六十年代前半の頃には、弁護士像について社会的に一定の良いイメージがつくられていました。それだけに、日本の弁護士の生いたちを知った時、かなりのショックを覚えたものです。しかし、私は、二睦裁判や悪法反対運動に取り組む中で、「権力を持つ者が、権力を持たない者の人権をいかに抑圧するか」を知り、次のように考えるに至りました。

日本の弁護士の生いたちが、支配され、差別された人たちと同じ立場で、彼等の生の声や要求に耳を傾けることから始まったからこそ、――そして、絶対的天皇制国家の差別と統制の下に置かれながら、その桎梏をとりはらうために闘ってきたからこそ、公権力や社会的権力（大企業や大組織）から独立して、真に主権者である国民の側に立ちうるのであると。

まあ、何と言いましょうか、こんな自負を持てるようになりますと、不都合な歴史的事実を素直に受けとめることができました。

とまれ、現在、日本の弁護士は、国民のために、と言うよりは、もっと厳密に規定すると、国民と共にある弁護士として、人権を擁護し社会正義を実現する使命を果たしうるかどうか、その真価が問われています。

この集会に、各地から大勢の方々が参集されました。みなさん方の運動の拡がりを目の当りにして、私共弁護士も、遅ればせながら、同和問題に積極的に取り組んでいかなければとの思いを深くします。最後になりましたが、みなさん方の運動が、今後も益々発展していくことを祈念いたします。

どうも、暑い中、長時間にわたる御静聴ありがとうございました。

第十五章　自由法曹団にみちびかれて

――団五月全国集会・新入団員の学習会

一　今、折り返し点で

自由法曹団長野県支部の支部長をしている岩崎功です。司法研修所の期は第十七期、同期生では、この集会の開催地京都の支部幹事長で、先月の京都府知事選で大活躍した吉田隆行さんと一緒です。弁護士業を始めてから今年で、二十二年目に入りました。プロ野球の世界に喩えると、大ベテランという部類に入るはずのものでしょうが、弁護士の世界では、そういうわけにはいきませんね。日本弁護士連合会の表彰基準によれば、在職して五十年経たないと表彰に与れませんし、この自由法曹団でも、古稀七十歳まで頑張らなければいけません。このように弁護士業というのは、非常に息の長い仕事だと思います。さしずめ、私は、弁護士マラソンのちょうど半分、折り返し点にさしかかったばかりで、これからの後半戦、ゴールを目指してどのように駆けぬけるか、弁護士としていかに使命を全うするか――走行地点こそ違うものの、みなさんと同様に、一つの試練に立たされていると言ってよいでしょう。

松川事件の主任弁護人をされた大塚一男さん（第一期生）は、私の郷里（長野県）出身の先輩団員ですが、『弁護士への道』という本を、一九七八年十二月晩聲社から出版されました。その中で、やはり同郷の大先輩弁護士原嘉道を取り上げています。

原弁護士は、明治から大正にかけて活躍し、「大正期在野法曹の三元老の一人」「大御所」と目される存在で、昭和に入ると、司法大臣・枢密院顧問・枢密院議長と、いわゆる位人臣を極めた人物とされる。その原大先輩に触れて、大塚さんは、こう述べています。

「一人の政治家が育つよりも、一人の弁護士がその使命にこたえて成長していく方が、はるかに難しいのではないか」

依頼者の利益を守るということで、とりわけ民事事件で、原弁護士は、世評に違わぬ大きな仕事をしたことでしょう。だが、ひとたび田中義一内閣の司法大臣に任命される（二七年四月）と、悪法中の悪法である治安維持法を改訂して、死刑や無期刑を盛り込む。共産党の弾圧事件である「三・一五」事件や「四・一六」事件などを統括する。さらに下っては、太平洋戦争に突入する軍国主義的国家総動員体制の主柱を、枢密院議長として担う。その後における戦局の進展状況につき、実情を知らされて驚愕し、敗戦前に鬼籍に入ってしまった。

そういう一人の弁護士の生き方をとらえて、大塚さんは、先ほど紹介した述懐を記しておられるのですが、その言葉の意味が、私は、最近になってようやく分かりかけてきました。

ですから、私自身に、弁護士として、あるいは自由法曹団員としても、まだまだ未熟さがあります。

それだけに、みなさんに、なにかを説くとか、教える、授けるなどという魂胆も、またその資格もありません。

そこで、本日は、私が駆出し弁護士としてスタートした時の様々な体験の中から、幾つかを、拙いものも含めて、みなさんに報告することにしたい。それで、なにかしらのことを伝えることができれば、幸いです。

二　ある旅館主の遺言

みなさんのお手許にある拙著『日本の屋根に人権の旗を』（八三年十二月銀河書房刊）は、私が関わった裁判などを、二年ほど前にドキュメント風に綴ってみたものです。今、出版界では、自分史ブームだと言われていますが、なにもそれにあやかったわけではありません。これを出版するに際しては、同僚の何人かが言うのですよ、「自分史というのは、柩を前にして作るもの」とか、「そんなことをすると、間もなく死ぬぞ」と。善意の忠告や脅しと受けとめて、私があえてモノしたのは、それなりの理由があったのです。

私が法律事務所を構えている長野県上田市の郊外に、別所温泉があります。どちらかと言えば、鄙びた湯治場の風情が残る静かな温泉街なのですが、最近ちょっと事情が変わっています。昨年のNHK時代劇ドラマ『真田太平記』で、真田幸村と忍びの女が密会した濡場として、一躍有名になったからです。原作者池波正太郎の揮毫にかかる外湯（共同風呂）まで登場する始末。しばらくは騒々しいかもしれないけれど、やがて元に戻るでしょう。その温泉街の、とある旅館の主をめぐる話です。

みなさんは、山本宣治を知っていますか。京都府宇治市の出身で、東京帝国大学動物学科を卒業し、日本における産児制限運動の提唱者として有名な学者でしたが、第一回普通選挙で労農党の候補者として、この京都から立候補し、見事当選を果たした代議士でもありました。多くの人民大衆から山宣（ヤマセン）との愛称で親われたので、この学習会でも山宣と呼ぶことにします。

山宣が代議士になった時期に、先の治安維持法の改訂問題が持ちあがります。山宣は、改訂に猛反対し、国会の内外で、自分一人になっても闘うと宣言していました。いよいよ改訂法案が国会に上程されると、その反対討論に意気込んだのですが、討論打切り動議の可決という策略で、山宣は、反対討論を封じられてしまいました。そればかりか、その夜、東京神田の定宿で右翼の男（元警官）に刺殺されて（享年三十七）、人民大衆に訴えることすら、かなわなくなりました。

ちょうどその四日前、山宣は、上田小県農民組合の大会に招かれて、上田市に講演に来ていた。それだけに、農民組合の関係者たちが受けた衝撃は甚大で、山宣の碑を建てて同人の事績を遺そうという運動が起きたのは、自然の成り行きでした。碑面には、ラテン語で、「人生は短かく、科学は長し」と記されています。

だが、戦時体制が強まってくると、山宣の碑さえ安泰ではなくなった。官憲側が、不穏当だから廃棄するよう命じてきたからだ。

ここは、知恵の絞りどころ。当の旅館主が、一策を案じた。官憲側には、「碑は撤去した」との報告をする一方で、実際には自分の経営する旅館に運び入れて、庭石に擬して秘蔵し、戦後に繋げたのです。今では、名刹安楽寺と常楽寺を結ぶ自然遊歩道の中間あたりの高台に建立され、心ある人々によって大切に保管されています。温泉街から比較的近いところですので、逗留の折は足を延ばしてみて下さい。

旅館主本人は、先年他界されましたが、生前の語り口は、このようなものでした。

「私はネ、何も山宣の考え方、あるいは生き方を、全面的に支持しているのではないのですよ。だいいち、私にはよくわからない所だって、たくさんある。

ただネ、これまでの歴史は、為政者たちが自分の都合のよいように作ったものだネ。これじゃ、いけないの。事実は事実として、次の時代に伝えていかなければ。それだけのことサネ、私が記念碑を隠しもっていたのは。

山宣は、この世から消されてしまったけど、山宣の生き方、闘いのありようは、そのまま遺していかなけりゃ。難しいことはようわからないが、それが本当の歴史だと、私は思うんだがネ……」

私は、旅館主の語り口を、若い世代への遺言として感銘深く受けとめています。

この二十年余、私が関わった裁判や闘争は数多くあります。その中には、素晴らしい闘いや運動が幾つもあるのですが、長野県の、またその地方というハンディも重なって、商業新聞やテレビなどにはほとんど登場しません。時たま、赤旗などの限られた機関紙（誌）を飾ることがあっても、そのうち、歴史の片隅に押しやられ、忘れられてしまいます。

このような事態は、なによりも先ず、もったいないことです。あれほどのエネルギーと時間を費やして闘ったことの、少なくとも成果と教訓だけでも、同時代の他の仲間たちに、あるいは次の世代に伝えていかなければならない。働く勤労市民の共有財産にしていくべきものでしょうに……。闘いを共にした人たちの声を代弁して他の者に伝える務めも、弁護士としての一つの役割ではあるまいか。このように考えて、私は先の拙著の上梓にとりかかったのです。

書き進めて気付いたことは、自分は自由法曹団からどんなに大きな影響を受けていたか、にあります。個々の裁判や闘争にたずさわっている時には、当面の取組みや運動の忙しさにまぎれて、格別に自由法曹団を意識することなく、主観的には精一杯、自分なりに試行錯誤を重ねて、目的遂行に励んでいるんですネ。だが、後になって、客観的な立場で振り返ってみると、「団の先輩たちが、すでに実践していたことであった」「他の仲間たちも、直面しながらも克服しつつある」「それらの経験を団内で検討し、記録として公表してもいる」などなどに思いあたり、私も団の一員として、「団の伝統を、曲がりなりにも受け継ぐ立ち位置にある」と、思い知ったのでした。

みなさん、これから本日の本題部分に入りますので、よろしく。

三　「辰野学校」に学ぶ

私が弁護士として最初に取り組んだ裁判は、辰野事件と呼ばれる刑事事件です。先の拙書でも、第五章「信濃路のふきのとうは、東京に萌えて」や第六章「あれから十年」で取り上げています。本日の学習会との関連でいくと、第六章の方がふさわしいと思いますので、講演という形ではなかなか意を尽くせないところを、後刻補っていただきたい。

戦後第一次の反動期と評される一九五〇年前後に、たくさんの弾圧事件が惹き起こされました。例えば、松川事件・三鷹事件・芦別事件・菅生事件・メーデー事件・青梅事件・吹田事件など。これらの事件に、全国の団員が取り組み、自由法曹団も組織として種々の支援を惜しみませんでした。私が弁護士になった六五年当時では、先の松川・三鷹（竹内景助氏を除く九名の被告たち）・芦別・菅生などの各事件は、刑事事件としては勝利のうちに終了していましたが、その余の事件は、まだ係属中（三鷹事件の竹内氏は、再審請求中）で、その多くが大きなヤマ場を迎えつつありました。ところが、辰野事件の場合は、ようやく控訴審が、東京高裁で開始するという段階。第一審で主任弁護人を務めた林百郎弁護士が、その二年ほど前に捲土重来を果たし、十一年ぶりに衆議院議員に復帰された事情もあって、とりあえず控訴審弁護団の連絡係（事務局）を設けることになり、新米の私に御鉢が回ってしまいました。

この事件は、五二年四月三十日の未明、林さんの選挙地盤である長野県上伊那郡辰野町を中心にして、同郡下の警察本署・駐在所あるいは税務署の合計五か所が、時限式ダイナマイトや火焔ビンで襲撃され、あるいは未遂に終わる容疑事実で、地元の青年活動家である共産党員や労働者・農民の合計十三名が逮捕・起訴された刑事裁判を、総称して辰野事件と呼ぶもの。最終的には、七二年十二月一日逆転無罪判決の言渡しがあり、検察官の上告断念によって長期裁判の決着をみたのですが、この裁判が、今日までの私の弁護士活動の原点です。

この裁判に取り組む中で、大勢の先輩団員から教えられましたし、救援運動の方々からも学びました。その内で一番先に伝えたいことは、弁護人として事実というものを大切にするという命題です。言ってみれば、当たり前のことで、みなさんは、「いまさらなにを」と思われるかもしれません。しかし、どんな状況にあっても、最後までその態度を貫くということは、さほど容易ではありません。

第一審の弁護人活動は、ほとんど林さん一人が担いました。まさに超人的な法廷活動を展開されました。十三名の被告人・五つの犯行現場・七つにのぼる共同謀議――それら全てにわたって、果敢な反撃をされて、かなり有利な事実を引き出しています。しかし、第一審判決（六十年八月十八日）では、全員有罪の敗北を喫しています。

私が弁護人を引き受けた当初、「率直にいって、第一審でこれだけのことをやっているのだから、事実問題で、私がこれ以上寄与できる余地があるだろうか」という素朴な疑問を持ちました。この事案に対する適用法規が爆発物取締罰則という代物（件の治安維持法の制定よりも古くて、戦後民主主義法制の中に潜り込んでいる）だということにもよりますが、私の関心は、この罰則の解釈如何や違憲性といった法律問題に向きがちでした。

自由法曹団の機関誌『団報四八号』（六八年春発行）は、弾圧事件特集号で、青梅・メーデー・吹田・辰野・八海などの係属中の各事件について、それぞれの弁護団が当面する問題を提起して、団全体で検討しあうという企画によるもの。辰野事件担当の私が寄稿した拙文は、要約すると、次の二点に絞られる。

一つは、控訴審では、全面的に証拠調べが行われなければならないとし、証拠調べの具体的な項目を羅列している（しかし、控訴審での対決点が未だ明らかにされていないので、証拠調べの優先順位や必要性がきまらない）。

二つ目が、爆発物取締罰則に対する取組みが重要であると提示するのだ。罰則という名の法規は、明治十七年全国的に生起した自由民権運動を弾圧するため、時の政府が勅旨をもって発布したもの。だから、罪刑法定主義の観点がなく、刑の権衡を著しく欠き、挙証責任を被告に負わせているなどと論じ、その違憲性を徹底的に明らかにしていく……とする。

今読み返してみて、本当に赤面の至りです。特集号編集の方針に、どんなにズレているのかがよくわかる。玉稿の並ぶ特集号に消しがたい汚点をつけてしまった反省は、現在まで続いています。ただ一言だけ弁解させていただくと、拙稿はなにも私個人の見解というものではなく、当時の弁護団が作成した控訴趣意書に基づいて起案したものですから、当時の弁護団全体の到達レベルをそのまま反映しているのです。

先の団報が発行されて間もなく、青梅事件が、差戻し第二審で、全員無罪の逆転終局判決をかちとりました。その弁護団の主軸を務めた植木敬夫（第五期生）・渡辺脩（第十三期生）の両団員が、若干の紆余曲折がありましたが、六九年夏、辰野事件の常任弁護団に参加してくれました。ここに、再編弁護団の誕生です。

新しい弁護団会議で、早速に、法律問題の扱いをどうするかが、大きな論議をよびました。つまり、法律問題不要論が強力に主張され出したからです。事実問題を基本にするにしても、起訴から十六年余が経過しており、もはや証拠収集に限界があるのではないかという現実的な反論も展開され、相当にシビアな議論が繰り返されました。しかし、最後は、捜査側から提出されている証拠群を、先入観にとらわれないで、科学的に分析していく遣り方で、事実問題に迫るという合意に落ち着きました。

それまでの弁護団の一つの弱点は、「捜査側の証拠は、彼等の都合のよいように選別されているに決まっている。だから、それらの証拠とは別個に、新規の証拠を見つけるしかあるまい」という、言わば横向きな姿勢にあった。だが、この事件がいわゆる権力犯罪で、つくりあげられたものなら、捜査側の提出している証拠群を、逆に事件デッチアゲを証明することに繋がる物証に転化させることができる――そういう前向きな取組み方、事実へのシビアな追及の仕方があるのではないか。

ちょっと、こむずかしい話になって、恐縮です。そうですネ、自白調書の場合を例にして、もう少し具体的に説明してみましょう。

自白調書なるものは、この事件をつくりあげた捜査側の筋書きを示す物証として捉える。それらを単純に横に並べて、相互の矛盾や誤りを摘示するという平板的な手法でなく、現実の捜査が進展していく流れの中に押し込めてみる――換言すると、縦に並べてみるになりましょうか。捜査側がどのように筋書きの変更（自白の変転の形になる）をしているか。その変更が、捜査全体の中でどのような意味を持ち、他の証拠（相被告の自白など）にどのような波紋を及ぼしているか。これらの点検作業を、厳正に追及するのである。

このような手法が確立すると、不思議なもので、膨大な証拠も、さして苦にはならない。むしろ、捜査側の手口をあばき出してやるという興味も湧いて、弁護団全体が、新鮮な気持ちで事実問題に取り組むようになりました。こういう証拠の検討方法を、植木さんは、「唯物弁証法的解明」と命名されて、団の理論誌『人権のために十七号』（七三年五月一日発行）で、詳細に解説されておりますので、みなさん、機会を見つけて、是非読んでみて下さい。

事実問題の追及という課題で、もう一つ挙げておきたい事柄は、その作業に、被告・弁護団だけに限らず、救援運動の人たちにも参加してもらったということです。その主たる場が、現地調査（略して現調）。弁護団は、現場で、当該犯行現場に相応する捜査側の筋書きや証拠がどうなっているかを説明し、そのうえ、それまで弁護団が検討してきた疑問点や明らかな成果を発表する。これに対して、現調参加者から率直な意見や感想を述べていただく。この相互交流を通じて、重大な事実の解明に結実しました。

嶋矢は、東箕輪駐在所爆破の事案です。駐在所の玄関前が時限発火装置のダイナマイトで爆破されたという筋書きで、それを証明するために、捜査側は、目撃証人として、当該駐在所の巡査を登場させました。その証人は、こう証言しました。

「県警本部から、今日不穏な動きがみられ、自分の駐在所が襲撃されるおそれがあるから、寝ずに特別警戒するよう、事前に指令があった。そこで、駐在所の周囲を哨戒していたところ、シューシューという物音に気付き、その音のする方向に眼をやると、導火線が玄関前で燃えていた。これは危ないと思って逃げようとしたら、ダイナマイトが爆発した。それで、玄関の窓ガラスや腰板などが大破した」

みなさん、この証言には、非常に具体的で、臨場感がありませんか。それだけに、第一審の裁判所は、この証言を採用してその旨の事実認定をしました。弁護団も切り崩しかねていた難物でした。このクダリを、弁護団が現場でありていに説明していた時でした。現調参加者から突然クレームが出ました。彼は、ダムの工事現場で発破関係の仕事をしていたという。

「導火線は、燃えている時、音がしないものだ。石綿でおおわれている中で火薬が燃えるので、少し離れると、音が聞こえない。だから、導火線から手を放すのが遅れて、ダイナマイトが爆発してしまい、片腕を失うケースがあった」

被告団も弁護団も、それまで導火線が燃える時はシューシューと音がするものとの先入観にとりつかれていたものですから、先のクレームに接し、しばし唖然としてしまいました。やがて、事の重大さに驚いたという次第。彼の指摘が正しければ、捜査側の筋書き――事件を発覚する端緒が、それでふっ飛んでしまうからです。

早速に、専門の技術者に依頼して実験してもらったところ、やはり聞こえないという結果が出た。それに加えて、「裸の状態のままのダイナマイトでは爆発力が弱いので、導火線は、ほぼ原型のままで残る。しかも、近いところにとどまっている。玄関のガラス戸や腰板が大破することはない」との副産物まで指南してくれた。捜査側が事件発生後に実施した検証調書には、問題の導火線がどこにも見当たらないという事実も明らかになった。

かくして、弁護団は、爆破現場の状況が、捜査側によって恣に擬装工作されているのではないかとの強い疑惑を抱いた。それを裏付ける資料がないものかと探したところ、当時の地元夕刊紙（南信日々新聞）の報道写真の存在にめぐりあえました。

その報道写真は、警察の事件発表直後、新聞記者が現場に駆けつけて撮影したもの。他方、捜査側は、それから数時間後に実施したという検証の際に撮影した写真を、検証調書に添付している。この二枚の写真を対比してみると、同一場所の被害状況がまるでちがっている。つまり、検証写真の方が、被害状況が甚大なのだ。この厳然たる事実は、捜査側が被害状況を大きくみせかけるために、重ねて工作したのではないか。

「このデンでいくと、他の爆破現場（非持駐在所の事案）も、もしや？」との推理の下に、当時の新聞紙にあたり尽くすと、読売新聞長野版に辿りつけた。同紙に掲載された写真と検証写真と対比すると、被害状況がまたまた違っている。報道写真の方が、やはり事件発生時に近接して撮影されていたのだが、そこには縁側の薪が整然と並べられているのに、その後に撮影された検証写真では、薪が四方八方に飛び散っているではないか。もはや、弁解の余地はありません。

このように、一労働者の問題提起が、その後次々に発展して、やがて辰野事件全体の構図を大きく覆えす要因になったのです。人民大衆は、すぐれた経験と豊かな情報を持ち合わせています。法律の専門家にすぎない弁護士は、彼等から謙虚に学ばなければなりませんし、彼等と共に取り組む心構えが必要ではないでしょうか。

「これでいけぞ！」という具体的な展望と確信が弁護団内部で固まったのは、六九年秋でしょう。第一審の裁判が始まって以来、実に一七年が経ちます。しかし、それからが、別の意味で大変でした。「有利な状況ができた以上、一気にゴールに向けて突き進む」ことが、意思統一されて、その後の二年ばかりの間に、全ての証拠調べをやり終え、最終弁論まで済ませたからです。

辰野事件は、最終決着まで全体で、二十年余という長い年月を費やしましたが、被告・弁護団のイニシアチブの下で裁判闘争を展開できたのは、この僅か二年間ではないかと、私は考えます。ここぞというヤマ場には全てのエネルギーを集中させることが大切です。そのためには、通常の市民事件などは、他の同僚弁護士にまかせたり、その手立てがとれない場合は、やむをえず延期・変更したりして、このハードスケジュールに応えました。その気迫が、最終的には、全員無罪・検察官の上告断念を、招来したのではないかと思います。

次に、いかにして裁判官を説得するかという課題です。

基本は、事実の持つ論理――説得力をもって、裁判官に迫ることにあります。ですから、弁論要旨の書面通りに、機械的に読み上げるのは、能のない話です。先輩から、若手弁護人は、よく諭されました、「法廷では、傍聴人に向かってしゃべれ！」と。逆説なんですネ、これは。なにも、法廷で、「大衆向けのアジ演説をせよ」とか「政治的弁論を行え」というのではありません。傍聴人にわかる言葉と組立てが必要なんで、そうでなければ結局は裁判官もまた、よくわかったということにはならない。つまり、裁判官を説得しきれていないということになるわけです。

そのために、裁判所提出用の弁論要旨とは別に、法廷弁論用のものを準備する。模型や図表を作成して、それらの具象物の持つ力を借りるなどの涙ぐましい工夫を強いられました。それでも、閉廷後の合評会では、傍聴人らから厳しい採点をつけられて、がっくりするやら、頭にくるやら……。傍聴人らの指摘や批判を素直に受け容れられる度量がないと、まだまだ、弁護士としては一人前とはいえませんネ。

私は、司法研修所で教えられたことよりも、この辰野事件で学んだ方がはるかに多かったと思います。救援運動の学習会などに講師として呼ばれて行きますと、私は、「辰野学校の卒業生です」と胸をはって、自己紹介することにしています。

四　団の共有財産――大衆的裁判闘争

ここまで、私が辰野事件から学んだことを報告してきましたが、何も辰野事件だけに特有の事柄ではありません。昨年、関西合同法律事務所が、『三十年の歩み』という本を出版しましたが、その中の「弾圧とのたたかい」の章で、石川元也さん（第九期生）が教訓を簡潔に要約しております。ここで、紹介しておきましょう。

㈠　事実の重み。法律や理屈から出発するのではなく、事実を追求せよ。しかも、その事実とは、単なる構成要件事実ではなく、社会的事実をどう法的に構成していくか。

㈡　対決点を明確に。社会的事実から何をどう取り上げ、裁判上の対決点にするか。それは、誰にでもわかり易いものではなくてはならない。裁判の進行によって、対決点が移動することもある。それを的確に。

㈢　「事件の顔」を発見せよ。これは㈠と㈡と同じことを別の表現をとったとも言えるが、同じ法律・罪名で起訴された事件でも、事件毎の特色が必ずあり、それにふさわしい事実と法律上の問題点で迫っていかなくてはならない。それがなんなのか、その事件の「顔」を見つけ出せというのである。

㈣　裁判におけるヤマ場に力を集中せよ。弾圧裁判では、ある程度の長期化は避けがたいが、対決すべきヤマ場を設定し、そこに一気に力を集中して勝利する。
㈤　裁判でのイニシアティブを握ること。対決点を明確にしつつ、訴訟手続上の一つひとつに主導権を握っていく。
㈥　大衆的支援の重要性。裁判の傍聴をはじめとする支援活動は、事実に基づく対決点の解明など国民の誰もが納得する公正な裁判を求めるうえで、欠くことができないものだ。
㈦　弁護団の役割。こうした法廷内外の活動を進めるうえでの弁護団の役割は、決定的に重要である。また、弁護団の団結、訓練も大切なもの。
㈧　被告・被告団の役割。弾圧反対の闘いの主人公でなければならないが、それにも大きな訓練がいる。

みなさん、いかがでしょうか、この八項目は。表現こそ違うものの、私が辰野事件で学んだ事柄とほぼ合致しませんか。たまたま偶然にして、両者の意見が合致するというものではなく、むしろ合致すべきものであると、私は考えます。団員は、それぞれ個別の事件に献身的に取り組んできましたが、それと同時に、お互いの経験交流を深めて成果と教訓を学びあい、さらには個別の事件に活用して、より豊かなものに仕上げてきました。この繰り返しです。そして、それらの成果と教訓を実践的な裁判論に練り上げたものを、自由法曹団は、現在では、大衆的裁判闘争と呼んでいます。命名者やしかるべき機関決定の有無など定かではありませんが……。

本日このテーマを取り上げるについて、多少気にかかりましたものですから、新日本出版社発行の『社会科学辞典』を調べましたところ、残念ながら、この用語は載っていませんでした。しかし、大月書店発行の『労働運動・市民運動法律事典』には、この用語がふんだんに登場します。まだ一般的な社会科学用語の域には達していないものの、実務法律家や実際の社会運動に取り組む人々にとっては、実践的な裁判論としてかなりの市民権を得ていると、言ってもよいでしょう。

これに似た用語として、法廷闘争とか公判闘争があります。とりわけ後者は、戦前に、先輩団員たちが使っていたようです。しかし、それでは、戦後の自由法曹団が志向してきたことを、十分には捉えきれてはいない。そんな認識から、あえて裁判闘争という用語にし、しかも、それを大衆運動・民主主義運動として展開していく重要性に鑑み、大衆的裁判闘争という合成用語が編み出されることになった——のではないか。これが私の解釈です。

自由法曹団は、今年で六十五周年を迎えますが、十年前の五十五周年のとき、記念事業の一つとして『自由法曹団物語』（日本評論社刊）を発行して、団の存在と役割を世に問いました。その戦後編の序文の中に、こう記されています。

「この『戦後編』をつくる仕事をすすめるなかで、あらためて、戦前と戦後とをわかつ諸条件のちがいをおもい知らされました。それらはなんであったでしょうか。

大衆的裁判闘争という、自由法曹団もまたそれに加わってつくりだしてきた民主主義運動は、戦前にはなかったものだといってよいでしょう。それは、戦後になってはじめて、言葉としても事実としても生みだされたものでした。

それは一九四十年代後半、五十年代の苦しいたたかいをへて、五十年代後半にいたって、ようやく目にみえるものとしてつくりだされてきたのです。そして、その運動の蓄積は、六十年代、七十年代の新しい諸条件のもとで、新しい経験を重ねながら新しい世代の力量によって、いっそう豊富なものとして発展をとげようとしております。」

戦後第一次の反動期に惹き起こされた弾圧事件の多くが、刑事裁判の公開の場で、権力犯罪の責任追及が行われ、被告無罪の判決に結実しています。もう少し対象を絞って具体的に説明してみましょう。

六八年春、自由法曹団が、機関誌で弾圧事件特集号を組んだことは、先ほど紹介しましたネ。その時取り上げた事件は、八件でした。その内、六件（青海・八海・吹田・松川国家賠償・メーデー・辰野の各事件）が、勝利判決を獲得しているのです。残り二件（大須・白鳥再審請求の各事件）は、残念な結果になりましたが、闘いは引き継がれています。とりわけ、後者の事件では、「疑わしきは、被告の利益に」の法原則は、再審請求の場合にも適用されるとする最高裁の判断（白鳥決定）を引き出し、その後に続出する再審無罪の先導役を果たしています。日本の刑事裁判の有罪率が九十九パーセントを超える厳しい現実に照してみただけでも、団の先輩たちは、どんなに凄いことをやってのけたがが、わかるというものでしょう。

と同時に、その所産である大衆的裁判闘争論は、働く勤労市民共通の財産として、もっと大勢の人々の中に拡げていかなければいけないと思います。この実践的な裁判論は、なにも刑事弾圧事件のみに適用の場を限定されるものではなく、労働事件や公害事件、基地訴訟やその他の人民大衆の諸々の裁判闘争にも適用しうるものであり、実際にも適用されて現在に至っているのです。

ここ数か月の間に、アッと驚くような高裁の不当判決が続いていますネ。三月に教科書裁判、四月に厚木基地訴訟、そして最近カネミ訴訟第二陣裁判と、いずれも、大方の予想を裏切る内容のものでした。司法の反動化と呼ばれて既に久しいのですが、その度合がここで一段と強められたのではないかと感じます。今回の五月集会の特別報告書の中にも、教科書裁判を担当している団員が、「今こそ大衆的裁判闘争というものを入れていかなければならない。そのためにも団内の論議を要請する」とのレポートを提出しています。

今、全般的に戦後政治の総決算が強行されつつある中で、私たちは、この大衆的裁判闘争を深く学び、さらに今日の状況にマッチした実践例を積み重ねて、大衆的裁判闘争を豊かなものにしていく責務があると、私は考えているのです。

五　新入団員への期待

私は弁護士になってすぐ地方に転出しましたが、「地方の時代」というキーワードがマスコミでもてはやされる前から、『自由法曹団物語』によると、一九六十年代当初から、地方への団づくりが積極的に展開されました。私が弁護士になった六五年四月当時は、全国的には、まだまだ地方団員が少なかったのですが、今では、団の旗が樹たない都道府県はありません。そればかりか、多くの場合、一つの都道府県に、複数の団旗がはためいているのです。

長野県の場合を、例に挙げてみましょう。

林百郎さんの孤軍奮闘の時代が、十年以上続きました。山あり谷ありの広大な長野県下には、本庁の外に、九つの支部と二つの独立簡易裁判所が、配置されていました。大きなリュックサックに裁判記録をギューギューづめにして、巡回の旅に出ます。一巡すると、裁判記録をつめかえて、再び巡回の旅に。そのうえ、林さんには、衆議院議員の予定候補者活動があります。辰野事件の発生直後に実施された第二十五回総選挙（五二年十月一日投票）で落選して以来五たび挑戦するも、念願がかなわない。選挙期間中は、さすがに法廷に立つ訳にもいかないで、在京の若手弁護士たちが、応援にかけつけ、期日変更の難しい市民事件などに対応してくれました……。

六一年四月、地縁も血縁もない第十三期生の弁護士が、林法律事務所に入所しました。長野県弁護士会でも、司法研修所出身者の第一号でした。その後、第十五期生、第十六期生、第十七期生、第十九期生が、順次林法律事務所（岡谷市）に入所し、六五年一月には、本庁所在地の長野市に長野中央法律事務所が開設されました。二つの法律事務所が、長野県を北と南に二分して、地域に密着した活動を展開する態勢が整いました。その間、林さんは、捲土重来を果たし、六七年秋、衆議院議員の林さんも含めて総勢五名で、自由法曹団長野県支部を立ちあげるに至りました。

それがどうでしょう。今では、二十名を超える団員が、本庁所在地のみならず、四つの地裁甲号支部の所在地全てに定住し、団支部の方針の下に活動しています。隔世の感があると言いますと、やや語弊があるかもしれませんが、とにもかくにも、心強いかぎりです。

一騎当千という、やや古びた用語をあえて使いますが、一人の団員が、「ひろく人民と団結して」（団規約二条）、千人分の力を発揮したとすると、団の総勢は、現在千二百人を超えたということですから、これを機械的に積算すれば、百二十万人に相当します。百二十万人を超える影響力、これは大変なものではないでしょうか。この力量こそ、現在の厳しい反動攻勢の中でも、あの国家機密法案を短期間で廃案に追い込んでしまったエネルギーの源泉ではなかったでしょうか。

自由法曹団は、規約第二条（目的）で、次のように定めています。

「基本的人権をまもり民主主義をつよめ、平和で独立した民主日本の実現に寄与することを目的とする。

団は、あらゆる悪法とたたかい、人民の権利が侵害される場合には、その信条・政派の如何にかかわらず、ひろく人民と団結して権利擁護のためにたたかう。」

こんな弁護士集団の存在と役割は、ますます重要なものになっています。そのことは、地方にいても、ひしひしと実感しています。

みなさんが、ちょうど団の中堅クラスとして活躍される頃は、二十一世紀です。新しい世紀・時代に向けて、みなさんの若いエネルギーを、一九二一年八月二十日創立にかかる自由法曹団の皮袋にドシドシ注入していただきたい。大いなる期待を込めて、本日の私の報告を終わります。

第十六章　弁護士が見た日本の司法調停事情

――上田調停協会の自主研修会

一　はじめに

私が調停委員に任命されたのは、一九八六年四月のことですから、この月末で二十四年を満了することになります。その間、「四角い顔を円くして」、調停の成立に努めた心積りでいたのですが、過日の上田調停協会の新年会（二〇一〇年一月二十二日）に顔を出したところ、ある調停委員から、「岩崎弁護士さんも、調停委員だったんですか？」と尋ねられて、一気に酔いが醒めてしまいました。考えてみれば、一人の調停委員として、個別の調停事件には、それなりの寄与はしたのでしょうけれども、調停協会の会員としては「名ばかり会員」で、ほとんど会務を分担してこなかったことを思い知らされました。

その罪滅ぼしの気持ちも込めて、本研修会担当者の御指示――「他の退官予定者よりは、時間の許すかぎり長く喋られたい」に従って、最後の会務をあい務めますので、しばらくの間、どうぞ御辛抱願います。

二 「屋代簡易裁判所争奪合戦」

(一)　私が調停委員に任命された当時、司法界での大きな課題は、裁判所の統廃合問題でした。行政分野では、御承知の通り、所謂「臨調」方式で、行政改革なるものが猛威を揮っていて、所謂「国鉄」が槍玉に挙っていましたね。これに符節を合わせるように、長野県を含めて全国的に裁判所の配置如何が、最高裁判所で検討されていました。その原案をみると、長野地（家）裁飯山支部が本庁に、長野地（家）裁大町支部並びに長野地（家）裁木曽福島支部が長野地（家）裁松本支部に、それぞれ統合し、岡谷簡易裁判所が諏訪簡裁に、屋代簡裁が上田簡裁に統合するというものでした。

岡谷簡裁は、林百郎法律事務所（現在は、信州しらかば法律事務所）の御膝元で、当時は、御大の林先生も御健在なうえ、他に五名の俊英な弁護士たちが集っていて、まあ名実ともに長野県随一の大事務所でしたね。ですから、岡谷簡裁の諏訪簡裁への統合には絶対反対で、岡谷の街を挙げての統合阻止住民運動が展開されていました。

しかし、他の地域では、私の知る限りでは、裁判所の原案に反対する住民運動は、組織されていなかったと思います。むしろ、私の個人的な事情からいけば、屋代簡裁が上田簡裁に統合されれば、上田市内に居ながらにして、屋代簡裁の事件を処理できるようになる訳ですから、好都合なことは、このうえもないことになります。

屋代簡裁は、当時の行政区画でいきますと、更埴市（現在は、千曲市）屋代の横町にありました。現在はしなの鉄道に変わりましたが、屋代駅を降りて、旧北国街道を北に進路をとり、須々岐水神社の大鳥居につきあたって、左にそれた道を約五十メートルほど進んだ左側（南）にありました。みなさんに贈呈しました『私の履歴書』の中の第一編第四章（四）暴力団・組事務所追放裁判で採りあげた「上山田事件」は、第一審裁判が屋代簡裁で行なわれました。温泉街の「きれいどころ」が傍聴席に居並ぶ華やかさが懐かしいのですが、自動車を運転しない主義者の私にとっては、一日仕事になってしまいました。法廷開始前の打合せや法廷終了後の反省会などを、ワンセットで組み込んでいたからです。

㈡　屋代簡裁の上田簡裁への統合案がすんなりいくかと思いきや、とんだところに伏兵がいました。長野市在住の弁護士の面々です。「この際、屋代簡裁を長野簡裁に統合せよ」と強弁してきたのです。とりわけ、ボス的存在のA弁護士は、屋代の街中の出身であるうえ、A弁護士の実兄は、長い間県政上に大きな影響力をもった実力者（県の観光開発行政を担当する企業局長として君臨し、陳情団は知事室の前を素通りして企業局長室に赴いたというエピソードから、長野県には二人の知事がいるとも喧伝された）。A兄弟は、地元の誉れなんでしょう、地元の裁判・事件の多くがA弁護士の元に持ち込まれていました。そんな背景もあって、A弁護士が先頭に立って、長野地（家）裁所長にアタックを始めました。

当時の所長は、三好達氏。後の第十三代最高裁長官になられる方ですが、法曹界ではお互いの立ち位置を計る尺度として、司法研修所の卒業年次を利用する習いがあるので、本稿でもそのデンによりますと、三好氏は七期、私は十七期、A弁護士は、司法研修所制度の発足前の弁護士（総称して期前という）。三好氏は、長野地（家）裁の所長に就任する前、通算して十二年間も最高裁事務総局に在職した経歴があり、最高裁とは太いパイプで繋がっていたと判断してよいでしょう。すると、長野市在住会の、とりわけA弁護士の、一方的な情報が三好氏を介して最高裁に届けられてしまう最悪のシナリオを、私は描いてしまいました。そこまで、私が出過ぎるのは、幸か不幸か、当時、私は、上田佐久在住弁護士会（現在では、佐久が独立している）の幹事をしていたからでした。

㈢　現行法制上、地方（家庭）裁判所並びに簡易裁判所の所在地並びに管轄区域は、法律（下級裁判所の設立及び管轄区域に関する法律）で、地（家）裁の支部の所在地並びに管轄区域は、最高裁規則（支部設置規則）で、定めることになっています。そして、いずれの場合も、管轄区域は、簡易裁判所の管轄区域をもって表示する形式になっています。

本日、私は八六年版訟廷日誌（弁護士の必携手帳）を参考に持参しました。その巻末に、全国の裁判所管轄区域表が載っているからです。

屋代簡裁についてみましょう。「長野県の内、更埴市（大字稲荷山、桑原、野高場、八幡を除く）、埴科郡、更級郡の内上山田町」と記されています（因に、行政上更埴市域に属するも除外されている右記四大字区域は、更埴市に合併する前は、更級郡に属していた関係で、合併後も、裁判上の土地管轄区域としては、従前通り長野簡裁に属していた）。そして、長野地（家）裁上田支部の管轄区域は、上田簡裁と屋代簡裁の各管轄区域と記されています。ですから、裁判所の原案通り、屋代簡裁が上田簡裁に統合されれば、長野地（家）裁上田支部の管轄区域は、従前と異同がありません。ところが、裁判所が長野勢の押す横車に乗せられてしまうと、屋代簡裁の事件が長野簡裁の管轄になるばかりか、長野地（家）裁上田支部での、更埴市、埴科郡、更級郡の事件が、全て本庁の地（家）裁の管轄になってしまうではありませんか。だとすれば、長野地（家）裁上田支部の事件は、たかだか上田市と小県郡、北佐久郡の内北御牧村（現在は、東御市）を土地管轄をするものだけになりさがってしまう訳です。

かくては、往時の小県郡（ごうり）にとどめ置かれる仕儀とあいなって、先達が営々として築いてきた栄えある長野県ナンバー3の地位は、その一角を崩されるのです。かかる事態は、上田佐久在住弁護士会幹事として到底拱手傍観できません。

「坐して死を待つよりは、立って戦うに及くは無し」でしょう。

㈣　強引にも屋代簡裁を長野簡裁に統合するが如き企みには、上田佐久在住弁護士会は、断固反対する旨裁判所に申し入れたところ、三好所長の回答は、上田佐久在住会そして長野在住会の双方からヒアリングを実施するという。法制度上義務づけられる手続きではないものの、適正な手続法理からすれば、非公式なものであっても、双方の言い分を公正に聴取する手法は好ましいもので、エリート司法行政官僚の片鱗をうかがわせるに十分でありました（因に、三好氏は、その後、首席調査官で最高裁事務総局にカムバックし、札幌高裁長官・東京高裁長官を歴任されて、最高裁入りを果たし、九五年十一月第十三代最高裁長官に上りつめられています）。

長野勢は、A弁護士を中心にして、衆を頼みに、小道具をうち揃えて、物量作戦で臨みます。幾つかの例を示しましょう。一つは、国鉄（現在は、しなの鉄道）屋代駅から乗車すると、長野駅に赴くのと上田駅に赴くのとでは、どちらが料金が安いか高いか、所要時間はどうかの類。もう一つは、三好所長の関心を買うためか、時節柄スタートしていた夏の高校野球の地区予選の紹介。三好所長が野球好きであられたかは記憶に定かではないが、屋代簡裁の管轄区域に所在する高校は、いずれも長野市内所在の高校と対抗試合を展開している。「長野商業は松商学園と並ぶ伝統校である」とも耳打ちする。最後は、地元の地方紙は、全国の地方紙の中でも歴史のある有力紙で、その地方版は、北信の一括りで、埴科郡坂城町から千曲川の川下にあたる飯山市まで扱っていて、長野地（家）裁上田支部の所在する上田市などの東信版には、埴科郡や更級郡の記事や情報が一切載っていないとまで、宣う仕末でした。

㈤　さあ、みなさん、上田・佐久勢としては、どのように切り返したらよろしいでしょうか。みなさんの御知恵を拝借してと言いましても、みなさんは、まだ調停委員ではありませんでしたね。もはや、在住幹事の流儀でやるっきゃない。多勢に対抗するには、「真田昌幸の第一次上田合戦」ではないけれど、真正面からぶつかっては完全に押し潰されてしまいます。ここは斜めに構えて進退の自由を確保し、適宜反撃する手法を採ります。

長野勢の次元の低い論法に一々認否反論する労を省きますが、例えば、鉄道運賃にせよ、運行時間にせよ、屋代駅から乗る人たちしか念頭にないのは、不公正ではありませんか。坂城駅から乗る人たちの場合はどうなんでしょう。下って戸倉駅から乗る人たちは。だいたいが、「屋代駅から乗る人たちの多くが、とうの昔に、善太郎よりも一太郎を選んでいますよ」と……。

愛知県は岡崎市御出身のK調停委員、このレトリックお分かりになりますか。そうです、衆議院議員選挙の選挙区割りの問題です。北信の名門出とされる小坂善太郎氏ではなく、東信の名門出とされる井出一太郎氏を、屋代地域の有権者の保守層は、選出してきた――つまり、屋代簡裁の管轄区域内の有権者は、地方紙の北信版対象地域内にあったとしても、一票価値の平等という理念から、東信版対象地域の有権者と共同しているのです。

簡易裁判所の統廃合問題も、裁判所の適正配置という高い次元からこそ検討されるべきで、とりわけ、長野本庁と長野地（家）裁上田支部との適正なバランスが優先して考慮されるべきではないか。この面からすれば、長野本庁は、上田支部に比して、抱え込み過ぎの嫌いがなかったか。県下の簡裁の控訴審事件や行政事件が本庁専属であることは、制度上認めるに吝かではないけれども、「社会的に影響するところが大きい」とか「複雑難解な事案」とか称しては、支部係属事件を、当事者の利益を二の次にして本庁に引きとっている場合（回付措置）が多い。一例を挙げれば、『私の履歴書』第一篇第四章（二）の「東電思想差別撤廃裁判」。小諸市に居住する原告四名は、原則通りに、会社を被告にして、長野地裁佐久支部に提訴しました。午後の半日は裁判に費やしても、午前中は勤務することで、経済的損失の軽減を図ったのに、当該裁判は、長野地裁上田支部に、そして本庁に順次回付されてしまいました。これでは、丸一日休暇をとらなければ、まともな裁判追行ができない訳です。かてて加えて、今回は、長野本庁が、長野地（家）裁飯山支部をも抱え込むというのだから、屋代簡裁事件に加えて、更級・埴科郡（更埴市も含めて）下の地（家）裁事件にも手を伸ばすなど、どだい荷重に過ぎると言わねばならない。

㈥　さあみなさん、ここまでの弁論で、どちらに軍配をあげますでしょうか。にこやかな御顔を見れば、私の方に軍配をあげて下さるのでしょうね。しかし、日本の裁判官は、ポーカーフェイスです。ここで安心して鉾を納めようものなら、しっぺ返しを喰らいかねません。駄目押しが必要なのです。万が一にも、裁判所が屋代簡裁を長野簡裁に統合する方向に考えが傾くとするならば、それは、「改革」ではなくして、もはや「改悪」と受けとめざるをえません。むしろ、屋代簡裁を現状通り温存した方がベターです。岡谷簡裁の統合反対と同様に、屋代簡裁の統合反対を目的とした広汎な住民運動を、しかるべき有志の人たちと連携して強力に組織していかざるを得ません。

私の右記弁論が、どの程度説得的効果をもったかは定かではありませんが、それ以来私が長野勢の嫌われ者になってしまったことだけは確かですね。いずれにせよ、岡谷簡裁は温存され、屋代簡裁は上田簡裁に統合となりました。もっとも、更埴市内の右記大字四地域も、行政区画と一致させるという観点から、この際に更埴市に一括りになって、上田簡裁の管轄区域に組み込まれたので、その分だけ上田簡裁も、長野地（家）裁上田支部も、管轄区域を拡張するというオマケまでつきました。

本席には、坂城町や千曲市にお住まいの調停委員がお見えですが、上田市や小県郡下のみなさんと協力されて、和気あいあいの上田調停協会を築かれ、県下ナンバー3の地歩を固められて今日に至っていることは、同僚のひとりとして嬉しい限りです。こんな話は、とかく自慢話に流れてしまいがちで、他では喋ることはなかったのですが、何時かどこかでしておかないと、永久に闇に消えてしまいますので、調停委員を定年で退くこの機会が一番よいと考えて、冒頭で御披露した次第です。

上田市中央西所在のこの裁判所が、このように新装なって、従来の一・五倍の広さになりました（その柿落しが、この自主研修会）から、まあ当分の間は、安泰でしょうね。しかし、何時までも安泰なままでいくかと問われれば、さにあらずの答えになるでしょう。佐久地域が成長著しいうえに、新幹線に乗れば長野市にも佐久市にも十分間で着いてしまう。件の道州制論議も微妙に絡んでくるのでは……。その時は何時になるかは、はっきりと申し上げられませんし、その時分にはおそらく私はこの世にいないでしょうに……。しかし、その時に、みなさんあるいはみなさんの後継者が一市民として、植栽豊かな緑あふれる、この裁判所を末永く守って下さることを祈念し、なにかの御参考になればとの思いによるものですので、御了承下さい。

三　『調停委員べからず集』を斬る

さて、これから本題に入ります。

話を進めるのに役立つネタはないものかと、ここ二、三年分の『調停時報』（財団法人日本調停協会連合会発行の機関誌）を繰ってみましたところ、手頃な論稿三編が見つかりました。それらを参照しながら、私見を述べていきます。

㈠　先ず最初に採りあげるのが、二〇〇八年三月発行の一六九号に載る「『調停再考』・その後」、筆者は、弁護士高野耕一氏です。〇七年十月五日に開催された島根県調停協会の研修会における講演だそうです。現在の肩書は弁護士とありますが、五期生の司法修習を修了してから裁判官に任官し、定年退官後大東文化大学で教鞭をとられた学究派の法曹です。補付（任官して十年間は判事補とされることによる命名）の頃、長野地（家）裁に勤務したことがあるようですが、東京家庭裁判所での勤務が長かったと思います。というよりは、敗戦後独自の裁判所として登場した家庭裁判所の内実を固められた功労者と言ってよいでしょう。一九六〇年十二月から六年間も東京家庭裁判所に勤務したあと、七〇年四月から再び東京家庭裁判所に勤務しておられるので、この人事を見ても、高野氏への期待の大きさがうかがわれます。

私と高野氏とは、期が大部離れていますが、接点があるのですね。私の司法研修所での実務修習は、東京でしたから、高野氏の第一回目の東京家裁勤務時期が私の実務修習期と重なります。当時家裁の裁判官は、高野氏も含めて十名ほどおられて、いずれも生き生きと仕事をされておられた印象が強いです。「裁判官増員建白書」を裁判関係機関に提出するなど、現在の裁判官には見られない自由闊達な活動を展開していました。もっとも、若い裁判官諸公がこのような活動をするには、やはり家裁所長の環境整備力が強く影響していたのでしょう。当時の所長は、内藤頼博氏（もちろん期前）でした。戦後発足した最高裁判所の初代秘書課長を務められた由ですから、東京家裁にとどまらず日本の裁判所内で重きをなしておられたのでしょう。司法修習生に対する所長講話がふるっていました。「君たちは、アーノルド・ジョセフ・トインビーを読んだことがあるかね。これは、面白いから読みたまえ」に始まって、最後までイギリスの歴史家トインビーの話でした。見るからに、長身でロマンスグレーのイギリス紳士はだしは、およそ裁判官らしからぬ裁判官とうかがえました。講話後、物知りの修習生が、「伊那高遠藩の殿様の末裔で、新宿御苑は、内藤氏の江戸屋敷跡」と教えてくれたので、合点がいきました。

㈡　話は脇道にそれましたが、話題の主は、高野氏の方でしたね。同氏は、その後司法研修所教官に転ぜられ、自説の調停理論を探求されたのでしょう。その成果が、『家事調停論』（信山社発行）に結実しています。あくまでも実務を基礎にして理論構成していますので、実務法律家にとっては好評です。本稿で採りあげた右記論稿は、その高野理論をわかりやすく、尚且つ要領よく解説したものですから、みなさんには「おススメ」です。私が高野理論にもっと早く接しておれば、「調停成立率は、かなりアップしたのでは……」と悔やまれます。『調停時報』に掲載されたときから後に、調停委員に任命された方々には、是非目を通していただきたいと思います。

高野理論そのものについては、本講演でもあとで再び触れますが、ここで問題にすべきものは、右記論稿の末尾に添付されている『調停委員べからず集』についてです。結論から先に言いますと、この「べからず集」に、私は賛同できません。「玉に瑕」とは、このことを言うのでしょうか。みなさんは、この巻末部分を読み飛ばせばよいのです。ただ、どんなに優れた裁判官でも、職業的裁判官である限りは、どのような思考回路をとってしまうのか――これは、私の長年にわたる研究課題です――に関し、興味深い素材を提供していると考えるので、ここで私は俎上に載せる訳です。

もともとは、高野氏が七〇年の第二次東京家裁への勤務時に、「私的な研修用のために作ったもの」だそうです。時代的制約が混在したでしょうし、それから四十年近く経過してもいますから、まともに批判の対象にするのは、一面では大人気ないと思いますが、しかし、「非常に分かりやすいし、あるいは今もお役に立つかもしれません」として、敢えて巻末に添付して公表している以上は、適正な批判に晒されるべきものでしょう。

㈢　全文で、十四条に及びます。

「相委員を無視するべからず」とか「事実認定をおろそかにするべからず」「先方はこう言っているがと、たやすく持ち出すべからず」「自分の意見や感想を、軽々しく口に出すべからず」などの条文は、現在でも通用するところがありましょう。もっとも、要請とか要望の次元ならいざしらず、「べからず」の一方的禁止句調（上から目線）が、私には気になります。今ようの言い方では、チェックポイントがよいでしょうに……。

「冗長な報告を判事にすべからず」や「次回期日だけだからと判事をせっつくべからず」になると、どうでしょう。私に言わせると、「裁判官は、調停委員と同等で、調停委員会を構成している」との基本的認識を欠いているのではないかと思われて仕方ないのです。なるほど、裁判官は多忙なのでしょう。それだからこそ、とりあえず調停委員が、調停委員会を背負って、雑務全般を担っているのです。それゆえこそ、同じ構成員の裁判官にも認識を同じくしてもらおうと、場合によっては「冗長な報告」になるのではないでしょうか。例えば、次回期日に不調になってしまうかもしれない状況にある時、「次回期日には裁判官も立ち会って、折角の調停を不調に終わらせないために、応分の役割を果たして欲しい」と、「せっつく」仕儀に及ぶのではないか。そんな調停委員の気持ちを忖度すれば、裁判官は先ず労をねぎらい、そのうえで調停委員の声に耳を傾けるのが、健全な社会の常識というものではなかろうか。

最後に、「次回期日告知後は長居すべからず」とある。裁判所の居心地がよくて何時までも長居するような調停委員が、どこにいますか。少なくとも、上田調停委員の中には、私の見るかぎりは居りませんね。「次回期日告知後、裁判所にとどまる」には、それなりの理由があるからです。当日の調停は、どうであったか。全体の調停手続の流れの中で、プラスであったかどうか。その点検の上にたって、次回期日は、どのように進行させるか。この段階で裁判官にもどのような応分の役割を果たしてもらうか。そんなことどもを、調停委員同士が検討し合うならば、それなりの「長居」は、必要不可欠なのではあるまいか。

最近、裁判所主導型の研修や調停協会の自主研修が盛んに実施されています。それ自体は、好ましいことなのでしょうが、私に言わせれば、そんな一方通行型の研修よりも、具体的な調停事案を通じての「研修」の方が、はるかに有益だと考えます。「習うより、慣れろ」です。担当する調停事件にじっくりと取り組むこと、たとえ結果が不調に終わっても、当該手続から調停委員が様々な教訓を導き出せるならば、それが至上の研修なのではあるまいか。弁護士稼業についても同様で、二年間の司法研修所が提供する研修なるものは、私の実務経験に照らすと、「ほとんど役に立たなかった」と、極論してもよいでしょう。

四　『調停のこころ』を撃つ

二〇〇八年七月発行の百七十号に、『調停のこころ』が載っています。私と苦楽を共にされたＫ調停委員は、さきほどの退官の辞で、右記論稿をすすめられました。少なくとも十八年間はＫ調停委員と同じ席を温かめあった仲なのに、かくも見解が岐れるとは、「人生って不思議なものですネ」。

右記論稿は、やはり長い間職業的裁判官を努められた川口冨男氏（十一期）が、〇八年一月十一日に開催された日本調停協会連合会主催の「近畿ブロック研修会」での基調講演です。川口氏と私とは一面識もありませんが、同氏が、裁判官の定年退職後、大阪弁護士会の会員並びに大阪民事調停委員として、私と同じ立場に就かれた以上、このまま黙って見過す訳にはいかないので、ここで採りあげることにしました。やはり結論を先に言いますと、Ｋ調停委員とは全く逆で、みなさんには「おススメ」できません。

㈠　私の信条の一つに、「人間存在の全的否定はしない」がありますが、Ｋ調停委員が同調されたでありましょう幾つかの項目は、私も賛同します。例えば、「何事にも、たとえ知っていることについても、また当事者に対しても、謙虚な姿勢で臨む」――いいですね、顧りみて私の反省材料でもありましょう。「自信を持ちすぎない（逆に、「知らないこと」について自信を持てるようになるのが望ましい）」とか「法律等について専門的知見に寄りかからない」「自分の感覚、発想だけで動かない」などの項目も、結構でしょう。

だけれども、その後に続く項目が芳しくないのですよ。「共感力、共感的理解について」とあります。「調停委員が事件を理解すべきなのは当然のことですが、実は理解するだけでは足りないのです。理解した上に、共感しなければなりません」と続きます。同氏の唱える共感なるものは、「相手に痛みがあれば、その痛みを自分のものとして感じること」「痛いことは分かるという傍観者的な理解ではなく、自分も自分の痛みとして感じること」だとします。

みなさん、いかがでしょうか。早急な結論を下される前に、もう少し川口説に踏み込んでみましょう。「私は、共感力を付けるのに手っ取り早い方法は、芸術であると思っています。小説・詩・映画・演劇・絵・彫刻等々の存在意義としては、むしろ共感力を涵養するためにあるのではないかと思うくらいです」として、「調停委員は、すべからく、文学、つまり詩や小説に親しみ、その他優れた芸術に触れることによって、感受性、感激性、感動性を高め、生き生きした感性を持ち続けていることが大切だと思います」旨結んでいます。

個人的趣向として優れた芸術に触れることは、まことに結構なことで、御教説を仰ぐまでもないことです。しかし、優れた芸術に継続的に触れるということは、現在の日本社会では、非常に金銭的負担を要する課題です。ただでさえ、雀の涙ほどの日当で犠牲的精神の発揮を強いているのに、今度は「自腹を切って優れた芸術に触れたまえ」との教説は、とてもじゃないが、いただけませんね、少なくとも私はですよ。かかる教説は、御決りの教養論議へと行きつきます。

㈡「教養のある人は、正当な理解力があり、大局観があり、個々の事柄にも共感力があると思います。だから、調停委員には教養が必要だ」となります。私は、おそらくは、弁護士という資格で、調停委員に最高裁から任命されたのだと思います。税理士や司法書士、医師、一級建築士などのみなさんは、「紛争の解決に有用な専門的知識経験を有する者」なる枠で、任命されたのでしょう。本日御出席のみなさんの多くは、右記二つの枠とは別枠で、任命されました。

調停委員は、地域の地名士の中から、しかるべき推薦によって任命される筈とするのが、一般的理解でしょうが、調停委員の任命は、きちんとした法的根拠（民事調停委員及び家事調停委員規則）によるものなのです。先に述べた地（家）裁の支部の所在地並びに管轄区域に関する支部設置規則と同じく、最高裁の規則です。敗戦後の新しい憲法は、三権分立を徹底させました。旧司法省から裁判所を独立させたうえ、裁判所に関わる司法行政権限を裁判所に授権させ、そして、「訴訟に関する手続、裁判所の内部規律及び司法事務処理に関する事項について、規則を定める権限」をも、憲法上最高裁に授権させました（憲法第七十七条）。

ですから、右記調停委員規則は、大変重要な法規なのです。その中身をのぞいてみましょう。第一条に任命資格基準が明記されています。「弁護士となる資格を有する者」「紛争の解決に有用な専門的知識経験を有する者」に次ぐ第三枠は、「社会生活の上で豊富な知識経験を有する者」と規定されています。そして、全ての枠の該当者に共通の資格要件として、「人格識見の高い年齢四十歳以上七十歳未満のもの」とし、その中から最高裁が任命するとあります。
どうですか、みなさんは、「社会生活の上で豊富な知識経験を有する者」「人格識見の高い者」と最高裁に認定されて、立派に合格しているじゃありませんか。なのに、川口氏が公的な研修で要求される「共感力、共感的理解」なるものや「教養」なるものは、資格要件にはなっていないのに、勝手に追試を実施せんとするに等しく、私は承服できません。

あまつさえ許し難いことに、川口氏は、裁判官の退官後、大阪民事調停委員に任命されて、同僚の民事調停委員と親しく交わる中で、「調停委員は、決して教養、人格、識見豊かな先生方ではないことに気が付いた」、と言うに至るのです。これで、大阪の調停委員のみなさんは、よくも黙って拝聴していたのかと、私は、寒心に堪えませんでした。

大阪の府知事に、「おかしな人」が選出されてきました。「おもしろければ、ええやんか」の土地柄のせいでしょうか、私には詳しいことはわかりかねますが、場合によっては、川口氏の指摘する通り、最高裁規則の定める資格要件を満たさない面々が、大勢紛れ込んでいるのかもしれませんね。長野地（家）裁上田支部のK現支部長（三十七期）は、関西の御出身で、初任地が大阪地裁と聞き及びますので、「こちらのKさん」に、その真偽の程を、折があったら問い質してみたいと思います。

㈢　川口論稿に言う「教養」なるものは、調停委員の資格要件ではないことを力説しましたが、ここで誤解のないように補足しておきます。つまり、弁護士資格枠の調停委員は、教養が資格要件になっていることです。なるほど、右記規則には規定がありませんけれども、弁護士法上、弁護士であり続けるための存続要件として規定されるのです。しかも、ハンパな教養ではダメで、「深い教養の保持」が法的に義務づけられているのです。

弁護士法の第二条に、「弁護士の職責の根本基準」の一つとして明記されています。ついでに合わせて述べれば、「深い教養の保持」と並んで、「高い品性の陶や」に努め、「法令及び法律事務に精通しなければならない」と存続要件を重ねていきます。「よくもまあ、高いハードルを課したもの」と、愚痴の一つも出るというものですが、法務省や裁判所筋から無理強いされた代物ではありません。私たちの先輩弁護士諸公が、敗戦後の新しい出発にあたって立案して、議員立法という形で、一九四九年六月十日に制定させた法律なのです。新しい憲法は、一九四七年五月三日に施行されましたから、それに合わせて、日本の司法界を構成する裁判官や検察官については、裁判所法並びに検察庁法が新しい憲法の施行前に制定されていることと、鮮やかな対照を示していますね。同じく憲法上の存在である弁護士について、新しい弁護士法の制定が大巾に遅れた理由の一つは、司法界の守旧派や保守政治勢力等の強い抵抗があったとされています。先に示した憲法第七十七条の規定には、「弁護士に関する事項について、最高裁は規則を定める権限を有する」とあるのに、先輩弁護士諸公が最高裁の規則とは別箇に、議員立法にこだわった由縁は、「弁護士の自治」にありましょう。「弁護士の自治」を担保し、尚且つ主権者である国民の了解を得るのに、高いハードルを自らに課すことが不可欠であったと、私は、判断しています。弁護士の粗製乱造やビジネス優先などの時代風潮の中で、日本の弁護士の今後について、私は深い憂慮を禁じえません。

五　よりよい司法調停を求めて

またまた脱線してしまいました（もっとも、講演の時間稼ぎには必要なことでもありますが……）。本題の主人公は、弁護士ではなく、調停委員でしたね。

(一)　調停委員の現状について、私は、いささかも憂慮してはおりません。私の知見の範囲内での判断ですけれども、劣悪な諸状況の中で、調停委員は、よくその任に耐え、所期の調停機能を実現させておられます。この判断は、本当に、外交辞令抜きです。そして、私の独り善がりのものでもありませんよ。その証拠を示しましょう。

二〇〇八年十二月発行の『調停時報』百七十一号に載っている山口繁第十四代最高裁長官（九期）の『調停随想』が、それです。同氏が、同年九月十三日さいたま調停協会で行なった講演記録で、外国人の学者の著作内容を解説している内容ですから、先の高野論稿ほどは、「おススメ」ではありませんが、その冒頭に、注目すべき発言がありますので、ここで紹介する訳です。「事件の処理状況を全国的に見てみますと、民事、家事を通じて紛争解決の割合がかなり高いことを示しており、利用者側から見ましても、満足度の高い利用状況であると言えるのではないかと思います。このように、調停制度が時代の変遷に対応して、相応に発展し、円滑に運営がなされていることは、とりもなおさず、ひとえに調停委員各位の絶大なるご支援、ご尽力があったればこそでございまして、この機会に心から敬意を表する次第であります」。

どうですか、日本の裁判所の頂点に立った方が、全国的視野から、このように総括評価を下し、調停委員に対し、「心から敬意を表明している」のですよ。みなさんは、もっと、誇りと自信を持たれてよいと、私は思います。

㈡　右記講演の中で、山口元最高裁長官は、外国人学者の著作の引用になりますが、訴訟社会と呼ばれるアメリカでも、近年反省期に入り、「調停を紛争解決のための眠れる巨人と呼んだり、あるいは静かな革命が起きているという学者がいる」ことを紹介しています。そして、日本を「調停先進国」と規定し、「我が国より世界に向けて、大いに発信していくべきではないだろうか」と結んでいます。

私のように、山々に囲まれたところで稼業していますと、なかなか目が海のかなたに届きませんので、山口元最高裁長官の右記認識や見通しを論評する立場にはありません。しかし、日本社会が益々複雑化・専門化・多面化する中で、民事や家事の調停手続（以下司法調停と総称します）の他に、ＡＤＲ（裁判外紛争解決制度）が雨後の筍のように簇生しています。それぞれの制度目的や手続などが異なるものですので、各自切磋琢磨して、市民の多面的な要求によりよく応えていくべきでしょう。しかしながら、一部分については、ＡＤＲの諸形式と、取り扱う対象事案が競合しているケースも見られます。

司法調停が、今後も発展し、市民の中により深く定着していくには、従来の実績に甘んじていてよいのでしょうか。これまでの経験を踏襲しているだけでよいのでしょうか。このような視点から、以下、若干の私見を述べさせていただきます。

㈢　優れた先輩に学ぶという立場で、もう一度高野論稿に立ち戻りたいと考えます。高野説は、司法調停の手続を、①問題点の探知②調停判断（調停案）の策定③調停合意の形成と、三つの手続段階に分解し、各手続段階における調停委員の活動について、「よく聴く」「よく考える」「よく説く」と、特長的な類型化を図っています。なかなかの見識だと、私は思います。このような図式化をすると、司法調停全体の動態的把握が容易になって、第三者には非常に分かりやすいのですが、他面、図式化が単純化に堕する嫌いがあるうえ、なによりも調停委員にとっては荷が重すぎると感じてしまいませんか。そこで、右記三段階の分解に依拠しつつも、私見をまじえながら、調停委員の荷重を軽くしようと、私は試みるのです。

㈣「問題点の探知」とは、別に平たい言葉で表現すれば、双方当事者から事情を聴く作業です。訴訟手続では「争点の整理」作業に該当するのでしょうが、司法調停では、「争点」に限定しないで、「紛争の本当の原因は何なんだろうかということを探って知る」ことでしょう。それが、次の手続段階である「調停判断の策定」に繋がる訳ですね。この作業は、これまでもみなさんが実践されてきたことで、格別に耳新しいものではありません。ただ、ここで私が強調したいのは、この作業が調停委員の御手の物なんだということです。裁判官よりもはるかに社会生活の上での知識や経験が豊かですから、慣れない司法調停の場でどぎまぎしている当事者から、実に上手に話を引き出していますね。ですから偶々裁判官が同席していても、いささかも遠慮することなく、事情聴取の任にあたってよいのではないでしょうか。中途半端な事実認識しかない裁判官が、とんちんかんな質問をしたり、当事者にとっては繰り返しの二重、三重の質問を浴びせたりして、調停委員が折角醸成してきた話合いの雰囲気をブチこわしてしまった苦い例を、みなさんは経験していませんか。ですから、右記『調停委員べからず集』の一つに挙げられている「判事審問の途中で、いきなり当事者に問いかけるべからず」などの条文は、見直しが必要だと思います。「重複審問」の場合などは、調停委員が、「これは確認のためですから」と、当事者に念を押してもよいでしょうし、「紋切り型の要件事実審問」には、「あまり緊張しないで」とか「あとで言い直しもできますよ」と、当事者に助言することも肯定されてしかるべきでしょう。

㈤　さあ、「問題点の探知」ができたとして、次の段階に進みます。いかに「よく聴く」ことが大切であると言っても、司法調停は、愚痴や不満の吐け口場所ではなく、あくまでも、紛争解決の場であることを踏まえて、手続を進行させることが求められます。高野説は、「調停案の策定」と表現していますが、私は、ちょっと限定しすぎると考えます。むしろ、私たちがよく使っている「落とし所」の方が適切ではないでしょうか。「落とし所」は、まだ確定しているものではないし、当事者の意向や駆け引きなどの事情如何で、内容が変わりうることを含んだ広義の概念なのです。

この「落とし所」を「よく考える」過程で、調停委員は、法律や判例などについての専門的知見に寄りかからない謙虚さが求められます。調停委員が研修などで、専門的知見を身につけつつあること自体は、結構なことです。しかし、法律にしても判例にしても、原則があれば例外があり、一定の結論には相応の前提がある訳ですから、生半可な知見で、「落とし所」を策定してしまうと、逆に誤りを犯してしまうことがありましょう。この点では、裁判官が専門家なのですから、調停委員は、評議の中で、憶することなく、どんどん裁判官に尋ねたらよいと思います。調停委員会が、調停委員二名以上、裁判官一名の構成になっているのも、立場や性向などの異なる三者（異質の者）が衆議して、文殊の知恵を捻り出そうとの目論見からきているのでしょう。三者が同質の者であれば、よくいって三人分の合力にはなるでしょうが、優れた文殊菩薩の知恵は産まれないでしょう。

このように捉えると、「よく考える」「落とし所の策定」もまた、調停委員は、裁判官と対等の立場で、主体的に関与できるのではないでしょうか。

㈥　最後の段階「調停合意の形成」に辿りつきます。「よく説く」ことが求められます。前段階で、裁判官との評議のもとで「落とし所の策定」が仕上がっている筈ですから、自信をもって説得にあたってよいでしょう。この作業面でも、調停委員は、裁判官よりも、「一日の長」がありませんか。にもかかわらず、頑な当事者に手こずることがありますね。そういう局面では、代理人弁護士の活用をすすめたいと考えます。つまり、代理人を通じて当事者を説得してもらうやり方の選択です。とりわけ、中立代理人は、調停前置手続の中立でない事案では、調停を選択した以上は調停での解決を志向した筈でしょうから、いざ決裂・不調という事態はなんとしても避けたいと考えるでしょうから……。当事者に代理人がついていない事案は、次回期日までに、弁護士に相談してくることを要請して、その結果を待つという方法もありましょう。

最近、調停の成立率が統計集約されるようになって、調停委員の関心も、自らそこに向いてしまいがちですが、調停が当事者間の合意であるという本質上、無理な説得や押付けは、かえって調停制度の否定につながります。「裁判官をせっついて、次回調停期日に立ち会ってもらい、当該裁判官に説得してもらっても、やはり当事者間の合意に至らなかった」ならば、調停委員としては最善を尽くしての結果でありますから、おおらかに不調という結末を受け容れてもよいのではないでしょうか。

どうでしょうかみなさん、岩崎説で、みなさんの荷重は、少しは軽くなりましたでしょうか。

六　「また逢う日までの『サヨーナラ』」

(一)　私が大学生であった頃（その様子は、『私の履歴書』の第五編）、学生仲間に人気があった人物は、吉本隆明氏（大正十三年生）でした。今の若い世代には、「吉本ばななのパパ」と言った方が通りがよいでしょうか。

同氏の晦渋な言説が、若者の知的好奇心を煽ったのでしょう、一部の人たちからは、教祖様に祀りあげられる現象が起きました。だけれども、同氏の言説は、司法試験とは関係がありませんでしたから、私は虜にならずに済みました。最近のNHK教育テレビで、「知の巨人」の講演番組が放映されました。「常に、教養を保持する」ために、私は、安直にもテレビ鑑賞を極め込みました。車椅子生活になった同氏が、「どうしても、一般市民に語りたい」との強い願望を実現させて、一時間半の講演会が開催されたそうです。私が初めて接する穏やかな表情で語り出したのですが、所定の時間が経過しても、まとまりが全く尽かず、延長に延長を重ねること三時間、とうとう、司会者の職権発動で「弁士中止」の幕切れとなりました。自宅での後日談を加えて、番組はようやくサマになったようですが、私にとっては、なんとも後味の悪さが残りました。

(二)　おっと、私の持ち時間は、どうにかクリアできましたね。「知の巨人」ではない私には、もう手元に持合せがございませんし、定められた時間内に要領よくまとめる流儀は弁護士の責務でもありますので、ここら辺で拙い喋りを自ら閉じます。調停委員としては、これが最後の機会となりました。長い間の御好誼に感謝の言葉を捧げながら、御別れの「サヨーナラ」を伝えます。もっとも、この「サヨーナラ」は、永遠の別れを告げるものではありません。来月からは、私は調停当事者の代理人として、みなさんの前に現れます、「四角い顔を三角にして」。弁護士であり続ける以上（もっとも満七十七歳になると会費免除制度もある）は、国民年金では弁護士会費も賄いきれないからです。とてもじゃないが、悠々自適はかないません。

今後は、みなさんとは立場が異なりますから、否応も無く緊張関係は生じるでしょうが、司法調停制度を維持・発展させていく熱い思いは、みなさんと全く同じです。

最後に、もう一度、また逢う日までの「サヨーナラ」を贈ります。

御清聴、ありがとうございました。

槍ヶ岳遠望

撮影　中沢健一氏

第四部　折々の記

第十七章　山国からの便り　その（一）

——モスクワ・ヤルタ・トビリシの旅

一　日本脱出

長野県の最東端で、群馬県と境を接するところに、軽井沢という町がある。浅間山の南麓標高千メートル地帯に拡がる高原は、イギリス人宣教師アレキサンダー・クロフト・ショーが、故国スコットランドによく似ているとお気に召し、第一号の別荘を建ててから、ちょうど百年が経過した。その冷涼な気候と清澄な風土が、避暑地として国の内外で脚光を浴び、現在では別荘は一万戸を超えている。定住人口一万五千の町に訪れる観光客は、年間八百万人というから、日本を代表する観光地の一つに数えてもよいだろう。

裁判所の管轄でいくと、乙号支部の長野地方裁判所佐久支部（佐久市岩村田）に属する事情もあって、甲号支部の長野地裁上田支部が所在する上田市中央西に法律事務所を構える私には、どちらかと言えば、疎遠な土地であった。だが、一九八八年夏、ひょんなことから、軽井沢町成沢の一隅に、小さな東屋を設け、時々仮寓をきめこむ生活が始まった。もともとが長野県の山村育ちなので、東京顔負けの高温多湿な旧上田市街の暮らしには、毎夏へばっていただけに、さわやかな軽井沢の夏にかける思いは、切なるものがあった。しかし、皮肉なことに、八八年の夏は、長梅雨に続き冷夏となった。関東平野から碓氷峠の急坂を上る気流は、連日霧を招き、北原白秋の謳うカラマツ林の視界をさえぎってしまう。仕方ないので、屋内でじっと耐えていると、暦のうえでは大暑なのに、暖房が恋しくなる始末。

なによりも閉口したのが、カビの襲来である。湿度が高いうえ風通しが悪いせいで、畳はおろか、柱・壁・天井にまで繁茂する。民間放送局のキャリアウーマンを自称する連れ合いが、とうとう「私は、女中ではありません」とスト宣言するに及んで、私は、裁判に数倍する苦役に服する破目となった。

そんな逆境から私を救い出してくれたのが、司法研修所同期の小高丑松兄（千葉県弁護士会所属）であった。七月二十九日、成田空港は、やはりどんよりとした梅雨空であったが、初めての海外旅行となる私の心は、晴々と浮き立っていた。小高兄の案内で、税関手続もそこそこに、午後一時発モスクワ行きアエロフロート機に飛び込んだ。

二　ヤルタの休日

小高兄の発案・企画によるソ連・黒海とコーカサスの旅は、モスクワ・ヤルタ・トビリシの三つの都市を巡るもの。いずこも、初めての街なので興味がつきないのだけれども、私が最も期待を寄せたのは、ヤルタである。

ヤルタと言えば、大方の人々は、ヤルタ会談を連想するにちがいない。最近の日本における言論界でも、この会談が、秘密協定の存在も含めて、「現在の国際関係を、事実上規定している」として、再び注目され始めている。しかし、私のヤルタへの思い入れは、別のところにあった。

クリミア半島の南端に位置するヤルタは、北緯四十五度。そのまま東方に位置する日本まで緯度をたどっていくと、なんと北海道の最北端、宗谷地方にあたる。だから、投宿先の外国人専用ホテルにも冷房装置のないことは、一旦はそれなりに納得してはみたものの、連日気温が三十度を超える暑さには、参ってしまった。こういう場合の私の悪い癖だろうか、「今年の東京の方が、まだしのぎよい。これじゃ避暑にならんね」と、現地のガイド嬢にぐちるや、「当地は、亜熱帯性気候、ソ連のリビエラと呼ばれる避寒地ですよ」と、切り返された。

早速、持参の観光案内書をひもとくと、リビエラは、イタリアのジェノバ近在にある有数の観光地。なるほど、ホテル前面に拡がる黒海は、トルコのボスボラス海峡、エーゲ海を経て地中海に繋がる。永い冬を凌ぐ人々が求めるものは、陽光であり、避寒なのだ。

長梅雨の日本では、思いも寄らないだろう晴天が続いた。日本列島全部を呑み込んでしまう大海原が、ウクライナの太陽に煌めいている。黒海とは、その昔、ギリシャ人が、冬の日黒く荒れるさまを見て、命名したという。しかし、海水の透明度が高く、平均水温が二十三度。十月頃まで海水浴が楽しめるそうだ。もっとも、現地人の海水浴は、水泳に熱中するよりも、のんびりと甲羅干しに興ずるという私のタイプと同じである。

ヤルタ市そのものは、人口八万余の小都市に過ぎないけれども、そこを中心に東西七十キロにわたる海岸線一帯が、大ヤルタと呼ばれる。ソ連で、一、二を競う大リゾート地なのである。その歴史は古く、帝政ロシア時代に遡る。皇帝や貴族が、ぜいの限りをつくした別荘を構えていた。これらの別荘は、一九一七年の十月革命後、レーニンの布告により、労働者のサナトリウムに開放された。ソ連で言うサナトリウムは、健常者にも利用される保養施設を指す。大ヤルタでは今、高層化のつち音が高く、溢れる緑の樹間に百余のサナトリウムが林立する。実は、ヤルタ会談の会談場所に設営された建物も、現在はサナトリウムの一つなのだが、革命前は帝政ロシア最後の皇帝ニコライ二世の別荘であった。ホスト役を務めたスターリンが、そこまで演出効果を狙って会場設営をしたのだろうか。この疑問は、ガイド嬢の鋭い切り返しを恐れるあまり、つい聞きそびれてしまった。年間二百万余の人々が、ソ連邦の各地から大ヤルタに集い、二十日を超える長期休暇を家族ぐるみで過ごすという。街中には映画館や劇場、サーカス小屋等が、郊外には十九世紀からの歴史をもつ植物園やチェーホフの家などの史蹟が、ふんだんに配置されているから、滞在者をあきさせることがない。白夜の恵みを享けて、夜遅くまで、老人たちは広場のベンチで読書に耽り、若者たちは波止場の堤防で語り合う。彼らにとって、リゾートとは、日常生活の延長ではないかと、見受けられた。それにつけても、一人当たりの平均月収が二百ルーブル（日本円で約四万円）で、どうして長期滞在が可能なのだろうか。

他人の懐具合のことながら、いささか気にかかったが、その謎は、間もなく解けた。サナトリウムが公営で、生活必需品やサービス料金が安いからである。

三　望　郷

ヤルタ一の繁華街は、約一キロに及ぶレーニン海岸通りである。とある夕刻、私は、小高兄と一緒に、そぞろ歩きとしゃれこんだ。のびやかに刻を愉しむ老若男女の人の波にもまれているうちに、私は、はるか九千キロ離れた軽井沢を想い起こした。カビや連れ合いのことどもではない。この夏も、身動きできないであろう旧軽銀座の人混みの方である。

だが、そちらに登場する面々は、ほとんどが若者たちである。東京の一流店舗に並んで、得体の知れないみやげ品屋やゲームセンター等が軒を連ねる。白昼、とんねるずのグッズショップやビートたけしのカレー屋に長蛇の列ができ、真夜中、プリンス通りを暴走族が疾駆する。あたかも、東京の原宿が、そのまま引っ越してきた観がある。

その一方で、目を凝らせば、劇場や映画館などの文化施設のないことに気が付く。町営の植物園はあるものの、まるで箱庭の態。明治の中頃、正岡子規が馬車で来訪して以来、大勢の文人や墨客たちが、軽井沢と関わりをもったのだが、彼等を偲ぶよすがは、安上がりの碑だけだ。もっとも、近年になって、堀辰雄の旧宅が、レジャーランドの脇に移築されたけれども、現地でほぼ完全な形のまま残っているチェーホフの家博物館にくらべるべくもない。ないないづくしの最後に、大ヤルタになくて軽井沢にあるものを挙げると、四か所のゴルフ場と人工降雪機に頼るスキー場ということになろうか。冷夏のために四苦八苦する民宿業者の嘆きをよそに、一泊料金がソ連労働者の平均月収に匹敵する、いわゆる高級ホテルは、冷房装置を完備して満杯と伝えられる。観光客の多くは、囲われた柵の中で小さな球を打ち、排気ガスの漂う小径で借物自転車のペダルを踏むのであろう。あるいは、恥知らずにもソフトクリームを舐め歩き、一心不乱に偽ブランド品を買い漁るのか。いずれにしても、日帰りか一泊で、そそくさと古巣に舞い戻っていくのである。

今、日本の地方、とりわけ過疎地域は、リゾート法（総合保養地域整備法―八七年施行）による地域指定にありつこうと躍起だ。軽井沢町を含む北佐久郡や南佐久郡でも、同様である。民間資本の活力なるものを導入することを中核とする法体系は、自然と調和の取れた持続的な地域開発や地元住民の暮らしに、どれほど役立つのだろうか。先発組の西武・東急・三井の各大資本に、後発組の住友や三菱、中小の各資本も闖入して、鳴物入りで手前勝手な開発構想をばらまいている。この動きに、どのように対抗すべきなのだろうか。そこまで考え及ぶと、なぜか気が滅入ってしまった。そんな私の背後で、小高児のかん高い日本語が響いた。

「早く歩け！　ホテルで民族舞踊が始まるぞ！」

四　エレーナとの対話

ロシア人は、男も女もずんぐりもっくが多いけれども、私たちのガイド嬢ミセス・エレーナは、均整のとれたスリム型である。聞けば、学生時代に新体操をやっていたとか。だが、一介のスポーツ選手にとどまらないで、競争率五十倍のレーニングラード大学日本語学科に進んだ二十代の才媛なのである。「大学の同級生である夫は、研究所に残って、日本の仏教に取り組んでいる」と、誇らしげに語る。ソ連で日本への関心が高まっているとは、かねがね聞き及んではいたものの、日本研究の底深さを垣間見る思いであった。

彼女は、ガイド役としては未熟さがうかがえるが、勉強熱心なのがよい。あの甘ずっぱい初恋の味をしのばせるスグリの名は、私のすさびまじりの試問に、即座に日本語で言い当てた。サルスベリも同様であったが、その語源までは調べ尽くしていなかったようで、私の解説に感心しながらメモ帳に書き留めた。好奇心にかられた私が、そっとのぞき込むと、なんと紙面びっしり綴られているではないか。

そんな彼女の存在に加えて、シベリア抑留体験のある小高兄のお陰で、ロシア語がからきし駄目な私も、気楽な旅を続けられた。

第三の訪問先グルジア共和国（現在は、ジョージア）の首都トビリシのホテルでの出来事である。

私と小高兄が、グルジア人の男性と同じエレベーターに乗り合わせた。小高兄は、気さくにロシア語（私は、今ではもう忘れてしまったが、日本語では「忙しそうですね」の言葉らしい）で声をかけると、なんと、「貧乏暇なしね」の日本語が返ってきた。かくなれば、私の出番である。「ソ連にも、貧乏があるのですか」と割り込むと、彼は、言下に、「ある」と答えた。通商関係の日本語通訳を見習い中の技師だと紹介された。

十数年前にも同期の諸兄等とモスクワやレーニングラードを訪ねている小高兄は、当時に比べて、写真撮影が自由になったと説明してくれた。そして今回は、随所でカメラを向けていた。さきの技師の率直な発言といい、グラスノスチ政策は、かなり進んでいるのであろう。

この点で、私が一番注目した事例は、機中に備えられていたソ連大使館広報部編集の雑誌『今日のソ連邦』八月一日号である。ソ連の『論拠と事実』誌からの引用記事――世界の主要国の一人当たりの国民所得表が載っていたからである。ソ連の統計学的方法によって一九八〇年のドルに換算したとのことだが、八七年でみると、ソ連は、米国の五十七%、日本の六十六%に過ぎず、他の東欧社会主義国の平均にも及ばない。しかし、十月革命前の帝政ロシア時代の一九一三年と比べると、ソ連は十一倍の伸びを記録し、約三倍の米国や八・四倍の日本をしのいでいる。各数字の正確性や妥当性について、今の私は、論評する資料等を持ち合わせていないけれども、事実を客観的に捉えようとする作風は、積極的に評価してもよいだろう。この雑誌を、旅の記念にスーツケースの奥深くしまい込んだ。

八月五日、エレーナとの別れの時がやってきた。モスクワの国際空港シェレメチェボ空港の搭乗手続に手間どる間、私は意を決して尋ねてみた、「あなたにとって、ペレストロイカとは何ですか」と。彼女もまた、率直に、次の二つを挙げてくれた。

一つは、パステルナーク（一八九〇―一九六〇）の『ドクトル・ジバゴ』を読めるようになったこと。

詩人・小説家の彼が、この長編小説をイタリアで出版したため、ソ連国内で激しい批判を受け、作家同盟を除名されたうえ、ノーベル文学賞を辞退せざるを得ない状況に追い込まれた経緯は、まだ私たちの記憶に新たである。そのいわくつきの小説が、ソ連国内で初めて、雑誌『ノーヴィ・ミール』（八八年一月号）に掲載された。

もう一つは、彼女の給料が上ったこと。

基本給はそのままであるが、実績に応じて手当が増額される仕組みに変わった。それまで、彼女のサービス業務や夫の研究の仕事は、給料面で低い評価に甘んじていたが、知的労働の軽視に、科学技術や医療などの遅れの一因を挙げる意見が出ているという。

子供一人を含む彼女夫婦の生活費は、配偶者一人の稼ぎで賄えるから、モスクワ郊外に別荘を所有している。敷地約七百平方メートルは、国が安い地代で貸し付けてくれるので、上物の建築費が個人負担となる訳だ。このような取扱いは、なにも彼女夫婦だけの特例ではなく、週日は職住近接のアパートで暮らすというパターンが、平均的なモスクワ市民の姿だという。日本のマスコミが劣悪だと指摘する旧市街の古アパートは、残念ながら見学できなかったが、住宅費は生活費の五％程度とのこと。新市街地では、近代的な高層アパート群の建設が急ピッチで進んでいる様子は、私の眼にもとまった。

彼女も支持を表明しているペレストロイカ政策が、ソ連の民衆に、より豊かな暮らしと民主主義をもたらすことを祈念し、最後に、小高兄から教えられたロシア語「バリショエスパシーバ」を、彼女に捧げた。

五　とりあえずの「座右の銘」

私は、帰りの機中で、この旅の掉尾を飾るにふさわしい幸運に恵まれた。

窓外を眺めいっていると、太陽が雲海の彼方に沈んでいく。残光は、何時まで続くのだろうかと惜しんでいると、そのまま日の出の曙光に代っていくではないか。再び、あかあかと燃える太陽が、雲海から姿を現す。

闇を知らない明るい社会――そこに、敗戦後の若者たちは、青春の夢を賭けたのだった。四半世紀に及ぶ弁護士生活の中で、どれほどのことをなしえたのか。まんじりともせず回想にふけっていると、九時間余のフライトもさほど苦にはならなかった。

信越本線下り特急あさまが碓氷峠の長いトンネル群を抜けると、一気に厳しい現実に引き戻された。百を超える係争裁判案件が待ち構え、予約済みの相談案件が目白押しであったからである。

久しぶりの帰宅なのに連れ合いは、旧盆休み前の残務処理に、眼をしょぼつかせている。小六の長男は、少年野球大会の二回戦敗退で落ち込んだまま。高一の長女にいたっては、へんな所に腫物ができたと切ながって、顔も見せない。

私自身にも、面倒な課題が新たに待ち構えていた。同期の弁護士松井繁明兄が幹事長を務める自由法曹団本部から、情報誌『民衆の中の弁護士群像』への執筆依頼が、留守中に届いていた。しかも、注文付きである。

「読者にわかりやすく、達意の文章」だと……。

いやおうもなく、締切り厳守の督促が、矢継ぎ早にかけられる。とてもじゃないが、ソ連紀行の余情に浸る遑もない。かくしてカビ臭の残る東屋に引き籠り、拙稿『信州・暴力団とのたたかい』を、どうにか間に合わせた。ヤレヤレとスーツケースの整理にとりかかろうとした矢先に、今度は、年甲斐もないことに、座右の銘を寄せろと詰められた。

試行錯誤で、七転八倒の渦中にあって、小賢しい座右の銘など、持ち合わせてはいない。仕方ないので、とりあえず、次の一文を送った。

「地方的具象から
　　世界的普遍へ」

第十八章　山国からの便り　その（二）

――ある新聞投稿欄の波紋

一　我が家の正月風景

　ここ数年来、我が家の正月は、寝正月が続いている。我が輩の出無精も昂じているのだが、それ以上に、豚児たちの受験戦争に回り合わせてしまうせいである。より豊かな自然に浸りたいと、旧上田市街の北側に鎮座する太郎山（標高一一六四メートル）の南面、袴腰地籍に寓居を構えたのだから、暇にまかせて周りを散策するのも、一計ではある。しかし、信州の冬は、そんな遊興をたやすく受け容れてくれそうにない。さりとて、テレビ鑑賞に明け暮れていたのでは、親父の沽券に関わる。とどのつまり、自室に籠り、ひもすがら定期購読中の新聞三紙を繰り返す日課になる。

　今年も又、例外ではなかった。幸いにも、各紙とも、激動の世紀末を展望する特集などを組んでくれたお陰で、かなりの時間を稼ぐことが叶えられた。婦人欄は、普段なら、飛ばし読みで失礼するのだけれども、この際は、念入りな御付合いをさせていただく。婦人層への読者拡大を狙っているのだろう、各紙とも、充実の程がうかがわれる。

なかでも、長野県の地方紙・信濃毎日新聞は、その傾向が強いように見受けられる。女性投稿欄「私の声」が、セールスポイントではなかろうか。一般投稿欄「建設標」が別に設けられているのに、それとは別箇に連載される盛況ぶりである。一九五二年の夏まで遡ると伝えられるから、この種ものでは、おそらく他紙の追随を許さないのではないか。さらに注目すべきことは、投稿そして掲載という、一方通行に停まってはいない点だ。新聞社の援助もあるのだろうけれども、投稿側の書き手たちが、お互いに交流を重ね、時にはシンポジュウムを開いて、力量アップを図っている。二年前には、ハードカバーの『信毎「私の声」とわたし』を公刊するに至った。これらのことどもが、その都度ニュースとして同紙面を飾るので、書き手たちは、ますます気炎を上げていく。

長野県出身の評論家故丸岡秀子は、「大事な教科書」と賞賛され、長く愛読されたという。読者と新聞とのあり方を考えるうえで、多くの示唆を与えてくれる企画ではあるまいか。

二　「其は、我が輩」

正月三日の『私の声』に、『弁護士さんに感謝』の見出しが躍っていた。昨年は、元大学教授や検察官の経歴（一定の条件のもとで、弁護士資格が与えられる仕組みになっている）を持つ弁護士どもの不祥事が、連日マスコミを賑わした。これまで、偉そうな言辞をあちこちで弄してきただけに、同業者として肩身の狭い思いで年を越した。それだけに、「今どき、奇特な弁護士がいるもんだ」と、刮目して読み始めた。

「泥沼のようなサラ金地獄に落ちてしまって、必死にもがいていた時、私たち夫婦は一人の弁護士さんと出会いました。そして、その弁護士さんにお願いして、サラ金業者を相手に裁判を起こしたのです。

サラ金規制の法律ができる少し前のことだったのでしょうか。昼夜の区別ない督促や、目の前に灰皿が飛んでくるような恐怖の日々が続いていました。果ては、工場のなかに残った最後のポンコツ機械にも差し押さえの紙が張られるという絶体絶命の時でした。

顔を真っすぐ上げて生活した覚えのない私たちに、弁護士さんはやさしくありませんでした。私たちの今までの生活姿勢のまちがいが、一つひとつ掘り出され、修正されました。厳しくて厳しくて、こんなにつらいなら、弁護士さんに助けてもらうのを止めようかと思った事さえありました。

そして半年後、私たちは、厳しい、つまり勝ち目の少ない裁判に勝つ事ができたのです。最後の一台の差し押さえの紙が取り除かれた時が、私たち家族の新しい出発の時でもありました。

あれから今まで、下請業者という日本経済のシステム上のハンディを背負いながら頑張って働き、なんとか人並みの生活ができるようになりました。そして本日、私たちは、宿題を果たすことができたのです。あの時の弁護士さんに、弁護料をお払いしました。万感の心を込めて。今まで一度も弁護料の督促を受けた事はありませんでした。催促される借金は何とかして支払うのに、そうでない借金は支払えないのは、私たちがホンモノではないからだと、常々おもっていましたので、今私たちは、長年の胸のつかえが取れたような快感を覚えています。

ここまで来るのに、たくさんの方々に有形無形のお世話になりました。これからは、少しずつお返しして行かねばと気負いながら、不気味に迫る不況の兆しに、背筋を寒くしているのも事実です。弁護士料をお返しに行ったら、とっても喜んでくださった弁護士さん！　厳正な法律に、人情の味つけをたくさんしてくださった弁護士さん！　これからも、生き方の下手な庶民の支えになって下さい。お願いします」

読み進むうちに、なぜか一種の既視感に囚われ始めた。どこかで聞いたことのあるような、かつて見たことのあるような話ではないか。やがて、末尾にある投稿者の名前欄に、「佐藤サカエ」の活字を見つけて、合点がいった。

「弁護士さん」とは、僭越ながら、我が輩のことであった。

三　「かくやある、我が家族」

我が輩は、早速、長男の部屋に駆け込んだ。最近、学校の進路希望調査で、「弁護士でも、ヤルか」と大口をたたいたそうだ。公民の社会科を猛勉強中の長男に、「ちょっと息抜きに、読んで見たら」と、差し向けた。すると、長男は、受験用の参考記事でも載っているのかと、勘違いしたらしく、色鉛筆をたてながら目通しにかかった。だが、見る見るうちに、仏頂顔に変わった。「お親父さん、たまには、全国紙一面に出るような裁判をやれよ」と言い放つや、回転椅子の向きを一八〇度変えてしまった。

とりつくしまがないので、隣の洋間に押し入ると、長女は、なんとかバナナの文庫本に夢中であった。国文学の奥義を極めるとの約束で、東京の私立大学に通わせたのに、その後の学習態度が芳しくない。日頃の不満も募っていたために、つい「これぐらいの文章は、書いたらどうだ」と気色ばんでしまった。どうも、この手のやり方は、今の若い女性には不評のようで、「美談もいいけど、その前に、我が家の家計のことを気遣うべきよ」と、切り返された。頼みの綱は、やはり、糟糠の妻になろうか。台所で、残りの御節の詰替えに余念がなかったが、しばらくその手を休めて、音読してくれた。「さすが、ベテランアナウンサーだけのことはある」と、相槌を打ったのも束の間、「あなた、お客さんにもきついのですか」ときた。これでは、とてもじゃないが、自慢話に花を咲かせるわけにはいかない。新聞紙をわし摑みにして、自室に退散した。

想い起こせば、返済の事実を直接に証明する証拠のなかった難しいケースであった。「何回かにわけて支払い、完済したのは本当です」と力説する佐藤夫妻の言い分は、どうしたら、裁判所に認めさせられるか。苦しみながら、次善の策を模索しあったように記憶する。

昼間は納期に追われてままならないので、裁判の打合せは夜間になる。家事や育児に、そのうえ明日の仕事の段取りがのこっているから、気もそぞろで、時には、疲れが眠気を誘う。面倒臭い事柄に踏み込んでゆくと、きまって、「先生に全部お任せしたのですから」の逃げ口上が出る。そこで、我が輩は、口癖のように、「裁判の主役は、あなたたちなんだ」と叱咤激励したのだった。

こんなやりとりを繰り返すうちに、妻のサカエさんがだいぶ書き馴れていることに気付いた。そこで、書面の交換という方法で意思疎通を図ることにした。その甲斐あって、打合せは、スムーズに進展した。意を尽した報告書は、有力な証拠としても採用され、勝訴判決を導いた。

気をとり直してもう一度、投稿記事を読み返してみた。

「厳しくて厳しくて、こんなにつらいなら、弁護士さんに助けてもらうのを止めようかと思った」との下りに及ぶと、なぜか複雑な気持ちに襲われる。読み方にも、いろいろあるのだ。意外と、我が妻のたわいない感想が、事の一面を衝いているのかもしれない。サラ金業者の魔手に堕ちたとはいえ、健全な社会人であるし、とくにサカエさんは、「私の声」の書き手で通っている。そんな夫妻が、裁判を断念する寸前の心境にまで陥っていたとは……。我が輩の側にも、指弾されるべき幾つかの問題が、伏在していたのだろう。

とまれ、弁護士開業以来、我流の正義を振りかざし、遮二無二突っ走ってきた嫌いがある。ここら辺で、来し方をじっくり省みる必要があるかもしれない。そのよすがに、くだんの記事を座右のファイルに収めた。

四　年頭の辞

雪見窓ごしに、蓼科の山頂が望まれる。かつては、居ながらにして、東側に延びる八ヶ岳連峰の稜線が見渡せたのに、我が家の南側に新築された建物の屋根が禍いしている。奮い起ってベランダに歩を運ぶと、やはり冷気が頬をさすけれども、気分はかなり回復していた。そのうえ、たおやかな山脈がくっきりと目の前に現れるではないか。少年時代に飽きることなく眺めた麗姿と、寸分もたがわない。

それにひきかえ、人里の変わりようは、どうだ。国道十八号線のバイパスが、太郎山の南山裾を縫って押し寄せ、所かまわず騒音をまき散らす。転居当初は、キジの親子が我が家の庭を徘徊し、カモシカが玄関前を闊歩したというのに……。バイパス沿いのあちこちに建ち並び始めた商業用の店舗は、ネオンのけばけばしさを競い、星屑を数える愉しみを奪って憚らない。

最後の砦と仰ぐ太郎山本体も、落城の憂身に喘いでいる。中腹をブチ抜く高速道路（上信越自動車道）のトンネル工事が、渇水対策もないまま強行される。ＪＲ上田駅周辺の街中も、新幹線の設計協議に揺れ動いている。鄙びた盆地の郷・上田市街は、戦国時代の不運を生きた真田氏が築いた城下町だが、長い間大規模開発の埒外にあった。なのに、ここに来て、一挙に巨大事業がひしめき、未曾有の変貌を強いている。全て、世紀末の冬季長野五輪に靡く突貫工事だ。

思いを海外に馳せると、昨年早々に湾岸戦争が勃発し、日本の海上自衛隊が、六千キロ離れたクエート沖に出動した。春には、ペレストロイカ政策を推進中のゴルバチョフが、ソ連の元首として初めて訪日したけれども、別荘で休暇中の夏、国内のクーデター騒ぎに巻き込まれ、ソ連共産党書記長を辞任した。そして、暮には、ソ連邦が解体し、我が輩たちが三年ほど前に旅行したグルジアやウクライナは、新しい独立国家に変わった。まさに、国の内と外で、激動の時代を迎えている。

「いつまでも、寝正月をきめ込んではいられない」

溜息まじりに、独り言が漏れる。身体が冷えびえとしてきた。

家族を含めて誰も見ていないことを確かめると、やおら、ベランダでラジオ体操を試みた。何年ぶりのことだろうか、それでも手足を動かす順序は、身体が覚えているのだろう、間違うことはなかった。だが、しかし、知命の峠を越えた五尺五寸は、節々がギクギク鳴った。

「こりゃいかんな、もっと身体を鍛えんと。佐藤夫妻にあやかり、『新しい出発』にとりかからなけりゃ」

一九九二年の年頭の辞は、おのずから成りあがった。

第十九章　山国からの便り　その（三）

――「御柱祭」考

一　七年に一度の「花」

信濃路の春は、かけ足でやってくる。梅や杏、桜は、ほとんど同時に咲ききそい、ややあって、桃や林檎、梨とうち続く。「何でも見てやろう」の意気込みなので、例年、花見遊山のスケジュールは、慌ただしい。

花のリレーがとぎれると、夏山の本番までは、万緑の落ちつきに浸るのだが、今年（二〇〇四年）は番狂わせが重なった。まだまだ華やいでいる所があり、その華やぎは、夏を超えて秋まで繋がる。諏訪市をはじめとする三市二町一村からなる諏訪地域（行政上の諏訪郡全部）で、「御柱祭」が執り行われているからである。数え年で七年毎の諏訪大社例祭なのだが、今回は、「二十一世紀初」と銘うった大宣伝が早々に繰り展げられたせいもあって、ことのほか地域全体が熱く燃えている。

木を山から伐り出して、里に運び、大社境内の四隅に建てる。要約すれば、いたって素朴な催事にすぎないけれども、私が刮目したのは、そのスケールの大きさにある。

諏訪大社に建てる木は、目通り周囲三メートル前後の樅の木と定まっている。樹齢にすれば百数十年にはなるだろう。伐採された木は、樹皮を剝がれ、長さ約十七メートル・直径約一メートル・重さ約十二トンの丸太ん棒に仕立てあげられると、それが、神事を介して御柱になる仕組み。

諏訪大社は、上社と下社に分かれ、上社には本宮（諏訪市）と前宮（茅野市）が、下社には春宮と秋宮（いずれも下諏訪町）が、別々に鎮座しているから、大社関係だけでも、合計十六本の御柱が要る。御柱は、すべて人力で、最長二十キロの御柱街道を曳行される。昔ながらの山路なので、その間には、木落としの急坂があり、ほぼ直角に近い大曲の難所や川越えの急流にも遭遇する。だから、御柱一本の曳行に千を超える人手がかかる。

最後は、御柱にロープを張って、境内の四隅で巻き上げる建御柱だ。「ここが見せ場」とばかり柱にまたがる若衆たちが、九十度に直立するまで、色とりどりの御幣（オンベ）を振って、フィナーレを飾る。同じ所作が、四か所で合計十六回繰り返されるのである。

大社の建御柱は五月上旬までに終わるものの、大社にゆかりの深い摂社や末社から、各地区にする散在する集落（ムラ）の産土神（うぶすながみ）や鎮守、マキ（同氏族）の祝神、はては道の辻々にある道祖神や小さな祠に至るまで、諏訪の人たちは、それ相応の御柱を建てていく。その数、三千本とも……。

今年の大社御柱祭（四月から五月上旬まで）には、延べ百八十万人の人出があったと、マスコミは報じている。秋まで続く小宮の御柱祭の分まで加算すれば……。そんなことまで推計する暇のある人はいないとみえて、公表数字は見あたらない。だが、小宮の御柱祭に備えて、秋の運動会を繰り上げて、地区の催事に協力する学校まで登場しているほどだ。

当節はやりのエコノミスト諸公は、すぐさま地元経済への波及効果を皮算用するけれども、生来貧乏性の私は、各戸家計への重い負担を勘定してしまう。群がる親類縁者（就職や結婚などで諏訪郡を離れた人たちが、この時とばかり群れ集うのだそうな）の接待や襖・畳・障子の張替えなどに、特別の出資がかさむだろうに……。「御柱祭の年には、結婚式を挙げないのが慣わし」と聞かされた覚えがある。

ところが、である。どうも、はた目のとりこし苦労のように思われる。

「まる六年間、汗水流して溜めた銭を、この一年の祭りで使い切るのが、『諏訪びと』の心意気である」と……。

二 「諏訪びと」のしたたかさ

諏訪大社の御柱祭は、正式には、全国に一万余の分社を擁する諏訪神社総本社の式年造営御柱大祭という、れっきとした宗教行事なのである。だから、そこに参集する人たちは、氏子衆と呼ばれる。しかし、御柱を曳行する群衆の中には、他宗教の信者や神道信者でも他宗派の者たちも、男綱や女綱を引いている。おそらくは、諏訪郡下の人口二十万人のうちの大多数が、地区割当ての義務人足制の慣習にならって、おのがいろいろ参加しているのであろう。そこに、強制の契機はうかがわれない。

氏子衆の休息用に、「お宿」が地区別に、曳行路沿いに設けられるのだけれども、近年、企業や団体直営の「お宿」まで、ちゃっかり用意されている。私のみるところ、後者の別格「お宿」の方が、意外にも氏子衆の人気を集めているではないか。そこには、保守や革新の区別を超えた交流がある。つまり、思想や信条の違いに捉われない、「諏訪びと」全てが集う地域ぐるみの祭となっている。

私が刮目する第二点だ。「諏訪びと」の志操ひいては日本人の精神の、曖昧さだと、斬って捨てる批評家もいようが、ものごとは、短兵急に極めつけてはなるまい。


テコでも動かない御柱を、長い曳行へと導く役回しは、木遣り――「ヤーレ、奥山の大木、里に下りて、神となる、ヨーイサー」――である。木の神にあやかろうと、老若男女が縋り寄る。溢れ者は、なんと曳行中の御柱に乗りあげる。身体が不自由でままならない人たちは、一日中放映しっぱなしの有線テレビにかぶりついて、「血が騒ぐ」と喝破する。

諏訪大社の祭神は、天照大神に反抗して出雲から諏訪に逃れた建御名方命（たけみなかたのみこと）とその妃神（きさきがみ）・八坂刀売命（やさかとめのみこと）――その旨の記述が、古い国書などにあると聞く。下って武家政治の時代になると、源頼朝や武田信玄などの有力武将が守護神として崇敬した経緯から、戦の神がつけ加えられた。近代に入ってもて囃された「諏訪海軍」の機縁も、そこら辺に繋がっているのだろう。

しかし、大社境内を一瞥しただけで気づくことがある。上社の本宮や、下社の両宮には、神の住まいとされる本殿がない。拝殿の奥は、大木の茂る林だ。目をもう少し遠くに移すと、大社の背後には、八ヶ岳山麓を中心に一大縄文文化圏が拡がっているのがわかる。国宝・縄文のヴィーナス像が出土した尖石遺跡（茅野市）は、その一つなのである。御柱祭の起源を探って、室町時代初期の『諏訪大明神画詞（すわだいみょうじんえことば）』によると、桓武天皇の時代と記録されている。けれども、「祭自体は、さらに遡った時代から行われていたズラ。巨木や巨石に神の降臨を仰ぐ太古の自然崇拝と結びついているダニ」と、地元識者は胸を張る。

「保革の確執」も、「政教の分離」も、翻って考えてみれば、所詮は、西欧近代の申し子（二項対立思考）ではないか。御柱祭の永い歴史に比ぶべくもない。長野県下でも最も革新的と目されてきた土地柄（諏訪郡）で、「諏訪びと」が、日本の近代をはるかに凌駕する古の時代から、ムラビトこぞって巨木を曳き、子々孫々に固く引き継ぎ、ムラの暮らしの中で大切に守ってきた祭事なのである。そこに、「諏訪びと」の営みのしたたかさを、私は観る。

三　「いしずえ」の志は、今も

地方のマスコミ界に身を置く吾が妻は、生まれは東京だが、諏訪育ちである。勤め先の定年退職を観念し始めた頃から、御柱祭の魅力をしきりに説くようになった。挙げ句の果てに、「御柱祭を識らない者は、信州人ではない」と宣うに及んで、耳順を迎える、佐久育ちの私は、同伴で御柱祭を見物する仕儀とあいなった。吾が妻の地縁である茅野市仲町の受持ちが上社なので、初回は、上社御柱祭を、もの珍しくも愉しんだ。そして、二度目の今回は、姪が下諏訪町で獣医をしていることもあって、下社御柱祭になった。山出しから里曳き・建御柱の全てが、下諏訪の一町ですむから、御柱祭の全体を鳥瞰するには誂え向きである。

下諏訪の街は、その昔、中仙道六十九次の中でも有数の賑わいをみせた宿場町であった。明治維新に際しても、中央本線の誘致競争に勝って、近代化の大勢に乗った。しかし、昨今の急激な高速度交通網からとり残される破目に陥り、企業の撤退や商店の廃業が相次ぐ街に堕ちている。

だが、御柱祭は、そんな時流にお構いなしに、街全体を活気の渦に巻き込んでいく。蝟集するテキヤ衆は、裏通りにまで店をならべたてる。場末のスナックは、昼間、即成のラーメン屋に早替りして、えたいのしれない期間限定のメニューを掲げる。とりわけ、春宮から秋宮へと結ぶ大社通りは、歩行者の群れで身動きもままならない。

稽古を重ねたであろう長持ち踊りや騎馬行列が、前座の綺羅を添えると、いよいよ主役の御出座しである。若者たちが力まかせに引っ張っても微動だにしないのに、もろびとの気持ちが一つに集中した瞬間、するすると動き出す。その絶妙さに、見物客からも、「ヨイサ、ヨイサ」の合いの手が入る。かつて芸術家の岡本太郎は、「縄文人のエネルギー」を嗅ぎとるや、曳き手衆の集団に飛び込んで、すっかり御柱祭にハマったと伝え聞く。

さような資質も才覚も持ち合わせていない私は、シャッターが降りたままの旧店舗軒下に立ちつくして、丸太ん棒の行進をやや神妙な面持ちで見送った。

誤解のないように断っておくのだが、私は依然として無神論者を自認している。遠来の客があると、塩田平や別所温泉の寺巡りに案内することが多い。なにも、私が信心深い仏教徒であるからではなく、境内の風物と調和した三重塔のあやなす佇まいを、共に鑑賞しあいたいがためなのだ。政治的色調を強める法律家団体に踏みとどまってはいるが、特定の政治団体には属していない。それでも、「現行憲法を基に、日本を民主化する礎になる」（いしずえ会）の誓いは、堅持しているつもりでいる。ただ、弁護士として、というよりは地域住民として、四十年近く地域社会に根を張ろうと努めて来て、山の神が祀られる里山の杜や水の神が祀られる川沿いの岡辺への思い入れは、人一倍強くなったのであろう。

それにしても、どうだろう。司法研修所の卒業（一九六五年春）に際して発足した「いしずえ会」に入会した当時、青春のすさびに思い描いた将来像に照らすと、日本社会の現状は、あまりにも歪（いびつ）なものに映ってしまう。だけれども、これまた御柱祭を観察して気付いたことだが、ちょっと視点を変え、もう少し尺度の長い物差しを使えば、別の地域社会像が描けるのではないだろうか。もちろん、「諏訪びと」や、「信州人」にとらわれてはなるまいが……。

そんなことを考えながら、私は、里山や川辺の散策を繰り返している。

第二十章　「上田城」物語

――「城」を築くひとびと

一　一日一万歩

週日の私の散歩は、上田城跡公園ときまっている。脇道をくって最短で行くと、仕事場（法律事務所）から五、六分で着く。十数年前に、主治医から「長生きしたいなら、一日一万歩」と告知されてこのかた、忠実な患者は、せっせと励んできた。だから、散歩といっても、運動療法の一つで、むしろ、今ような言い方でいけば、ウォーキングに近い。

寓居は、旧上田市街北の郊外、太郎山の南麓にあるが、そこから南方向に位置する仕事場（国道十八号線に面し、長野地方裁判所上田支部の西隣）への往復では、とても目標に及ばない。その不足分を、昼休みを利用して補おうという算段になる。

あいにく午後の早い時刻に、裁判の期日指定を請けてしまうと、昼食を正午前に済ませなければいけないが、それ以外は、午後二時までたっぷりと時間をとる。

「そんな涙ぐましい精進を重ねて」と訝る向きには、「なんのことはない、長生きしたいがためですよ」と、素直に応ずることにしている。

二　ウォーキングに最適な「上田城」

上田城跡には、天守閣や御殿などがない。江戸時代の建物として、三基の二重隅櫓が遺るだけで、物見遊山の観光客にとって物足りないことだろう。だが、本丸の土塁や堀、二の丸の土塁などは、江戸時代の遺物だし、今は空堀となっている二の丸東側の堀底は、約三百メートルの直線コースだ。本丸の土塁を何回か軽く上り下りした後、二の丸を一周して先の堀底に向かう。直線コースは、速歩がきく。ターンを繰り返しても、文句を言う人はいない。とりわけ、暑い日などは、土塁の欅・楓・桜などの樹木が緑蔭を提供してくれる。私のウォーキングには、まさに御誂え向きなのである。

それで、計算上は一万歩は達成されるのだが、気分がのってくると、西方向に足を延ばす。二の丸に隣接する小泉曲輪から七堂伽藍の名刹に赴く。浄土宗総本山知恩院直末の松翁山円覚院芳泉寺である。本堂正面に、歴代上田藩主の三氏――真田・仙石・松平――の家紋が大仰に描かれている。山号と寺号に挟まる円覚院とは、仙石秀久の法名に因るという。

つまり、そこには、美濃出身の仙石氏中興の祖が眠っている訳だ。豊臣秀吉に出仕し、一五九〇年の北条氏の居城小田原城攻めで武勲を挙げて、戦国大名小諸城主にとり立てられた武将。京都の伏見城中で、「大泥棒石川五右衛門」を生け捕りにした権兵衛さん。そう言えば、今コミック界で評判の『センゴク』（宮下英樹著）の主人公のモデルではないか……。

いにしえびとの生きざまに思いを馳せていると、せち辛い裁判沙汰など、すっかり忘れる。過ぐる日も、午後の裁判をすっぽかす大変な武勇伝をしでかしてしまった。

三　「上田城」の大きな存在

私は、小・中学校時代、長野県北佐久郡の片田舎（現在は、佐久市望月）で暮らした。父親が仕事の関係で上田市海野町に別居していたので、母親は、時々私を目付役に遣わせた。すると、きまって父親は、上田城跡公園に連れて行った。二の丸内の東側に、入場無料の動物園があったからだ。いかに動物好きの山の子でも、月の輪熊や日本鹿が相手とあっては、間がもたない。時間潰しに、城跡巡りとあいなるが、子供の興味を惹くものに乏しい。本丸の南側に鎮座する神社は、たしか松平神社と呼ばれていた筈だ。型通りに、本丸西櫓の石垣に登ると、煤けた工場の数々が崖下に迫り、二の丸東側の土塁に立てば、堀底にガタゴト電車が蠢いていた。子供の眼には、上田城なるものが、やたらと貧相で、ちっぽけな存在に映ったものだった。講談本に登場する真田十勇士が城内を闊歩する姿など、想像することすらできなかった。

近年、上田城跡とその周辺の整備が進んだ。ガタゴト電車は廃止となり、軌道敷の堀底が市民の遊歩道に替わった。上田城跡南側崖下の工場群を移転させ、その跡地を、上田市が多額の費用をかけて、芝生公園と駐車場に確保した。今では、私のウォーキングコースに組み入れられている場所だ。

芝生公園から西櫓と南櫓を見上げると、なかなかの景観ではないか。青天の空を衝いて屹立と映える様は、並みの天守閣にひけをとるまい。本丸と二の丸の配置状況が、居ながらにして掌握できるのもよい。六十路の初老の眼には、「上田城」の大きな存在が見える立ち位置なのである。

四　「優れた町づくりプランナー」

上田城は、一五八三年真田昌幸が築城に着手し、二年後にはおおむね竣工された平山城と伝え聞く。収集した古地図や絵図に、ウォーキングによる知見を落としていくと、優れた町づくりプランナーとしての昌幸像が浮かんでくる。

私がつねづね櫓を見上げる芝生公園は、もと千曲川の河床であった。昌幸は、千曲川右岸に形成された、東西に長く延びる河岸段丘を利用して、段丘上に平山城を築いたのだ。垂直な崖の段差が十数メートルもあり、崖下を尼ヶ淵となしていた。そのままで天然の要害であるから、それで、南側の固めは、よしだ。

北側と西側は、太郎山塊を水源とする矢出沢川が外囲いの役割を担い、件の芳泉寺西南の方角で千曲川に合流している。もっとも最近の発掘調査によると、現在の矢出沢川の河床は、築城の際に北側に移動させられて出来上った模様で、旧河床は、二の丸堀付近にあったとされる。その旧河床を活用して、百間堀や広堀・捨堀の大水濠群を造成した。現在では、児童遊園地・陸上競技場・相撲の土俵・野球場・サッカー場などに転用されているのだが、それらの施設がすっぽり収まっていることからも、大水濠群の規模が推し量られよう。大水濠群を満たす水は、矢出沢川だけでは足りない。二の丸東虎口から約四キロ東に進んだところに、一級河川の神川がある。修験信仰の四阿山や菅平高原を擁する根子岳を水源とし、北方向から南方向に流れ出でて、上田市の国分寺あたりで、これまた千曲川と合流する。こちらの水量は、申し分なし。地元の郷民たちが取水していた堰用水を蛭沢川に集め、上田城下の町中を貫いて大水濠群に導水する。築城が町づくりと一体であることが、よくわかる。これで、北側と西側の堅固な構えが仕上った。

残すのは、東側である。

二の丸東虎口から東方向に約四五〇メートルほどの先に、大手口を設け、現存してはいないけれども、その両側を三の丸堀と土塁で固めたとされる。大手口東側の一等地には、真田氏と縁の深い真田郷（上田市本原）と海野郷（東御市本海野）の郷民たちを優先して住まわせ、その周りに職人や商人などの町屋をつくり、城下の要所に農民を移住させた（城下囲いの八邑）うえ、多くの寺社を配した。旧上田市街の原型ができあがった。

これまでの築城史を繙けば、築城主の美談で飾られているのが多いように見うけられる。しかし、それで済ませてよいのだろうか。

穴を掘り、土盛りをするきつい肉体労働の担い手たちは、築城主やその家臣ではない。半ば強制的に使役させられた郷民たちなのである。上田城築城用の木材や石材などは、太郎山から調達したと伝えられる。それらを伐り出し、掘り出して上田城まで運ぶ作業は、至難の業に近いことであったろう。その間、多くの犠牲者が出ただろうことは、想像に難くない。

郷民たちに苦役を強いる裏面史への目配りが必要ではないか。残念ながら、実証的な研究著作が私の手元にないので、とりあえずの指摘にとどめざるをえない。

五　「小よく大を制す」

山城から平城へが時代の潮流としても、世はまだ戦国乱世。真田昌幸は、旧主家武田氏の滅亡後、敵将織田信長に臣従するも、二か月後に本能寺の変を迎える。その後は臣従先を、徳川家康にかえる。豊臣秀吉による天下統一は、未だならずの時期であった。

「強きを挫き、弱きを輔す」――「現代のサムライ」の眼から見れば、「畏れながら、申し上げたき議あり。東の固めが、少々甘くはござらぬか」と。そこは智将昌幸、先刻折り込み済みであった。昌幸構想の真価が問われる秋が、一五八五年にやってきた。家康による上田城攻め・第一次上田合戦である。

当時、真田氏は、上州沼田（群馬県沼田市）にも、城や領地を保有していた。関東一円に勢力圏を拡げていた相州北条氏（神奈川県小田原市）は、駿州に進出していた家康と談合して、信州と甲州の領有を徳川氏に認める代りに、上州沼田の真田氏所領を北条氏とするボス取引を成立させた。そこで、家康は、一方的に昌幸に沼田所領を北条氏に引き渡すよう命じたのが、ことの発端とされる。信長亡き後実力者ナンバー2に躍り出た家康は、自分の指示に従わない国人衆ごときに腹を立て、「急ぎ退治せよ」と下知して、寵臣大久保忠世（後の小田原城主）らを大将に、総勢七千余騎を派兵した。かたや、昌幸側は、旧武田軍の残党から出家僧や伊勢の御師まで雑兵をかき集めても、その数二千に足りない。まともに戦ったのでは、勝ち目はあるまい。「小よく大を制する」智恵の見せ所である。

徳川軍は、神川左岸（東側）に陣を張った。

「もしも敵勢が川を越えてきたならば、一せり合いして軽く引き取れ。そうすれば、敵は食いついてくる。その時存分に引き入れよ」と、嫡男信幸・次男幸村の両将に命じておきながら、御大昌幸自らは櫓に登って、甲冑も着けずに碁に興ずる。

作戦通り、両将が一せり合いして引き上げると、徳川軍は、両将を討ち捕えんと後を追う。頃合いを見た両将は、それぞれ脇小路に逃げ隠れる。それで、「城中は小勢なり」と見侮った徳川軍は、総軍で一挙に大手口に驀進する。

思い通り引き寄せたと見た昌幸は、五百騎で迎え撃つ。と同時に、脇小路に引き退いていた両将勢が、城下の町屋に火を放ち、混乱して統制のとれなくなった徳川軍に横槍で突きかかる。風のごとく、乱れ雲のごとくに、集まっては攻めかけ、攻め込んだ。

そして、最後の駄目押し策となる。四方の小高い丘や谷間、林の中に伏せていた郷民たち三千余人は、城中の太鼓の合図で一斉に決起する。といっても、紙旗を差し連ね、鉄砲をうち鳴らし、わめき叫んで、攻めに出るが如き素振りを見せるだけ。「思わぬ大部隊の出現か」と、度肝を抜かれた徳川軍は、ほうほうの体で神川右岸まで逃げかえる。時は閏八月、神風ならぬ神川のもたらす増水は、渡河する者の半数以上を呑み込んで、千曲川まで押し流した。

討ちとった首だけでも千三百余。味方の死者は、雑兵を含めても四十余人。地の利を最大限活かし、郷民たちにも相応の役割を担わせる総力自衛戦を展開する謀事は、首尾よく的中した。

右記の神川合戦の他に、上田城の支城である丸子城や烏帽子形城の各合戦を総称して、第一次上田合戦と呼んでいるが、神川合戦が主であった。神川合戦に関しては、諸々の文献や講談ものが存在するけれども、本稿の戦闘に関する叙述は、上田軍記（ほおずき書籍発行『信州上田軍記』堀内泰訳）を参照させていただいた。江戸中期、松代藩真田家の家臣の手になる真田家の家記である。

六　「上田城の破却」

私が週日にウォーキングする城跡は、正確に言うと、真田昌幸が築いたものではない。一六〇一年の前半頃には、徹底的に破壊されてしまい、廃城と化したからである。

上田市の観光業者らは、今、宣伝の目玉として、昌幸・幸村父子をさかんに売り込んでいるものの、両者は上田の地を追われた身で、昌幸とて在城した期間は、僅か十七年。上田城主としては、仙石氏の方が長いし、松平氏に至っては、百八十余年の長期にわたる。とかく日本人には判官びいきの傾向がみられるけれども、都合の悪い史実でも、隠したり歪めることなく、ありのままに継承していくべきものではないか。そこで、耳学問に拠りながら、「上田城」のその後を、綴ってみたい。

昌幸は、もう一度徳川家康と一戦を交えている。一六〇〇年の関が原の合戦を前にした第二次上田合戦である。第一次の際は、越後の上杉景勝に臣従し、上田城郭の西側の守りを固めてもらったとされるが、それ以後は豊臣秀吉に鞍替えだ。「力が正義」の時代、強い方にいなければ、一族郎党の生存がおぼつかない。だから、生き残るには強い方につく訳だ。強者がコロコロ変われば、臣従先もコロコロ変わる。昌幸の場合も、基本的には例外ではなかった。この時代の徒輩にとっては、忠義か不忠かは、二の次である。秀吉が没すると、その子秀頼を担ぐ石田三成方の西軍と家康を総大将とする東軍に二分された。昌幸・幸村父子が西軍に、沼田城主となっていた信幸が東軍に、それぞれ属することになって、真田氏一族が分裂した。

家康の嫡男秀忠を大将とする三万八千余騎の大軍団は、信幸隊も従えて中山道を西上し、東海道経由の家康軍と途中で合流のうえ、西軍とまみえる手筈であった。秀忠は、信州通過の途次、仙石秀久を城主とする小諸城にあって、上田城に籠城する昌幸に降伏勧告を試みた。今回の昌幸軍は、総勢二千五百。信幸隊が秀忠軍に与しているから、神川合戦の謀事は、もはや通用しない。しかし、この戦の目的は、秀忠軍に戦闘勝利することではない。できる限り長い時間、秀忠軍に足止めをくらわせ、本番の大合戦への参戦を遅らせることにある。

第一次合戦後、上杉氏の援助を得て、上田城の守りを一段と強固にしているので、秀忠軍が総攻撃を仕掛けても、落城まで相当な時間稼ぎができるとの読みがあったればこそ、昌幸は、硬軟両様の焦らし戦術を駆使できた。「よもや歯向かうことはあるまい」と軽信した若輩の秀忠は、昌幸の術策にまんまとはまって、天下分け目の関が原合戦に間に合わない大失態を演じた。

上田市立博物館発行の『郷土の歴史』によると、「両者睨みあいのうちに、何度かの小規模な衝突が起こっただけで終わり、第一次上田合戦におけるような、大きな戦闘はなかったらしい」「徳川秀忠軍にとっての上田城攻めは、大損害を喫したという程のものではなかった」とされる。それでも、負け組の西軍に属した以上、征伐なしでは済まない。負け組諸侯の多くが、家康の追撃を受けるまでもなく、自ら落ちのびていくか降伏する中で、昌幸は、城を枕に討死する臨戦態勢を整えた。だが、嫡男信幸の必死の説得と懸命な嘆願があって、昌幸・幸村父子ともに紀州高野山（和歌山県九度山町）への無期限蟄居（配流処分）という妥協が成立した。

その後、上田城は、徳川方に接収されて、破却された。隅櫓などの建物や塀などがうち壊され、土塁は崩され、堀も埋められてしまった。これらの壊し屋の役を、見せしめのため、わざわざ信州在住の諸大名に命じたという。完全なる廃城である。二度も苦杯を嘗めさせられた徳川氏の怨念が、よく見てとれる。

家康は、昌幸の所領（六万五千石）を没収したうえで、改めて信幸に与えるという形式にこだわった。城郭の修復などの許可制度は、一五年の一国一城令で法規制されるに至るのだが、それ以前から、信幸は、上田城の復元をあえてしなかった。上田藩の始祖として勤め場所は、三の丸の家臣屋敷町の一角に、「御屋形」と呼ばれる居館を建て、そこで藩政を執り行った。信幸を信之と改名して、徳川氏への忠誠を示す心配りが、痛いほどわかる。

徳川氏と結ぶ細いルートは、正室小松姫（四天王の一人本多忠勝の娘にして、家康の養女として信之に嫁す）だが、小松姫の急逝で雲行きが怪しくなる。信之は、芳泉寺を真田氏の菩提寺として、そこに小松姫の御霊屋を建てて懇に弔ったのも、束の間。二二年信州松代（長野市松代）に移封された。

七　「カラスのねぐら城」

交代で入封したのが、東軍に属した小諸城主仙石秀久の嫡男忠政である。上田藩への移封に際し、二代将軍秀忠は、特別待遇として「上田城修理の料、銀二百貫」を授けた。廃城から二十五年も経つ一六二六年、上田城復興計画に幕府の許可がおりた。

早速に工事着手となったが、藩主忠政は、病気がちで、二年後に早世したため、工事は中断された。本丸には、七基の隅櫓と土塁・塀まではできたものの、藩の政庁とされる御殿の建造には至らず仕舞い。二の丸でも、堀や土塁及び三方の虎口の石垣までは成ったけれども、塀、櫓、重臣らの屋敷も、全く建造されてはいない。

「復興上田城」なるものは、近世城郭としてみると、不完全な代物であった。

その惨状は、徳川一族庶家の一つ藤井松平氏に引き継がれた。時すでに、徳川太平の世に移り、もはや、戦乱を想定する必要がなかったからである。藩政の業務は、仙石・松平の時代を通じても、先の「御屋形」で執り行う変則状態が続いた。

「復興上田城」は、二人ほどの番人が警備にあたるのみで、人の出入りも余りなく、樹木竹林の茂るにまかせていた。本丸の堀の水も涸れて、空堀になる始末。誰からともなく、「カラスのねぐら城」の綽名がつけられたと伝え聞く。

「カラス城」と言えば、国宝松本城の美称ではあるが、「カラスのねぐら城」とはいかに……。現在では、上田市民の多くが、おそらくは、承服しがたい呼称であるにちがいない。

八　「復興上田城」の身売り

「復興上田城」は、蔑称で呼ばれながらも、封建領主権力の象徴としては、二百五十年近くの間存在し続けた。しかし、その命脈を絶たれる日がくる。

明治維新を断行した薩長藩閥政府は、全国の諸藩に、版籍奉還を迫り、廃藩置県を強行して、廃城令を発布した。「復興上田城」も、国に接収され、細切れに分割されて民間などに売り払われることになった。長野県庁文書『長野県史近代史料編』所収の「上田城跡代価見積調書」によると、隅櫓七基その他の建物はもちろんのこと、土塁や堀、松や杉・竹の立木（合計樹木千七百五十本）まで、各別に値付けされて、入札にふされた。隅櫓などは、もはや時代遅れのものと見なされたのか、なかなか応札者が現れず、その内二基だけが見積価格の半値以下（一基六円）で、ようやく落札となった。その他は、西櫓一基を残して取り壊すしかなかったという。

落札された隅櫓二基の行先は、なんと上田遊廓であった。解体・移築されて、金州楼と万豊楼という名の遊女屋に変わり果てた。

上田遊廓は、一九三〇年頃には、既に廃業していたが、遊女屋の建物自体は、後利用もなく、そのまま遊廓跡に残されていた。その所在場所は、現在の長野地裁上田支部と太郎山南麓とのほぼ中間に相当する新屋地区にあたる。往時、そこら周辺で農耕に従事していた郷民たちが、真田昌幸による築城の折、城郭北側の固めとして、矢出沢川左岸（南側）に移転させられた。先の「城下囲いの八邑」の一つである。

その後、真田信之が初代藩主に就くと、江戸幕府の方針に従い、北国街道（正確に言うと、北国脇往還）を矢出沢川に沿って整備したので、街道筋の集落（鎌原村）が形成された。城下町の在（外郭）としての位置づけであったが、南側で武家町に、東側で町人町に、それぞれ隣接する地の利もあって、鎌原村は、それなりの賑わいで、江戸時代末には商人も現れた。

時代が下って、昭和の初期、矢出沢川の右岸（北側）に、北国街道と平行して国道十八号線が開通すると、鎌原村は、国道沿いに集落を拡げ、敗戦後、裁判所が現地に移転するのを機に、検察庁・拘置所・税務署の諸官庁や銀行・保険会社などが進出して、新興開発地の様相を呈することになった。

　この新興鎌原地区と旧街道筋の鎌原地区を分かつ矢出沢川に、両地区を結ぶ唯一つの橋があって、私のウォーキングは、その橋を渡ることから始まる。地元のみなさんは、今でも、その橋を浮世橋と呼んでいる。

　なんと粋なネーミングであろうか。その名に惹かれて、川下（西方向）に橋をたどれば、上須波橋・下須波橋・向源寺橋と続く。いずれも、同名の社寺が橋の北方向にある。最後は、高橋。上田城西北端の要衝で、敵兵の侵入を防ぐため取り壊わし、その後架橋を容易にする仕掛けのものだ。川上に移ると、西八幡橋・八幡橋そして町人町・柳町へ。前二者は、その名に言う八幡神社（橋の北方向に、上田城の守り神が安置されている）に通じている。

　これらの命名方法によれば、件の橋は、その北方向に、鎌原神社や虚空蔵尊堂が鎮座しているのだから、いずれかの呼称になる習いであろうに……。なのに、橋柱には、「浮世橋」と鮮やかに刻まれている。

　このネーミングは、どうも上田遊廓へのお忍びの通い路に、由来するのではなかろうか。

　先年、ウォーキングの帰路、浮世橋に差しかかると、橋のたもとを行きつ戻りつしている熟年の紳士に遭遇した。「今どき、お忍びでもあるまいに……」と調子づいて、一声掛けたばっかりに、面倒なことに巻き込まれてしまった。

「いえね、私は、志賀直哉先生が好きで、作品の舞台を訪ね歩いているのです。先生は、この近辺の温泉郷に逗留されて、『豊年虫』を遺されていますでしょ。その際、上田停車場から人力車を走らせて、上田遊廓をひやかしでのぞかれた、とあるんですよ。だけどねえ、この狭い路地では、北国街道を直角に曲りきれるものでしょうか」

人力車の普及は、私が物心つく前の時代の世相だから、私が、真剣な問い掛けに、まともに応じられるわけがない。それでも、奇特な旅人に、地元の住民として、なにか土産話となるような情報を提供しようと、思案をめぐらせた。

「浮世橋の一つ川上にある西八幡橋は、現在市道花園天神町線（通称二の丸通り）上にあります。北国街道よりは、かなり遅く開設されただけに、道巾が広い。そのうえ、上田駅頭からの距離も、近いように思われます。誰彼の人目を憚ることのない道行きでしたら、そちらのルートも、検討してみたらいかがでしょうか」

とにもかくにも、一途な研究に基づく探索と気ままな耳学問に因る推理が、図らずも合致をみるとは、不思議な機縁を覚える一幕であった。

だいぶ脇道にそれてしまった。急いで本筋に戻ることにしたい。

九　市民が築く「上田城」

いつの世にも、心ある人たちは、いるものである。本丸は、一人の篤志家に救われた。材木商であった彼の自宅は、芳泉寺の北側、矢出沢川が南に流れを変える角地（その北側に先の高橋がかかっている）にある。もう少し今ように観光案内すると、石垣下の矢出沢川河原は、数年前の日本アカデミー最優秀作品賞に輝いた映画『たそがれ清兵衛』の主人公が果たし合いをするロケ現場。「せめて、本丸だけでも、散逸を防いで、そのまま後世に遺したい」と、一括購入に名乗りをあげたからである。豪商といえども、やはり、一人が維持管理するのは、負担が重すぎる。そこで、本丸の南側は、松平氏の歴代藩主を祭神とする松平神社の建立を予定する有志たちに、敷地を寄付することにした。北側は、広く庶民に開放する公園としていたが、やがて上田市への寄付に及んだ。

二の丸の方は、一旦は細切れで売却されてしまった。その頃上田地方は、養蚕業が盛んであったから、多くは桑畑に変じた。もっとも、東北部分の一画に上田監獄が誘致されたとの記録が残っているので、よほど後利用に窮したことであろう。

本丸の公園化に触発されて、二の丸も市民の公園にしようという運動が市民サイドで起こる。一九二〇年代までに、上田市は、順次買収を重ね、先のスポーツ施設などの整備に取り組み、二八年には右記監獄の移転を実現させた。

本丸と二の丸は、三四年国の指定史跡となった。結構なことではあるけれども、本丸の西端に隅櫓一基だけが、ポツンと棒立ちになっているサマは、城郭として余りにも不恰好ではないか。哀れな同情さえ、かき立てられてしまう。市民の眼は、廃業していた上田遊廓に自ら注がれていく。遊女屋の建物が上田市内の業者に売られて、東京の高級料亭に転売されるという記事が新聞紙上に載ると、「買い戻せ」の世論が一気に高まった。四一年末のことで、転売代金は千八百円とか。翌年早々に、上田城保存会が結成される。購入代金自体は、銀行からの借入れで当座を凌げたものの、解体し移築するには、九に倍する費用を要することもあって、四四年秋、再建工事は中断の止むなきに至った。

時まさに、太平洋戦争の末期である。長野市松代城跡から南東に鎮座する皆神山・舞鶴山・象山に、多数の朝鮮人を使役して、大規模な地下壕を掘り、そこに、大本営や天皇・皇后の御座所、中央官庁などを遷す――「神聖不可侵な天皇と天皇制を護持するために」、本土決戦を断行し、臣民はすべからく玉砕すべし――そんな狂気の時代に、木造の隅櫓二基を再建するなどという発想自体、およそ不謹慎の譏りを免れなかったのであろう。

文化財としての隅櫓を再建するには、やはり、「軍事を文化に置き換える」新憲法の誕生を待たねばならなかった。四八年六月右記保存会は再出発し、翌年六月、本丸東虎口の両側石垣上に、二基の櫓を復元させ、南櫓と北櫓と呼ぶことにした。従前の西櫓と合わせて、三基の隅櫓が本丸を取り囲むことで、なんとか近世城郭の体裁が整った。

実に、足かけ七年に及ぶ取り組みであった。戦時中そして敗戦直後という未曽有の時期、日本人の大多数がメシを食うことすらままならない状況下で、地道な市民運動が展開された事実は、特筆すべきことではないだろうか。やがて、三基の隅櫓は、五九年長野県宝に指定された。「新しい上田城は、市民が築いた」と、私は、満腔の賛辞を贈りたい。

（追記）

残りの櫓四基の再建のために、私財十億円をポンと上田市に寄付した上田市民一人が登場するのは、この拙稿の執筆後十二年経過した際の出来事である。「城を築くひとびと」の営みは、これからも続くにちがいない。

十　「御屋形」の行方

三の丸の「御屋形表門」を私がくぐったのは、一九五五年四月のことである。詰襟の学生服に身を正して、県立上田松尾高校一年生の入学式に参列した。正門が薬医門で、その両側には、土塁の上に土塀がしつらえ、その東側には濠が張りめぐらされている。まるで、元服を迎えた侍の初見参の趣であった。

「御屋形」は、明治維新の改革にうまく便乗して、分割売却を免れた。一八七二年の学制で、長野県の小県郡と埴科郡を一学区とする計画が公表されると、地域住民は、中学設置候補地を「御屋形」とする運動を展開した。長野県令楢崎寛直を通じて、時の内務卿大久保利通に陳情に及んだ。その結果、七五年国から県に無償で払い下げられた。
　だが、学校を建設・運営するには、金銭などの諸事情が絡んで、かなりの時間を要した。その間、隣接の裁判所に貸し付けて賃料収入を挙げるなどの苦肉の策が講じられもした。ようやくにして、一九〇〇年「御屋形」跡に、五年制の独立旧制上田中学が誕生する。そして敗戦後の教育改革で、四七年新制県立上田松尾高校に編成された次第である。
　私の入学当時、まだ旧制中学の気風が遺っていて、新入生は、校歌（上田中学国漢科作詞）指導の名の下に、放課後、薄暗い武芸道場で八列縦隊に立ち並べさせられて、応援部を主体とする上級生諸兄からシゴキを受けた。敗戦後の民主教育の下で、佐久高原の山野を思う存分駆けめぐって育った田舎少年には、相当なカルチャーショックであった。直接的な暴力沙汰はなかったものの、父親や兄たちからも投げかけられたことのない怒声や罵声を浴びる。そんな状況では、歌詞をオウム返しに暗誦することが精一杯で、意味内容や故事来歴などを考える余裕はなかった。

　その後、弁護士稼業に糊口を凌ぎ、瑣末な字句でもその詮索にこだわる習性が身についてくると、オウム返しが効かない。酔興の席といえども、校歌をそのまんま唱和するのに、抵抗感を覚えてしまうのだ。とくに、二番がいけない。

　　関八州の精鋭を
　　　ここに挫きし英雄の

義心のあとは今もなお
　松尾が丘の花と咲く

「英雄」とは、初代上田城主真田昌幸を指すのであろう。だが近年、上田・小県地方では、真田幸村のPRが喧しく、本丸の神社も、いつの間にか真田神社と名称を変えている。社務所に問い質すと、答はこうである。

「最初は、松平氏の歴代藩主を祭神としたが、敗戦後、仙石・真田各氏の歴代藩主をも追加して、上田神社と改称した。一九六三年頃、並み居る諸祭神とは別箇に、昌幸と幸村を主祭神に祀りあげ、社名を真田神社に変更した」と。

なんのためらいもなく、たんたんと説明する姿に、憲法第九条に関する歴代自民党政府の解釈変更のメンタリテーが重なって見えた。

真田幸村は、上田藩主は言うに及ばず、上田城主ですら務めたことがない。一時期は、上杉景勝や豊臣秀吉の人質要員であった。民衆の喝采を博するのは、九度山での長い配流後、徳川家康の大坂城攻めに際して豊臣秀頼に出仕した僅かな期間に過ぎない。なのに、並みいる上田藩主の諸祭神をさしおいて、上田城跡の本丸内で、主祭神に祭りあげてしまう手口は、いかんせん、道理に悖るのではあるまいか。

「関八州の精鋭」というからには、家康が秀吉より関八州への移封を求められて江戸城に入府となった一五九〇年以後のことであろう。第一次上田合戦時の徳川軍主力部隊は、三河・遠江・浜松勢であった。すると、校歌二番は、第二次合戦を想定していることになってしまう。しかし、その合戦では、前記の通り、小競り合い程度の衝突はあったものの、第一次合戦ほどの戦闘はなく、秀忠軍の損害もさほどのものではなかった。なのに、「関八州の精鋭を挫きし」と謳うのは、いかがなものであろうか。

そもそも、現在県立上田高校のキャンパスとなっている「御屋形」は、真田信之が築いたものではないか。第二次合戦では、信之は、当時の上田城に籠城する昌幸を攻める側の先陣にいた。そんな因縁の「御屋形」に、敵将にあたる昌幸の「義心」がのり移っているとは、いかに……。

しかも、である。信之自身「御屋形」に在住した期間は、僅か二十二年弱。その後、家主が、仙石氏そして松平氏と替わって、両氏合計で二百五十年近くもなる。かてて加えて、松平氏の家主時代、二度の火災に遭い、表門を含めた建物がことごとく焼失している。現存する薬医門は、一七九〇年松平忠済が建てたものだ。信之の残り香さえも、完全に一掃されている。

「松尾が丘に花と咲く」のは、今では、たかだか濠端の手負い桜であるが、それとても明治維新後に植樹されたものだろう。真田氏の「義心」なるものを探すよすがは、もはや長野市松代にある藩校――文武学校に求めるしかないのでは……。

十一　生きる指針

ウォーキングのさなか、たまさかに口遊ぶのは、校歌三番の方である。

古城の門をいで入りて
不動の心山に見る
我に志高の望あり
挙世の浮華に迷わんや

上田松尾高校は、私たちの卒業を最後に、校名を上田高校に変えたが、校歌はそのまま引き継いだ。「志高の望」は、シゴキを受ける側にもあるし、シゴキで変えられるものではあるまい。ただ、私の場合、ちょっと大きすぎたか、まだかなえられていない。昨今における弱肉強食の風潮が著しくなると、かなり遠ざけられてしまった観がある。

それでも、「挙世の浮華」に迷うことなく、自分の選んだ道を往くしかあるまい。「不動の心」のありかを問うのは、今もなお、「北辰太郎」である。

ややもすると、脇役に押しやられがちな真田信之だが、遠く九度山に蟄居する父弟の度重なる無心にも、嫌な顔一つ見せず応えていたそうである。そして、父昌幸の客死と弟幸村の討死を見届けた。松代藩に移封後も、藩主として生き延び、松代真田氏の棟梁として生き抜いた。徳川家康・秀忠・家光三代の最期を見届け、真田氏の行末をしかと確かめるや、九十三年の天寿を全うした。

「これぞ、信之殿の御執念。あやかりたきものよな」—さらばこそあれ、「現代のサムライ」は、「我に至剛の誇あり、いざ百難に試みん」。その心意気や……、なんのことはない、校歌四番最後の歌詞に拠る。

もっとも、今の私の場合、先ずは、「一日一万歩に挑戦」となるのだが……。

第二十一章　「上田城物語」余話

――「歴史の散歩道」をゆく

一　時は流れて

今でも私は、一日一万歩に挑戦している。

運動療法に採りいれてからでも、四半世紀にはなるだろう。もっとも、後期高齢者手帳をわたされた時以降は、雨の降り注ぐ日や積雪の凍てつく日など、ウォーキングはとり止める。室内階段の上り下りや家事労働で代りをすませるのだが、その埋め合わせ方が厄介なうえ、爽快感がまるでない。いかんせん、ウォーキング日和は、ひたすら待つしかない。

ウォーキングコースは、やはり上田城跡だ。時には、往きと復りをかえたり、脇道にそれてみる。それだけで、視界に入る風景が、だいぶ異なってくる。いずれにも倦むと、二の丸西虎口の外に設けられた小泉曲輪を下って、細小路から芳泉寺・丸山邸を経て、矢出沢川右岸を遡るサブコースを辿る。最近は、このコースを選ぶ機会が多くなった。

ウォーキングの路すがら見聞したことどもを、時系列に並べ直して、四百年にわたる記録に仕立てたのが、拙稿『上田城物語』（いしずえ四十七号所収）である。あらためて読み返してみて、格別に補正すべき箇所は、見当たらない。しかし、寄稿してから、もう九年近い年月が経ってしまった。その間、書き加えたいことどもが、生じてはいる。ましてや、同人誌『いしずえ』が正真正銘の終刊を迎えるに際しては、むしろ書き遺しておくべきなのかもしれない。そんな思いから、書き継いでいく次第である。

二「ドラマ館」の出現

ＮＨＫ大河ドラマ『真田丸』の放映が、二〇一六年一月十日から始まった。その企画の本決まりは、たしか二〇一四年の夏だと記憶する。その頃から、城跡を訪ねる人たちが増えだした。放映開始に先立って、下見をしておこうという大河ドラマファンが、そんなに多いのだろうか。以前は、桜の花見時や銀杏や楓のもみじ時を除いては、いたって閑静で、私は思い通りのウォーキングを楽しめた。冬枯れ時、二の丸を一回りしても、ひとっこ一人にも会わない日は、遥かなる歴史にじっくり向きあえた。それが、どうだ。今年の一月からは、とんだ様変わりなのだ。着なれない厚手の防寒コートに身を包んだ大型観光団が、急拵えのバス専用駐車場（三十五台収容可）に降りたつと、隊列をなして二の丸の堀底を改修した遊歩道に沿って突き進む。目指すは、本丸にあらず、「信州上田真田丸大河ドラマ館」の方だ。二の丸南側（武者溜）に残る旧市民会館（老朽化のため取壊しが確定済み）の大ホールを急遽再利用し、一月十七日にオープンという代物である。ドラマの台本や登場人物の相関図、図、背景をなす歴史年表、俳優が着用した衣裳や刀などの小道具類……。これらの品々を展示する企画は、これまでＮＨＫがＰＲをかねて、ドラマ放映の前に、期間限定で実施している。私自身も、かつて、江戸東京博物館を見学した折に、その種の展示にでくわした経験がある。視聴率アップの魂胆が透けてみえるのだが、ＮＨＫが自腹で自主的に制作・運営するかぎり、あえて異を唱えるつもりはない。ところが、「真田丸ドラマ館」は、大河ドラマ「真田丸」上田市推進協議会なる団体が、主催者として登場するものの、展示の制作は、ＮＨＫエンタープライズ。展示期間は、ドラマ放映終了後になる翌年一月十五日までの無休ロングラン。テープカットの日、主役の堺雅人と一緒に、県知事と上田市長が並んだのを見ると、県も市も、かなりのカネを貢いでいるに違いない。こんな凭れ合いは、いかがなものか。

とまれ、寒中にして、この人混みなのだ。啓蟄の時季が過ぎて山国が春めくと、蝟集する群れは、……。想像するだに恐ろしくもある。

三　大河ドラマ「真田丸」の舞台裏

真田信繁（さきの『物語』では幸村としたが、本人の存命中自ら幸村と書き遺したものはない旨の最近の研究に従って、本稿では、信繁の表示に統一する）を主人公とする大河ドラマ放映の決定過程についても、どこかに、いかがわしさを、私は覚えてしまう。

司馬遼太郎や池波正太郎の世代に次ぐ時代小説家として、私が期待していた火坂雅志が、二〇一五年二月急逝された。人気上昇中であったから、相当な無理を重ねたのではないか、五十八歳の早世が惜しまれる。同氏の著作の中で、上杉景勝の家臣である直江兼続の生涯を描いた『天地人』が、〇九年の大河ドラマの原作となった。上杉氏の春日山城が、私の母の故郷（上越市直江津の在）に近く、上越市と上田市とは姉妹都市の縁結びをしていることもあって、私は大河ドラマにはまった。同年の七月から翌年の十月まで、火坂は、信濃毎日新聞紙上に、『真田三代』を五百三十四回連載した。幸隆から昌幸を経て信幸並びに信繁に至る三代の生き様を通じて、地方の小勢力が大勢力に立ち向かう「小さき者の誇り」を、見事に描ききった。とりわけ、信繁を「日本一《ひのもといち》の兵《つわもの》」と持ちあげたものだから、地元住民の心に宿る埋み火に、油を注ぐことになった。「兼続公が取り立てられるなら、日本一の兵信繁公も」という訳である。

上田市の観光の目玉に信繁を据え、上田城と結びつけてしまう構想は、本丸南側を占拠する松平神社を、上田神社に、そして真田神社と、順次社名変更してきた五十年前頃には、芽生えていたのではないか。その後、ＪＲ上田駅前広場に信繁の騎馬像を建立し、本丸南崖下の土地約二町歩に総計五十三億円を投ずる都市公園を配備している。御決りの武者行列に鉄砲隊を動員してみたり、真田十勇士像を街中の各所に設置するなど、種々の取組みが試みられてきた。だが、どれもインパクト不足で、イマイチだ。そんな閉塞感の漂う中で、ＮＨＫの大河ドラマ便乗の企みが、浮上したのである。「『日本一の兵真田幸村公』放映の実現を願う会」が、〇九年十一月市内の企業や団体を網羅して動き出した。主な活動は、署名集め。署名用紙が、市内各自治会の回覧板に挟み込まれ、本丸櫓門前に公然と仕置かれ、全国の姉妹都市にまんべんと運ばれた。遠く、みちのくの蔵王町（宮城県）では、人口八千人にして二万筆近くの署名が集まったと伝えられる。上田市の観光大使真田徹氏（信繁の次男大八を始祖とする仙台真田家第十三代当主）の先祖の知行地（伊達本藩領）があった縁という。当面の獲得目標が達成されると、上田市長を先頭とする陳情団が、大挙して上京し、NHKに赴いて署名簿を山と積んだ。最終的には、あの辰野事件での公正裁判要請署名を遥かに凌駕して、その数八十三万余筆とか。上田市の人口が十六万人弱（その中には、少なからざる非協力者もいる）と比べただけでも、尋常ならざるものがあるのではないか。

そんな数の力で番組内容が決まるなら、あるいは、番組の決定と制作・宣伝費の肩代りが連動するなら、由々しき問題ではないか。そもそも、「真田もの」は、NHKでは、既に放映済みではないのか。池波正太郎の長編大作『真田太平記』を原作とする、三十年前の水曜日午後八時枠の大型時代劇が、それだ。初々しい草刈正雄の演じた信繁像が、今でも私の脳裡に鮮やかに残っている。約一年に及ぶ四十五話は、大河ドラマに匹敵する。

NHKは、公共放送機関で、その経営基盤が全国の視聴者の受信料でなりたっている以上、その自主・自律性と公正さが、常に厳しく求められる。現在のNHKに、ドラマ制作のうえで私が願うのは、歴史上の人物はごまんといるのだから、通俗的な人気に迎合せず、地方に埋もれた珠玉の人材を掘り起こしていくことである。

四　松代真田家・城下町の見どころ

「真田ファンの歴女」のみなさんには、真田家嫡流の城下町松代（長野市）を薦めたい。信繁の手にかかる無心の書状などの面白い資料が、宝物館に保存されている。近くには、真田邸と文武学校が、往時のままの姿をとどめている。松代城跡の石垣に佇めば、明治維新まで二百五十年守り通した古人の心意気が偲ばれる。街中に踏み入ると、そこかしこで、真田家ゆかりの寺社や武家屋敷に巡りあえる。

その一つに、横田家がある。松代藩の中級武士との由だが、明治の世に移ると、聡明な子女は、藩を超えて勇躍する。姉英は、官営富岡製糸場（群馬県富岡市）に伝習工女として派遣され、製糸技術を習得後、帰郷して製糸王国長野の礎を築いた。男兄弟二人は、上京して司法省法学校（後に、東京大学に合併）に学び、司法官となった。兄秀雄は、大審院判事から大審院長にのぼりつめた。弟謙次郎は、逓信省に転身して電信・電話事業を発展させ、のちに鉄道大臣に就いた。そして、兄秀雄の長男正俊が、私たちの法曹駆出し期に、最高裁長官を務められたことは、記憶に新しい。

足を延ばした序でに、象山地下壕を覗くのは、どうでしょう。真田邸から歩いて十五分ほど、途上に、（佐久間）象山神社の杜があって、「思索の小道」として整備されているから、ウォーキングにも御誂え向きだ。松代地下壕は、象山に加えて、城下町東に鎮座する舞鶴山と皆神山にも、数千名規模の朝鮮人（想定上の概数）を使役して、総延長十キロの横穴を掘削する、危難極まりない巨大工事である。そこに、大本営のみならず、天皇・皇后の御座所、陸軍将校クラス三千名を擁する陸軍参謀本部、宮内省を始めとする中央諸官庁・ＮＨＫ・中央電話局（文官総勢約一万人）、そして彼奴等の食いぶちを隠匿する倉庫を設けるという計画だった。ポツダム宣言の受諾で、九か月に及んだ突貫工事は、未完成のまま終わった。それだけに、崩落の危険があるのだが、戦争遺跡を保存しようとする地元有志の地道な運動が、長野市当局に対して象山地下壕の一部に安全装置を取り付けさせて、一般公開にこぎつけた。岩盤を穿った長いトンネルに潜り入れば、みなさんは、しかと実感することでしょう、戦争の愚かさや絶対的天皇制のおぞましさを。

五　「歴史の散歩道」をゆく

件の大型観光団の動きを眺めいると、ドラマ館を出た多くの人々が、肩をすぼめて元きたコースを通って、暖房のきいたバスに還っていく。陽気がよくなれば、多少は二の丸巡りに足が向くかもしれないが、それでも城跡公園内にとどまるだろう。三の丸東大手口（と言っても、門や石垣の遺跡はない）に続いて、かつては、真田氏とゆかりのあった海野町（東御市本海野の出身者）と原町（上田市真田の郷本原の出身者）が城下町の中核をなすという縄張りであったが、今では、現代版の「逃散《ちょうさん》」がとまらない。その対策としての観光事業や市街地再生事業なのに、観光客の流れをつなぐことは、なかなかに難しい。世紀の大イベントであった長野冬季五輪（一九九八年冬）が、持続的発展に結びつかなかったように、もはや、イベント至上主義の限界が、あらわである。

ここら辺で、そろそろ、自分の足元に戻そう。

当分の間、ウォーキングコースは、喧騒のメインコースを避けて、サブにならざるをえまい。途次の丸山邸とは、『上田城物語』では、本丸を一括買い受けて保存に寄与した篤志家と、匿名で記したけれども、材木商丸山平八郎氏のことなのだが、同氏一族の家屋敷にあたる。表通りは、江戸と越路を結んだ北国街道に面し、そこで枡形状に向きを変える。黒塀越しにのぞまれる白樫大樹の繁みは、これまでどれほど旅人の疲れを癒してきたことだろうか。

私のサブコースは、何時、誰が、名付けたか定かではないが、「歴史の散歩道」と呼ばれるようになった。そして今、細小路の片隅に、小さき石の道標が立つ。私のささやかな喜びの一つである。

第二十二章　合縁奇縁

――東信濃に生きる

一　『信州佐久平みち』再読

国民的作家ともてはやされた司馬遼太郎が没して十数年も経つのに、司馬ブームの再来らしい。弁護士なんぞは、死して七十五日も待たずに、忘却の彼方に追いやられてしまう。なんとも羨ましいかぎりなのだが、国民を魅了する才気煥発なるものは、個人的努力の域を超えている。己の菲才を棚にあげて、今さらに悲運をかこっても、せんないことであろう。件の『坂の上の雲』は、ひとまずテレビ鑑賞に委ねることにして、この際、『街道をゆく―信州佐久平みち』を、じっくり読みこんでみた。一九七六年の秋頃であったか、『週刊朝日』に連載中、とりあげられている対象地域が、私の縄張り（営業エリアと記す方が上品か……）と重なることもあって、時々に拾い読みをしてはいた。だが、当時は弁護士稼業最盛期にも当たっていたので、断片的な理解にとどまっていた。けれども、なんとなくしっくりいかない後味の悪さを、引きづっていたからである。

今、私の手元に置かれているのは、朝日新聞社発行の『街道をゆく』シリーズ九巻目で、『潟のみち』をかわきりに、『播州揖保川・室津みち』そして『高野山みち』に続いて、「最終編」として収められている。御丁寧にも、最終編の扉裏に、『信州佐久平みち』の簡略な図面（小稿末尾に添付）が付されているので、著者が「佐久平みち」と呼ぶ行程は、それで一目瞭然である。平成の大合併で、現在では市町村の表示に変動が生じているが、原作との整合性を保つために、この小稿では当時の表示のまま記していこう。

まず図面を解説する。上田市別所温泉をスタートに、上田市街を通過し、東部町本海野を経て、千曲川と鹿曲川が合流するあたりで、鹿曲川沿いの道を辿り、望月宿から八幡宿・岩村田を通って、国道十八号線に出ると、そのまま国道を東進して軽井沢町に至っている。なるほど、地図帖に存在する国道や地方道などを繋げていけば、右記のコース選定も可能ではあるけれども、なにか歴史上まとまりのある街道として選定するほどの意義があるのだろうか。少なくとも、私が、読者に「オススメ」するコースではない。本文の冒頭に、「千曲川ぞいに村々を見て歩こうと思い立った」と、著者は記しているが、本当にそういう趣向に共鳴する向きには、むしろ、島崎藤村の『千曲川のスケッチ』の方を、薦めたい。

実際にも、著者の二泊三日にわたる取材行を本文で追ってみると、図面上の道行きにはなってもいない。大阪からの列車を乗り継いだ長旅で、初日は、別所温泉に投宿するのがやっとのようである。だから、正味の取材行は、二日目からとなる。「信州については知るところがない」という著者は、地元で雇うタクシー運転手が頼りの道行きだから、おそらくは別所温泉から普通地方道を利用して上田市街に向かったにちがいないが、著者が記述する旧松本街道は別コース。上田市街から旧北国街道を経由して、国分寺跡と海野宿（図面上は、千曲川の左岸に本海野の表示があるが、誤り）を経回った後、殺風景な国道十八号線を東進して、小諸の古城跡（懐古園）に向かっている。だから、図面上の東部町から鹿曲川を遡って望月宿に至るコース（行政上は、一般県道東部望月線と呼ばれる）は、実際にはタクシーを走らせていない。もともと、この間の想定上のコースは、なんの変哲もない田舎道（もっとも私にとっては、望月町から上田市に赴く、通いなれた懐かしい道ではある）で、手間暇かけて旅する奇特な観光客を、見かけたことがない。

懐古園の前にあるソバ屋の店員の応対が、よほど著者の機嫌を損ねたらしく、「時代の象徴ともいうべき仏頂面の女の子」とか「アウシュビッツのナチの下士官」などの慢罵をあびせているが、公刊の紀行文の表現としては、いかがなものか。いずれにせよ、その店でソバを啜りおえると、懐古園内をのぞくこともなかったらしく、これまた殺風景な国道一四一号線を一気に南下して、臼田町の佐久総合病院に一目散。この道行きも、「佐久平みちのコース」には含まれていない。著者の私用を済ませると、国道一四一号線を戻り、途中旧中仙道にかかわっているのに、格別な取材がうかがえない。そのまま二日目の宿泊先の軽井沢町所在の、とあるホテルにチェックインとなる。どんな事情で選ばれたのか、本文からは皆目わからないが、ホテルの選定にも疑義がある。旧中山道沿いの浅間根腰三宿（追分・沓掛・軽井沢）とは遠く隔絶した場所（南軽井沢）にあたるうえ、今でこそ、周囲は著名なゴルフ場として整備されているものの、かつては人煙のない湿地だった。さて、最後の三日目は、望月町の御牧原を目ざして、二日目のコースを後戻り（西進）して、岩村田のソバ屋で腹ごしらえをしたまでは、まあよしとしよう。だが、望月宿に辿りついたにもかかわらず、御牧原の所在を探ることすらなく、まだ日が高いというのに、「佐久平とそのまわりの紀行をうちきることにした」とは……。

ここで明かしておくが、望月町は、私の故郷である。著者のこだわる御牧原は、私が少年の頃駆けづり回った遊び場、敗戦後荒廃した山野を緑に復元するのに貢献した学有林の所在場所なのである。そんな地元贔屓はさておき、著者がゆくべき街道は、むしろ、望月宿から京の都への先方（芦田宿・長久保宿・和田宿、そして和田峠を越えて下諏訪宿）にあったのではないか。旧中山道のうちでは、現在でも、比較的往時の姿をとどめている区間である。ところが、明治時代になると、東京・上野から旧中山道沿いに延びてきた鉄道（信越線）が、政治的争奪戦の末、追分宿で旧北国街道沿いに変えられて、当該区間の旧中山道は、時代の潮流から完全に外されてしまった。過疎化が進んでいるものの、地元住民は、街道沿いにへばりついて、地域社会と自然環境の崩壊に立ち向かっている。そんな生きざまを、達意の文章で書き遺して欲しかった。

とまれ、「信州佐久平みち」なる命名自体が、芳しくない。その点だけでも、地元住民は、納得がいくまい。別所温泉から本海野に至るまでの地域は、古くから小県郡に属し、佐久平と呼ばれる平坦部のある佐久郡とは無縁。地元住民が佐久平と認識するであろう地域には、軽井沢町も望月宿もはいるまい。千曲川の右岸段丘の要害・懐古園にしても、そこもとに怪しくなってくる。著者が本文でとりあげる事柄のうち、「信州佐久平みち」にはっきり組み込まれるのは、せいぜい岩村田のソバ屋ぐらいか。「信州そのものを知らない」という著者が、「出発の前、三週間ばかり暇さえあれば信濃の地図をながめていた」と弁解しているけれども、地図帖と現地は大違いなのだ。地図帖には、現地で呻吟する民衆の声が顕れないからである。正味二日間のタクシー移動では、民衆の生の声を拾うことは、とてもかなう所業ではない。

かく論じてきたのではあるけれども、司馬作品を貶める気は、私には毛頭ない。『街道をゆく』シリーズを、「司馬史観と呼ばれる柔軟な歴史解釈を示す」作品と持ち上げる向きの見解に、「チョット、待った」をかけたいだけなのである。換言すると、「社会科学上の物差しで計ると、間尺に合わないことがあるよ」と、指摘しておきたい。だから、文学作品のレベルでみれば、やはり秀逸であることを認めるに吝かではないのだ。同行二人の画家とのほのぼのとした掛合いなど、一気に読ませてしまう。該博な知識と情報に基づく推論の冴えも、これまた見事というしかない。その語り口の絶妙さに引きづられるあまりに、記述内容を真実と取り違えかねないところに、やはり司馬作品の危うさが潜んでいるのではあるが……。

二　「おっしゃん」――半田孝淳さん

初日の宿泊先として別所温泉を、著者が所望したのには、それなりの理由があった。『信州佐久平みち』に先行して、『高野山みち』を仕上げているのだが、その一章「谷々の聖たち」の中で、「別所」を論じていた。広辞苑に載る三種類の語義の一つを引いて、「本寺の周辺に結ばれた草庵の集落化したもの」と想定した。「高野山には、もはや平安・鎌倉期のような別所はない」と認識しつつも、地図帖に、別所温泉の地名が上田市郊外に載っているのを発見して、強い好奇心を抱いたという次第。そして、別所温泉の山際に、天台宗の常楽寺・曹洞宗の安楽寺の古刹があることに関連させて、「湯聖が街中の温泉を経営して、別所と呼んでいたにちがいない」と、持論を展げていく。著者の推論を、まず地元の観光協会の事務局長にぶつけたが、「そんな話は、きいたことがない」と、にべもない返答であった。それでも諦めない執念が、著者の取柄か、宿泊先のホテルが手配してくれた郷土史家にも、繰り返す。そして、「きいたことがない。大体、別所付近は蚕のたね屋が多かったですから」と、切り返されてもいる。それでも、推論を引っ込めようとはしない、したたかさが、著者にはあるようだ。常楽寺本坊を訪ねた際、偶々半田孝淳住職に、呼び止められて、先代（半田孝海）が収集した美術品を見学する幸運に恵まれた時でも、同じ推論を、住職にぶつけているではないか。三度目の正直と言うべきか、住職は、「そうでしょうな、そうに違いありません」と応じたそうである。この応答をもって、著者は、自分の持論に「同意してくれた」と書き記している（後の作品『この国のかたち』四十でも、繰り返し論じている）。

孝淳住職とは、私は親しくお付き合いさせていただいた。親子ほどの年令差があるのに、長幼にはこだわられない。壇信徒ではない一般市民とも、分け隔てなく交流される。だから、「おっしゃん」の親称で呼ばれているのだろう。とりわけ、私とは、同じ裁判所の調停委員の立場で、長い間世俗の紛争事案の解決に苦労を共にされた。法律知識だけに限れば、私の方に一日の長があることを率直に認められて、若輩の私から学ぼうとされる謙虚さは、立派という他ない。出過ぎたことを書いたついでに、僭越ながら書き加えると、仏教学も含めて総体としての学問という次元で捉えると、先代の孝海師の方が秀れていたと、私には見えた。水戸生まれの先代は、常楽寺の法嗣として養子縁組し、上田の人となったが、向学心が強く、大学は仏教系ではなく、東京帝国大学文科大学哲学科に進んでいる。そこで、心理学を専攻し、卒論は、「嫉妬の研究」とか。あまつさえ、卒論のできがよく、心理学科の卒業成績が首席。御本人は大学院進学も考えられたようであるが、師匠の養父が病気のために断念せざるを得なかったという。当時東京帝大出身の学士といえば、地元では先代の他にもう一人しかおらず、地元は、郷土の誉れとして、この二人を温泉旅館に招いて、壮途を祝したと聞く。因に、もう一人の御仁は、東急資本の創業者五島（旧姓は小林）慶太であった。

先代の学識は、天台宗門内でも重宝がられ、若くして同門の教学部長・比叡山中学校長に任ぜられ、五十八歳で善光寺本坊大本山大勧進副住職に就いている。その一方で、社会活動や平和運動にも目を向けられ、米国がビキニ環礁で水爆実験を強行し、日本人の漁船乗組員が被害に遭うと、原水爆反対運動に市民と共に立ち上がり、デモ行進の先頭を務め、大勧進の玄関に原水協の看板を掲げられた。このような先進的活動は、残念なことに、長野市内の保守勢力にうとまれ、善光寺本坊内の反発もかって、一九五六年六月には副住職を解かれている。
「おっしゃん」は、先代の右記経緯を身近に見聞されただけに、ほどよいバランス感覚を修得される。先代とは異なる手法で、宗教者としての平和運動を継続させた。国際的にも、他宗教・宗派との間でも、緊密な連携を視野に入れ、先代を超えるスケールの大きな運動を展開するに至っている。だから、先代を攻撃した人たちも、孝淳住職を、「おっしゃん」と呼んでしまうのである。

司馬遼太郎が常楽寺で「おっしゃん」に面会した当時、先代は既にみまかっておられたが、取材行の三年ほど前の七三年五月に、先代の米寿を祝う『楽土荘厳』が出版されていた。そこに先代の玉稿数編が収録され、その一編に、「北向観世音の由来」がある。繰ると、「別所の名の起こる所以」の章に出くわす。それによると、二説が挙げられている。一つは、「土地の豪族が別荘を建てた場所」とある。もう一つは、観無量寿経に拠っていて、「『別選所求』の一段が、別所の名の起こるゆえん」と説かれている。「おっしゃん」は、先代の右記玉稿の存在とそこでの右記記述を、百も承知であったろう。それにもかかわらず、司馬の執心には、あからさまに異を挟むことなく、「そうでしょうな……」と、「おっしゃん」は、相槌を打ったものではなかろうか。仏教徒として、まず相手を受容する、それが人と人との関係を築いていく基本であることの実践なのであろうと、私は解釈したのだが、いかがだろうか。

その後、「おっしゃん」は、さらに衆望を一身に集められて、あれよあれよという間に、宗門内の位階を上りつめ、二〇〇七年二月に、二百五十六世天台座主に就かれた。開祖・最澄――伝教大師と同格の御方で、平素は、比叡山の奥深くおわします。もはや、「おっしゃん」と気楽にいき逢える状況ではなくなってしまったのだが、一〇年の節分会を過ぎた頃の早朝、願ってもない幸運に恵まれた。長野地裁佐久支部に出張するために、ＪＲ新幹線の上田駅頭に赴いた時である。全身僧衣に身を包まれた座主が、聡明そうな女性秘書を従えて、新幹線ホームの待合室に座っておられた。その御姿をうかがった私は、かくなる場合、こちらから声を掛けてもよいものか、掛けるならどんな言葉がふさわしいか、一瞬戸惑ってしまった。すると、座主は、やおら立ち上がるや、僧帽をはずされながら、御声をかけてくだされた、「やあ、しばらく。元気そうですね」と。さあ、今度は、私の番である。これを受けて、いかなる返答をすべきか――浅学の不明のまま、つい日頃の愚痴が口元から漏れてしまった、「あいかわらず、田舎弁護士をやっています」と。座主が「そうでしょうな、そうに……」と、応答しかけられたところで、上り新幹線列車が滑り込んできた。秘書がさっと寄り添って、座主をグリーン車乗口へと誘ったので、珍問答は、そこで「うちきり」。だが、「座主になられても、私にとっては、あいかわらず、『おっしゃん』だ」と得心しながら、私は、列車先頭の「自由席」を求めて、凍てついたプラットホームを駆け出した。

三　「院長さん」――若月俊一さん

『信州佐久平みち』の取材行が中途半端におわった一因は、著者が私事を組み込んだためと、私は考える。佐久総合病院に入院中の知人を見舞うことが、著者の動機付けになっていたからである。「信州へは大阪からどう行けばよいのかについても、知るところがなかった」という著者が、「信州佐久平みち」の構想を固めるよりも前に、日常的な世事にかられていた。取材行を中断してまでも、ＪＲ小海線の中込駅前で、所望の赤いバラを買い求め、篤実な義理を尽くしたのであったが、それに半日も費やしてしまっている。その穴埋めでもあるまいに、佐久総合病院の院長若月俊一医学博士に関するエピソードを採り上げる。病院待合室で待機中に、職員や患者家族が、「院長先生」ではなしに、親しげに「院長さん」と呼んでいるのを見聞して、鋭い文学的感性を働かせ、佐久総合病院のありようを想像する。ならば、ついでに、裏付け取材を試みてもよかったのではあるまいか。なのに、入院中の知人の勧めるままに病院屋上（地上七階建）にのぼって、高みの見物をきめこんだ。眼前にひろがる宏遠な佐久郡下の眺望を、「一個の完結した小宇宙」「藤村の詩は、小諸の古城のほとりよりもあざやかに想起することができた」と賞めたたえる。病院関係者は、まんざら悪い気はしないであろうが、なにやら観光ガイドの類のようで、いささか、私は腑に落ちない。「院長さん」との面談が実現していれば、滋味豊かな「文学談義」が交わされたであろうし、少なくとも、『信州佐久平みち』を僅か八章（『潟のみち』は、十一章にも及んでいる）で、「うちきる」ことはなかったであろう。

因に、右記知人は、著者が名前を明かしていないが、関係資料によると、ぬやま・ひろし（西沢隆二）氏のようである。

「院長さん」は、文学青年であった。中学生の頃から白樺派の文学に親しみ、旧制松本高校に入学すると同時に、文芸部に入った。そこで、たくさんの詩や短歌を作り、一時は本気で小説家になりたいと考えた。「小説家では、とても飯が食えない」と思い直し、一浪して東大医学部に進んだ。それでも、医学勉励の合間に、詩作などは続けたようである。昭和初年の世界恐慌を背景とする時代の潮流は、文学青年を政治・社会活動へと駆り立てていく。敗戦前、二度にわたって治安維持法違反のカドで、「ブタ箱」暮らしを強いられた。天皇の侍医を務めた恩師大槻菊男教授の計らいで、一九四五年三月、片田舎の病院（といっても名ばかりで、製糸女工の寄宿舎を建て直したバラック作り、それまでに入院患者を扱ったことがなかった）に、東京育ちの「院長さん」は、家族ともども赴いた。だが、ものは考えようで、太平洋戦争下、南方諸島の激戦地に「島流し」されるよりは、命の保障があったと言えまいか。ここに、「農民のため」の広汎な医療活動が始まる。農協の組織と資金をフル活用し、並外れた経営手腕を存分に発揮、病床の数一千を超え、職員千八百人・医師二百人規模の大病院に仕立てあげた。その具体的な様子は、『農村で病気とたたかう』（岩波新書）に譲るが、「院長さん」の活躍ぶりは、国際的にも高い評価をえ、アジアのノーベル賞と呼ばれるマグサイサイ賞などを受けておられる。

私が「院長さん」の存在を意識したのは、小学生時代に遡る。自作のシナリオや歌詞を、病院スタッフからなる演劇部や合唱部などと共同で公演しながら、佐久郡内の農村を巡回する。なにやら「文化工作隊」まがいの「おもしろいお医者さん」が、山の子にとっての印象であった。「院長さん」の謦咳に接するのは、長野中央法律事務所に弁護士として在籍した時期である。憲法会議の事務局が同法律事務所内に置かれていた関係で、たしか六八年の憲法記念日の際だと思うが、「院長さん」を集会の講師にお招きしたからである。闘士という既往のイメージは微塵もなく、柔和な表情で、ソフトな語りに終始し、聴衆の心を捉えきったのは、さすがであった。だが、なぜか、眼だけは笑っていなかった記憶が鮮やかに残っている。その後、私は、五尺五寸の健康と命を佐久総合病院に託したこともあって、随時面会がかなえられた。八三年十二月拙著『日本の屋根に人権の旗を』を公刊した際などは、身に余る「推薦のことば」まで賜った。その御礼をかねて、「院長さん」を訪ねた時、医学書だけでなく、人文・社会科学関連の書籍で天井まで埋まる院長室で、小一時間ほど歓談させていただいた。私は月並みな謝辞を繰り返していただけなのに、なぜか私をギョッとさせる言辞が、「院長さん」の口元から幾つか飛び出している。「私は、ズルイ男」「転向しているのですよ」「私なんか、後衛なの」……。およそ、対等の立場で議論を交わす知見も能力も、私には持ち合わせていなかったから、会話は深められることがないばかりか、御発言の真意も問い質せないまま、やり過ごしてしまった。

「院長さん」は、二〇〇六年八月二十二日佐久総合病院の一室で、大勢の後輩たちに看守られながら、九十六歳の大往生を遂げられた。その年の十月七日同病院教育ホールで、お別れ会が執り行われた。参列者一人ひとりに、大部な冊子『若月俊一の人と思想を語る』が手渡された。四十名近い人たちが、縦横無尽に「院長さん」を語っている。三千二百名を超える参列者の献花が延々と続く中、私は、会場の片隅で、冊子の虜になって読み耽った。各界各層の弔辞など、うわの空で、寄稿者たちの健筆に圧倒された。巻頭に収められた評論家川上武の「センチメンタル・ヒューマニズムの実体——若月俊一の医療運動論」が、やはり断トツである。「センチメンタル・ヒューマニズム」とは、「院長さんの生き方・世界観」を問われた時に、「院長さん」が一言で返す言葉だそうである。「院長さん」がこだわった「転向」についても、詳しく論じられている。それによると、「転向」の実相は、こうだ。

大学医学部に在学中の一九三二年大学内の指導にあたる、ロシア語に堪能な「同志M」が、若月さんに対して共産党への入党工作を働きかけ、「川崎市内の製鉄所に潜って、共産主義活動に専念するために、最終的な打合せを、恵比寿の寿司屋で行う」と指示したという。指定された日時に、寿司屋前までは赴いたが、決断がつかないまま入店せず、その後は、街頭連絡をも自ら絶ったという次第。しかし、「同志M」は、敗戦後、日本共産党によって「スパイM」であったと暴露された。もしも、「スパイM」の指示に忠実に服して、活動内容や仲間たちをつぶさに報告していたら、一体どれだけの共産党員や支持者たちが、天皇制権力の血祭りにあげられていたことだろう。結果論だが、「院長さん」が寿司屋前を通り過ぎたから、大勢の仲間たちは救われたことになろう。だが、歴史的現実は、そんな結果論をこっぱみじんにする。三三年には日本における共産党は、壊滅的打撃を蒙り、やがて組織的解体に追い込まれている。「自分の意志で寿司屋前を通り過ぎている」のだから、社会科学上の「転向」にはあたるまい。いや、その後も、都下医学生連盟の組織化に加わり、医師としては工場災害の調査・研究に励み、『作業災害と救急処置』（東洋書館）の刊行にもこぎつけている。そして、敗戦後における「農民のため」の継続的な且つ多彩な活動……。なのに、「転向」にこだわるとは……。あれやこれや思考をめぐらせていると、お別れの会の司会者からお斎会場への移動を催促されてしまった。

「院長さん」は、厖大な著作を遺され、多様な実践を試みられた巨きな存在である。一冊子の読了をもって、若月像や若月イズムを論じてはなるまい。それを前提にして、私の感想をあえて述べさせていただくと、優れたリアリストの側面が浮かびあがってくる。あの笑わない眼は、生身の農民（人間）を射ぬき、理屈やイデオロギーでは片づかない現実社会を見透かしていたのではないか。ヤミ米に手を出さない信条を貫いて餓死する裁判官が現れた時期、ヤミ米を買い求めて、全国初の病院給食を導入している。勲二等旭日大綬章にあずかると、地元自治体の幹部・医師会・農協関係者たちが、受賞記念の銅像を病院中庭に建立する計画を進めたが、成り行きにまかせもしていた。かつて私に、

「ズルさ」や「後衛論」を語られたのも、「理論信仰」に陥りがちな若造への、婉曲な忠告であったのではあるまいか。病院の会務規程の改訂により、院長から総長に、そして名誉総長へと呼称が変わる最晩年、「院長さん」は、若月塾を開講されたと聞く。弁護士稼業にかまけて、「センチメンタル・ヒューマニズム」の真髄をじかに問い質す好機をも逸したのは、かえすがえすも心残りである。

四　「私の姐さん」――もろさわようこさん

『信州佐久平みち』の取材行の最後に、「望月の御牧」を予定していたのに、望月宿で「うちきり」にしたことは、既に書き記しているが、当該作品の最終章も、「望月の御牧」だ。「望月の御牧」への著者のこだわりは、清少納言の『枕草子』にある。

「駅は梨原。望月の駅。山の駅は、あはれなりしことを聞きおきたりしに、またもあはれなることのありしかば、なほとりあつめてあはれなり」の記述に登場する「あはれ」を、著者は、「景色のよさ」と読み解いたうえで、次の通り想像を逞しくする。

「駅は数あるが、信濃なる望月の駅の御牧ヶ原の景色がもっともよく、秋の夕暮など、草遠き原に駒の群れるあり、散るあり、蓼科のふもとに黄葉して、その風情はえもいわれない」と。

著者の想像が現実ならば、私の縄張りである東信濃に、軽井沢と並ぶ二大名勝地が形成されていて、私なんぞも、田舎弁護士に汲々とすることも、「なかりけり」だ。平安朝の時代までは、朝廷の官牧（御牧）として栄えたのであろうことは史実だが、源頼朝が奥州を平定して、そこの良馬をおさえると、急に寂れてしまったと伝えられる。時代が下って、その跡地が、件の学有林に代わったのだけれども、その後、過疎地振興・観光開発の大合唱に気おされて、植林・造林木は伐採され、今では格安の分譲別荘地に変じている。著者が無理をして探し当てても、またまた著者を幻滅させたであろうと容易に推測できるので、皮肉なことだが、「うちきり」の判断は、正しい選択であった。だが、著者が想定していた「望月の御牧」の所在場合は、「蓼科山のふもと」で、末尾添付図面の通り鹿曲川の左岸に相当しているが、これは、明らかに誤りだ。正しくは鹿曲川の右岸で、千曲川の左岸とに囲まれる台地上なのである。当日軽井沢で雇った運転手は、夏場だけ出稼ぎにくる群馬県人で、佐久郡の地理や歴史には不案内でもあったから、著者の誤解のまま強行していたならば、おそらくは白樺湖畔に近い蓼科牧場あたりに迷いこんだにちがいない。怪我の功名か、やはり、著者は、運の強い人なのだろう。他愛ない邪推ついでに、尻切れトンボに終わらせた当日の取材行の原因を探ると、岩村田のソバ屋にゆき当たる。今度は、店員の応対ではなしに、店頭のテレビが問題なのだ。鄙びた街中の昼食時には不釣合いな音量で、喧しく放映していたのだ、ロッキード疑獄事件で、日本の最大権力者田中角栄が逮捕されたことを。そう言えば、街道シリーズ『潟のみち』でも、名ざしはさけたものの、一章を設けて鳥屋野潟買収問題をとりあげていた。「この国のかたち」を追及する著者は、「望月の御牧」への道行きよりも、「ロッキード疑獄」の成行きの方に、好奇心を向きかえってしまったにちがいない。

それから五年ほどして、著者が「望月の御牧」跡と誤り描いた場所あたりに、「歴史を拓くはじめの家」（二〇一三年志縁の苑と改称）が建てられた。志ある者の浄財に支えられもしたが、主なる資金源は、もろさわようこさんである。著書『おんなの歴史』『信濃のおんな』は、女性史を画する名著だ。その他にもたくさんの著作を上梓されてこられたけれども、著述活動の枠を超える独自の実践活動を始められたのである。「来る者は拒まず」の基本スタンスで、もろさわさんと、あるいは全国の他の仲間たちと、じっくり語り合いたいと願う人々を分け隔てなく受け容れ、各自それぞれに己を確立する緒口になればとの信条による。この実践活動は、やがて、沖縄の地に、そして高知の地に、それぞれ伝播して、今や三つの拠点を築き、多数の志ある仲間たちを結集している。

私の義務教育時代の同期生に、もろさわさんの実弟がいた。そんな身近な事情もあって、もろさわさんの活動は、少年の耳にも届いていた。古文書を収集して、一つひとつ読み解いていく作業は、並みの大学教授もよくなしうるものではあるまい。それを、小学校卒のもろさわさんは、独学でやり遂げられた。郷土の誉れとして、何回か担任教師から説き聞かされもした。私ともろさわさんとの直接のお付合いは、私の連れ合いを介してである。「はじめの家」づくりの当初、地元の保守・革新両陣営の挟撃に遭い、かなりの難産であった。そんな厳しい状況を、民間テレビ局プロデューサーの地位を活用して、番組を制作したことに始まる。竣工になった「はじめの家」からは、「南蓼科、北には浅間」が望まれる。「間（あい）の望月、駒の里」と繋げれば、『望月小唄』の一章節になる（中山晋平の作曲にかかるが、『東京音頭』ほどには、はやらなかった）。司馬遼太郎を愉しませた佐久総合病院の屋上からの眺望よりも、はるかに自然に溢れ、私の好みには合っている。この場所の選定にも、もろさわさんのしなやかな感性が光っている。

太平洋戦争の末期、もろさわさんは、東京の空襲を逃れて、両親の住む故郷・望月に疎開された。当時の望月（行政上は本牧村）は、久々の賑いであったという（私は、父親の仕事の関係で、幼少時上田に暮らしていた）。学童疎開の他に、陸軍士官学校が、神奈川県から地元の女学校に移転していたからだ。軍事上の機密事項にかかわるので、表向きは暫定的な演習のためとの理由であったが、長野市松代の地下壕に大本営と中央諸官庁等を遷す作戦計画と関連があると、もろさわさんは見る。つまり、本土に上陸してくる米軍を迎え撃ち、一定の打撃を与えることを妄想して、なんとか国体を護持する講和条件を引き出すという打算から、二千万を超える臣民の犠牲もいとわない本土決戦の態勢を敷いたのだろう。ならば、東信濃は、沖縄戦並みの激戦地になっていたかもしれないと、想像するだに空恐ろしくなる。

軍国娘に成長していたもろさわさんは、士官学校事務員の採用に応募する。男の学校だから女は採用しない方針だというのに、「男並みのおんな」の論法で、目的を果たしている。八月十五日の玉音放送が報じられた日、生徒たちは山梨県境の野辺山原（南佐久郡南牧村）へ大演習のため出払っていたから、もろさわさんを含む少人数の留守部隊が整列して聴き入る。谷間の地形のせいもあるか、雑音交じりの天皇の言葉は、意味が判らず、「本土決戦」の覚悟と推察してしまう。「あるいは降伏の詔勅ではないか」と解釈する向きには、上官は、「謀略だから信じるな」と示達する。やがて、時間の経過とともに、「降伏謀略」の示達が誤りであることが明らかになっても、軍国娘は、いっこうに承服しない。「国が滅んだいま、私も、日本人として誇り高く国難に殉じたい。この期に及んでも、なお、男女の差別を言われるのは心外だ」と、「玉砕」を隊長にまで直訴する始末。もろさわさんの「男女平等論」は、やはりハンパではなかった。

もろさわさんの敗戦後における思想遍歴を、的確に綴る力量は、今の私にはない。残念ながら、これまでのお付合いの中で、私の抱いた印象を述べるにとどめたい。一言で表現すると、反権力のアナーキストというところでしょうか。ただ、過激な唯我独尊とは無縁の、包容力ある柔らかさが身上である。私共夫婦と一緒に、近在の春日温泉で一夕の宴を開いた際、美人の湯での身嗜に、二時間もかける念の入れよう。そう言えば、結婚歴がなかったそうな。私の連れ合いよりも十五も年長なのに、肌の艶はまさっている。山奥の深閑とした宿で、もろさわ節をじっくり拝聴させていただいた。私は、四人の男兄弟の三番目。姉や妹との細やかな交歓は、体験する余地がなかった。けれども、もろさわさんは、血縁や地縁などよりも、志の結び合いを大切にされて、それを「志縁」と命名される。ならば、「志縁」で結び合う「姐さん」と、私が呼ぶのも、許していただけるだろう。

二〇一一年の秋――「蓼科山のふもとが黄葉し、えもいわれない風情」を醸す時季、「私の姐さん」は、「はじめの家」三十周年の色香を放つことでしょう。

司馬遼太郎の「信州佐久平みち」

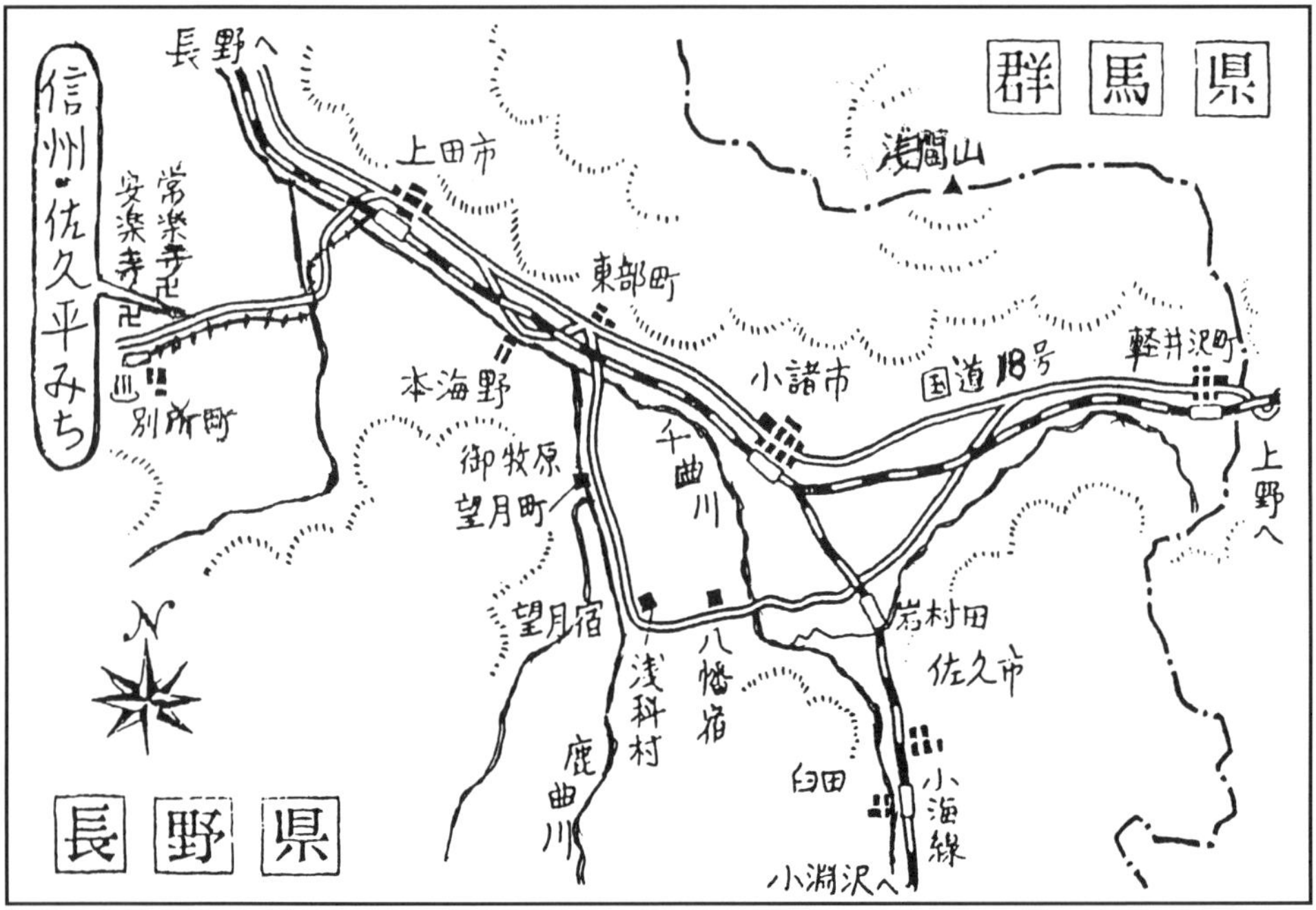

（朝日新聞社発行の単行本「街道をゆく九」の346頁から引用）

第二十三章　『街道をゆく――信州佐久平みち』余聞

――最期のことば

一　「大詩人」を探して

私は、『いしずえ』五十号に、『合縁奇縁―東信濃に生きる』を寄稿した。司馬遼太郎の『街道をゆく―信州佐久平みち』を素材にして、そこで取りあげられた人物や場所と私とのかかわりを述べたものだ。書き進めるうちに、さきの構想から外れる幾つかの事柄にこだわってしまった。この拙稿では、その一つに絞って論述してみたい。

『信州佐久平みち』が週刊朝日に連載され始めたのは、一九七六年八月二十七日号からである。その取材行が、同年七月二十五日から四日間の日程で実施される予定であったが、田中角栄の逮捕事件が介在して、三日間に短縮されたことは、前号で触れた。とにかく、広い信州での限られた日程の中で、佐久総合病院に入院中の「詩人である知人」を見舞うスケジュールは、かなりハードであったにちがいない。その時の著者は、齢五十二歳、「国民的作家」として超多忙を極めていた時期だ。いかに取材を兼ねるという名分があっても、東大阪市在住の著者が、列車やハイヤーを乗り継ぎ、途中のＪＲ

小海線中込駅前の花屋で、「赤いバラ」（花ことばは、真実の愛）を所望するに及んでは、ただごとではあるまい。「詩人とは、よほど偉大な人物にちがいない」と私は、下司の勘繰りに陥った。そんな「大詩人」など、佐久周辺には思い当たらないからである。それだけに、私の探究心は、募るばかりであった。

ここで、私は、ことわっておきたい。私は、いわゆる「司馬」ファンではない。老いのすさびに、司馬作品を研究するつもりもない。たまたま、拙稿を執筆するにあたって、知りたいことを自分の流儀で調べ、伝えたいことを自分の言葉で記すだけのことなのである。

二　新しい「語り部」

厚生連佐久総合病院は、長年にわたって、「早期発見・早期治療」を唱導し、「人間ドック」体制を充実させてきた。農協組合員にとどまらず、県内外の一般住民からも好評で、最近では一年さきの予約がままならなくなっている。

私は、不惑の年を境に、今日まで、毎年（といっても、交通事故などで、二回ほど予約取消しをしている）のように、二日間人間ドックに通い続けている。だから、上得意の常連客と称しても、許されることだろう。それだけに顔見知りの職員が増えて、数々の便宜を計ってもらっている。今回は、彼等から、「大詩人」の情報を集めてみた。「国民的作家　来院す」のニュースは、「勤務医南木

桂士　芥川賞受賞す」のニュースと並んで、伝播力が大きかったとみえて、今でも彼等の記憶に鮮やかである。なのに、「見舞われる側の大詩人」となると、忘却の彼方に押しやられている。残念ながら、前号の原稿締切りに間に合わなかった。そのうちに誰かが、「ぬやま・ひろしであったと思う」旨、かすかな記憶をたぐり寄せてくれた。「大詩人は、ぬやま（野山）」とは、取合わせの妙に感じ入った。そこで、当時の『いしずえ』編集長の松浦基之弁護士に無理を言って、校正段階で一部書き加えさせていただいた。しかし、あくまでも「伝聞証言」に過ぎないので、「因みに、右記知人は、本文中では著者が名前を明かしていないが、関係資料によると、ぬやま・ひろし（西沢隆二）氏のようである」にとどめた。

その後、決定的な直接証人に恵まれた。『信州佐久平みち』に登場する「院長さん」の長男W氏である。佐久総合病院のケースワーカーとして病院業務に参画するかたわら、趣味の映画制作を活かして、農村医療の普及・宣伝に貢献された。昨年の日本アカデミーでは、ドキュメント部門で、ベストテン入りを果たしている。彼の語り口は、いつもビビッドで、説得力に富んでいる。やはり、親譲りなのであろう。

「はっきり覚えていますよ。それというのも、私たち家族と西沢ファミリーとは、家族ぐるみの付合いでしたから。西沢ファミリーと呼ぶのは、西沢さんの妻が、徳田球一さんの養女で、徳田夫妻を含めているの。そうだなあ、タカクラ・テルさんもそこに入れてよいかな。例の『信州佐久平みち』のスタート地点とされている別所温泉所在の常楽寺――その境内にタカクラさんが住まいを構えていたからね。一九五〇年半ば頃、彼等が、妻や娘などをおいて、地下に潜ってしまった時は、徳田さんの妻は、この佐久で一時期暮らしていたんですよ。当病院の東側を流れる千曲川の対岸にあたる旧田口村（現在は、佐久市）で、あの田口村事件（公務執行妨害等被告事件）が起きたのは、五二年の二月頃でしたね。

ちょっと脇道にそれちゃったね。話をもどすと、七六年の五月頃だったか、西沢さんが、最初に私を訪ねてきましてね。歯を何本か抜いてから、食欲がなくなった――神経性のものだと思うけれども、最近では流動食も摂れやしない旨の相談でした。この期に及んでも、『親から授かったものは、大切にしなきゃ』と、説教がらみの話でした。

私は、医者ではないから、専門的な診断はできない。でも、長い経験と勘で、およその見立てはつけられますよ。内科での精密検査を勧めた。案の定、食道ガンが見つかって、もう外科手術の施しようがない状態。

司馬遼太郎は、七月の見舞いの外に、その年の九月にも、当病院にみえています。その時の面会場所は、遺体安置室でした。」

三　とんだ道筋

『街道をゆく』シリーズ第九巻には、『信州佐久平みち』の他に、『潟のみち』『播州揖保川・室津みち』『高野山みち』の三編が収められている。週刊朝日に連載された順に並べられ、冒頭が『潟のみち』で、『信州佐久平みち』は、しんがり役を務めている。

私は、もう一度その他の『みち』を読み直してみて、『潟のみち』で西沢隆二が実名で登場していることに、気がついた。彼が著者の取材に同行したというのだ。著者の『取材ノート』によると、一九七五年十一月下旬とあるから、佐久総合病院に入院する五か月ちょっと前の時期にあたるが、重篤な病気の予兆は、どこにもうかがわれない。著者の想定する『潟のみち』の終点は、新潟市の東南、「ふつうの分県地図には出ていない上杉川」の集落（現在の行政区域でいくと、五泉市になろうか）である。集団移転で廃村になった集落跡地に、村外の若者たちが移り住んで、古民家で集団生活をしている――その一人に、西沢氏の長男N君がいる。中国の文化大革命時の留学生で、紅衛兵の経歴をもち、いま日本の廃村で中国語を教えている。そのありようを、著者は取材したかったのだから、西沢氏は、恰好の道案内人であったにちがいない。

西沢氏が同行を承諾する経緯は、『潟のみち』第九章「人の世のこと」に綴られている。時は七五年の秋、場所は、「京都の花背の奥の、まことに山奥としか言いようのない宿」だ。「正岡子規の養子である忠三郎の看病に明け暮れている妻綾子の慰労」のための会席でのこと。忠三郎夫妻と著者との交際は、『坂の上の雲』（六八年四月～七二年八月サンケイ新聞に連載）の執筆開始時に遡る。右記作品に登場する正岡子規・秋山好古・秋山真之三名の子弟が多く現存されていたので、著者は、「大阪近在に住んでおられた方々に集まって頂き、ごあいさつをした」とある。これが機縁となって、著者と忠三郎夫妻の交際は深められ、「山の宿」もその延長線上にあるのだろう。縁類のない西沢氏が「山の宿」で、あけびやむかごのお相伴にあずかっているのは、おそらくは、西沢氏が忠三郎氏と旧制二高時代からの親友であることによるのであろう。

そこまでは、実によくわかる。不可解なのは、著者と西沢氏との交流が始まった経緯の方だ。「山の宿」から「ごあいさつ」会へと叙述が続いて（もっとも、時系列からすると、順序が逆ではあるが）、突如として次の文章になる。

「正岡子規全集が世に出るべきだと思うが、どうか」

という話が出たのは、右の会合とは関係がない。

冒頭のあけびのくだりの人――詩人のぬやま・ひろし氏からである。

ぬやま・ひろしが西沢隆二であることは、後の文章で明かされるけども、右記の文章に続いて、「ついでだが」と、西沢氏のペンネーム問題に飛躍してしまう。「突拍子もない」話の切り出し人が西沢氏で、それが、「山の宿」や「ごあいさつ」会でのことでないことまではわかる。ならば、「突拍子もない」話を切り出した時期や場所が説明されてしかるべきなのに、右記の飛躍となる。そして、西沢氏の獄中譚を絡めた戦前版子規全集の話に転じ、最後は再び「山の宿」に戻る。その間にも、「突拍子もない話」の時期や場所に関する記述は、どこにもない。あるいは、著者にとっては、『潟のみち』の主題からすれば、無視してもよい瑣事に属することなのかもしれない。しかし、私の習性ともいうべき論理的思考の面からは、とても許容しうるものではない。著者は、「タカジは、突拍子もない」と難じているが、この章に関する限り、そのセリフは、そのまま著者に投げ返したい思いに駆られた。

「怪我の功名」とでも言うべきだろうか。不可解な文章は、改めて私の探求心を刺激し、脳裏深く埋めこまれていた既知能力をよび覚ますことに繋がった。歴史小説家の著者が、講談社版子規全集の刊行経緯を素材にして、それにかかわった人たちの群像を描いた現代小説をものにした――と評判になったことを、私は想い起こしたからである。その小説が、『ひとびとの跫音』であることが明らかになるのに、それほどの時間を要しなかった。

四　「タカジ」の生きざま

早速に買い求めて、読んだ。雑誌『中央公論』に一九七九年八月から八一年二月まで連載されたものの、文庫本上・下である。やはり、忠三郎夫妻が、縁結び役であった。

日本と中国の両共産党間で路線論争が続き、中国派の西沢氏は、六六年十月日本共産党から除名される。二度目の除名であるが、後に触れる戦前の除名がどのように修復されたのかは、明かされていない。日中貿易に携わるものの、仕事の実務は妻に委ねて、自らは東京青山に住み、「仕事はときかれれば、革命家と答える」暮らしであった。『坂の上の雲』がサンケイ新聞に連載されると、正岡子規の描き方に共感した西沢氏は、交際のある忠三郎夫妻に頼んで、著者との面会を実現させる。その時期は、必ずしも特定されているとは言えないが、著者の手元に残っている西沢氏の手紙のうち、最も古い日付が七一年秋であることから、その当時か、それに近い時期に絞られる。場所は、東大阪市内の著者宅である。

初対面であるのに、西沢氏は、正岡子規全集の刊行を働きかける。西沢氏にとっては、「突拍子なこと」ではない。そこに至る歴史が明かされる。

出席日数不足で落第を繰り返して、旧制二高を中退した西沢氏は、仙台を離れて上京する。中野重治・窪川鶴次郎・佐多稲子・堀辰雄らと同人誌をたちあげ、プロレタリア文学運動に加わり、日本共産党に入党する。『赤旗』の地下印刷活動に関係していた三四年早々に、治安維持法違反容疑で逮捕される。と同じ頃、日本共産党からは、「スパイ」と指弾され、除名されてしまう。まさに正面と背後から二重の攻撃にさらされた逆境にありながらも、権力の転向強要には屈せず、獄中十二年の非転向を貫いた。その間、母親が差し入れてくれた戦前版正岡子規全集が、心の支えであった。「少ないとき三口。多いときでも五口」で済みとなる乏しい食事は、一口毎に「四百二十回かむ」という独自の健康管理法を編みだしたように、子規全集を熟読玩味したにちがいない。それだけに、玄人筋の子規観を育む一方、子規全集の不完全さを痛感していた。敗戦後、子規の弟子高浜虚子らには、次々に全集を出す事例が続いたうえ、子規の養子忠三郎氏（死後養子は法認されていないので、正確には子規の実妹律の養子）は、脳出血のため寝たきりで回復の見込みがなかった。そんな状況下で、「国民的作家」の力と知恵を借りようとするのも、立場を替えてみると、肯けることではあるまいか。

「二人だけでは、とても無理」と断られたものの、ある時は東京丸の内に本店を構える大手銀行の基金に目を付ける紆余曲折を経て、遂に講談社による刊行に漕ぎつけた。西沢氏は、忠三郎氏の存命中に全集を完成させたいと念願し、編集委員やその他のスタッフにハッパをかけ続ける。だが、その甲斐なく、七六年九月半ば、忠三郎氏が、次いで八日後に西沢氏本人も、息をひきとった。時恰も、『信州佐久平みち』の連載最中である。

生前、西沢氏は、大阪に出向くと、伊丹市内の忠三郎宅に赴き、その後東大阪市内の著者宅に回り、各所で、「たった一人の聴衆」を相手に、「演説」を繰り返していた。

著者は、西沢隆二のことを、文中タカジと表記して人物造形を図り、著者特有の小説に仕立てている。だから、どれだけ厳密な客観性が担保されているのかは、定かではない。タカジの突出を抑えて、彼以外の人物をおおぜい登場させ、バランスよく配している。彼等に関するエピソードをふんだんに挟みこむ。蘊蓄を傾けて紡いでいく。そして、『ひとびとの跫音』に結実させた。その力業は、さすがだ。「正岡家の養子忠三郎ら、人生の達人といった風韻をもつひとびとの境涯を描き、『人間が生まれて死んでゆくという情趣』を織りなして、香気ただよう名作」――これが、世上の評価である。読売文学賞を受賞してもいる。

しかし、私は、タカジの七十二年余にわたる壮絶な物語として読みとった。私の耳元にたしかに届いたのは、タカジの跫音なのだ。

五　最期のことば

著者がタカジを見舞う場面は、『ひとびとの跫音』にも登場する。長い物語の最終章『誄詩《るいし》』だ。誄とは、広辞苑によると、「死者生前の功徳をたたえて哀悼の意を表す詞」とある。『信州佐久平みち』では、「知人は元気そうだったから、ほっとした」とある。『ひとびとの跫音』では、こうだ。

「相貌の衰えは甚しかった。眼窩や頬骨、あごの骨には皮膚だけがはりついているという感じで、とても椅子にすわっていられるような状態ではなかった。タカジは、すこし息ぎれしながら、口調だけは楽しそうにしていた」

同じ場面でも、物語の展開次第によって、こんなに変わる。別箇の文学作品である以上、私が異を挟むところではない。

「病院の窓のそとは春がいっぱいで、すばらしい景色です。千曲川の川波と古寂びた森の色が、ことに美しい」と、タカジは、入院当初、著者に手紙をおくった。著者自身も、見舞いの時に、タカジの勧めで病院屋上にのぼって絶賛する、「なるほどみごとな景観で、千曲川が森や丘を縫って悠々と蛇行し、佐久平そのものが一箇の完結した小宇宙であることを思わせる」と。

私にとっては、数十年来見続けた、なんの変哲もない代物だ。ひとたび、千曲川の氾濫や浅間山の爆発でもあれば、あるいは冷・干害となれば、見るも無残な惨状に変転する。よしや、天変地異がなくとも、冬が巡りくるだけで、雪の少ない佐久平は、土気色の冬枯れになる。彼等は、浅間おろしの吹き荒ぶ、零下十五度の寒中、病院屋上にのぼった体験がない。都会暮らしの文化人は「ノーテンキ」なのだと、私はつくづく思う。

『ひとびとの跫音』は、タカジの最期のことば――「勝手にしやがれ」――で、長い物語の幕を閉じる。文脈上は、酸素吸入中のタカジが、タバコを服みたくなって、付添婦にせがんだところ、断られたことに向けた発言であると、組み立てている。しかし、手馴れた「国民的作家」のことだ、そのことばに別の意味を含ませたにちがいない。そして、「その意味は、読者のみなさんが判断してください」と、突き放すのであろう。

　とまれ、「いしずえ」の仲間たちは、喜ばしいことに、西沢隆二氏や福田定一氏（司馬遼太郎の本名）の没年令を超えている。だが、過ぐる年、かけがえのない仲間菅原一郎兄（司法研修所十七期の弁護士）を失った。同兄への追悼文数編が、連れ合いの菅原瞳姉（同期の弁護士――盛岡市在住）の報告文と一緒に、自由法曹団通信千四百八号（二〇一二年二月二十一日）に載った。瞳姉は、冒頭に記している、「その日の夜明け前、夫はベットの脇で付き添っていた私の手を両手で包み込むようにして、はっきりした口調で『しあわせだった』との最期の言葉を遺しました」と。後輩の千田功平弁護士は、しかと応じる、「これほどステキな最期があろうかと、私は止めどもなく涙が流れるのである」と。暗い世相の中で、なんと清々しい話であろうか。

一郎兄の言葉は、無念なことに、私が吐けるセリフではない。さりとて、「勝手にしやがれ」では、あまりにも哀しい。さしずめ思い当たるのは、「アリガトよ」だろうか。それでは、ちょっと月並みのような気がする。さあ、どうする。

私は、もっか思案中である。

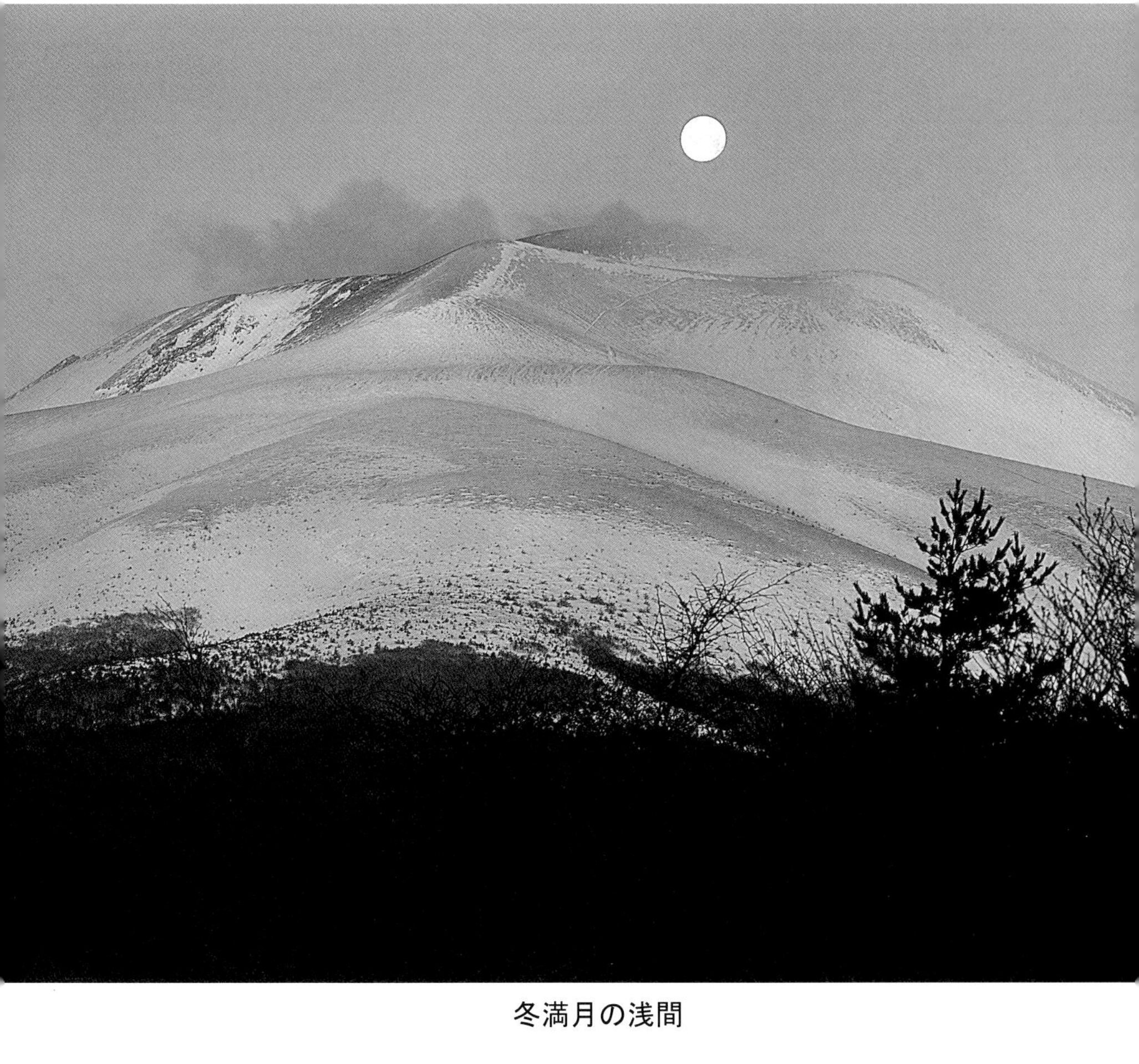

冬満月の浅間

撮影　中沢健一氏

あとがき

二〇一五年五月、日本弁護士連合会の定期総会で、私は、弁護士在職満五十年の表彰を受けました。その表彰状には、次の記載があります。

「人権の擁護と社会正義の実現を天職として社会のために尽し、また司法の改善発達と弁護士の地位向上のため、たえざる努力を重ねてこられました」

まことに身に余る言葉に、畏れ入ってしまうのだけれども、前記「いしずえ会」の会員たちの多くが、格別に気にも止めないので、私も慣例に従いました。

それから程なく、長野県弁護士会の副会長から、「当会の定期総会でも、特別報告の時間をとるので、是非、出席されて御挨拶をいただきたい」との要請がありました。

同年六月、長野県弁護士会の定期総会が、長野市若里所在の信州大学工学部構内にある集会場で開催されました。かつては、定期総会と銘打っても、長野地方裁判所本庁の弁護士控え室で、充分間に合っていた。ところが、その後建設された県弁護士会館の一番広い部屋でも収容しきれない会員増(同年度では、二百三十五名)という事態に直面して、そこに総会の会場を移していたのでした。

当の表彰対象者には、松本市在住の熊沢賢博弁護士もおられたのに、欠席のために私一人が登壇して、務めを果たすことになりました。当時、県弁護士会は、日弁連と連携して、「解釈改憲あるいは立法改憲」の問題に、会を挙げて取り組んでいました。そこで、なにほどかの参考になればとの思いから、刑法改悪反対運動の経験を報告することを核に据え、「皆さんの戦列に伍して、私もまた闘いぬく覚悟を、ここに表明して、表彰に対するお礼並びに挨拶とさせていただきます」と結んだのでした。限られた時間の枠内で、意のあるところを伝えきれるのか、心配がありましたが、話し終えて、会場の諸処から拍手があって、先ずは一安堵。自席に戻るやいなや、司会者が、熊沢弁護士の分も含めて、再度の拍手を促したので、会場を揺るがす拍手が起こり、しばし、鳴り止みませんでした。

再度の拍手に対する返礼の気持ちを込めて、認めてみたのが、『回想の辰野事件弁護』（第一部第一章）です。無罪確定四十五周年を迎えることも視野にいれ、多分に気張って仕上げました。早速に、長野県弁護士会広報会報委員会に投稿したという次第になります。

先の論稿を書くために、そして書き進めながら、関連する裁判記録や資料などを渉漁したのですが、別箇の課題に遭遇してしまいました。前著『日本の屋根に人権の旗を―ある弁護士の軌跡』の後に、書きためた原稿や手控えなどが、法律事務所や自宅の書棚に埋もれたまま散在している有り様に、気付いたからです。交流関係のある団体や個人から執筆を求められれば、努めて応じていく習いも、弁護士の仕事と考えていただけに、かなりの分量に驚きもしました。しかし、このまま手を拱いていると、やがて、膨大な裁判記録や判例集などと一緒に、焼却に付されることになるでしょう。

そこで、幾つかの論稿を選び出し、必要な補筆を加えて、前著の続編としてまとめたのが、本著なのです。

前著は、裁判や運動などを、客観的に捉えて記述することに主眼を置いたので、それに関わった弁護士たちの存在が、後景に退いていた観がありました。本著では、できるだけ弁護士群像を前面におし出す描き方を、心掛けたつもりです。そのために、登場する弁護士たちが多数に及び、事前の了解をえる間もなく、印刷の運びになってしまいました。ここで一括して御了解をいただくという非礼を、どうかお許し下さい。

本著で取り上げた各論稿とも、それが執筆された時代を反映し、しかも、時代的制約を受けてもいます。読者の御理解を深めるために、それらの初出などを、別紙に記しておきますので、御参照ください。

最後になりましたが、本著に素晴しい写真（中沢健一さん）と挿絵（岩崎信子さん）を提供してくださった御両人に、心から感謝の言葉を贈ります。

二〇二〇年五月憲法記念日

弁護士　岩　崎　功

〔初出一覧〕

第一部　闘いの記録

第一章　回想の辰野事件弁護

『長野県弁護士会会報四八号』（二〇一八年一月二十六日発行）所収

第二章　東電思想差別撤廃裁判

『私の履歴書』（二〇〇九年十二月十二日游話舎発行）所収

第三章　バスを止めた三十五日

『自由法曹団長野県支部報告書』（一九八八年十月）所収の「三十五日間の長期スト」を改題

第四章　税金裁判と納税者の権利

『今日もかがり火は燃えるＰＡＲＴⅡ』（一九八五年十一月十六日信州の教育と自治研究所発行）所収の「税金裁判雑感」を改題

第五章　小さな弁護士会の大きな試み

『刑法改正問題の十年―日弁連運動のあゆみ』（一九八四年十一月二十日日本弁護士連合会刑法「改正」阻止実行委員会発行）所収

第六章　想定外のライフワーク

『いしずえ四六号』（二〇〇六年七月十日いしずえ刊行委員会発行）所収

第七章　それからの「山ベン」

『いしずえ四九号』（二〇〇九年十二月いしずえ刊行委員会発行）所収

第二部　闘いを共にした先輩・同僚・仲間たち

第八章　まんまる顔の薬石
『ななとせ過ぎて—宇津泰親さんを偲ぶ』（一九九九年七月十日追悼文集刊行委員会発行）所収

第九章　尽くしえぬ花談義
『まつむし草の譜—林豊太郎弁護士追悼集』（一九九三年十二月十日自由法曹団長野県支部発行）所収

第十章　「きさらぎ」を待つ
『追悼　茂原智量』（一九八七年十二月十七日編集委員会発行）所収

第十一章　たった一度の約束違反
『やはり健康は至寶です—お二人共十分にお気をつけられます様』（一九八八年二月二十七日『長野県初期社会主義運動史』出版を祝う会発行）所収の「松本先生への期待」を改題

第十二章　「雫の水滴」を大河に
『黒岩康太郎さんの思い出を語り、あわせてお互いを励まし合う会』（二〇〇三年六月二十二日発行）所収の「組合活動の中で思い出すこと」を改題

第十三章　「この道」を辿りゆかん！
『大塚さんを偲んで』（二〇一二年四月七日文集刊行委員会発行）所収の「生涯一弁護士考」を改題

第三部　弁護士の講演録

第十四章　日本の屋根から人権の旗を
『部落問題をみんなのものに―第十七回東日本部落問題研究集会』（一九八六年三月十五日第十七回東日本部落問題研究集会実行委員会発行）所収

第十五章　自由法曹団にみちびかれて
『団報一一五号』（一九八六年七月自由法曹団発行）所収

第十六章　弁護士が見た日本の司法調停事情
二〇一〇年三月十九日上田調停協会の自主研修会での講演記録「弁護士の視点で調停委員を語る」を改題

第四部　折々の記

第十七章　山国からの便り　その（一）
『いしずえ四一号』（一九八九年三月十日いしずえ常任幹事会発行）所収の「山国からの便り（一）」を改題

第十八章　山国からの便り　その（二）
『いしずえ四三号』（一九九二年六月十日いしずえ常任幹事会発行）所収の「山国からの便り（三）」を改題

第十九章　山国からの便り　その（三）

『いしずえ法曹四十年特集四五号』（二〇〇四年十月二十日いしずえ刊行委員会発行）所収の「御柱祭考」を改題

第二十章　「上田城」物語

『いしずえ四七号』（二〇〇七年九月十日いしずえ刊行委員会発行）所収

第二十一章　「上田城物語」余話

『いしずえ五三号』（二〇一六年四月三十日いしずえ刊行委員会発行）所収

第二十二章　合縁奇縁

『いしずえ五〇号』（二〇一一年三月二十日いしずえ刊行委員会発行）所収

第二十三章　『街道をゆく—信州佐久平みち』余聞

『いしずえ五一号』（二〇一三年十月三十日いしずえ刊行委員会発行）所収

著者紹介

岩崎　功（いわさき・いさお）

1939年長野県佐久市望月に生まれる。

地元の本牧小学校・本牧中学校（現在は望月小学校・望月中学校）・上田松尾高校（現在は、上田高校）を経て、63年3月東京大学法学部を卒業する。

62年9月司法試験に合格し、63年4月司法研修所に入所する。

65年4月司法研修所を卒業して、同年4月林百郎法律事務所（現在は、信州しらかば法律事務所）に入所し、67年5月長野中央法律事務所に転出する。

73年4月に上田市内に岩崎功法律事務所を構えて、現在に至る。

著書として、『日本の屋根に人権の旗を—ある弁護士の軌跡』『私の履歴書—古稀によせて』、共編著として、『信州人権宣言—長野県・自由法曹団20年誌』など。

岩崎功法律事務所

〒386-0023 上田市中央西2-3-5

TEL 0268-24-3346

日本の屋根に人権の旗を　Ⅱ

二〇二〇年八月二日　第一刷

定価二〇〇〇円＋税

著　者　岩崎　功

発　行　信毎書籍出版センター

長野市西和田一—三〇—三

TEL（026）243—2105

印刷／信毎書籍印刷株式会社

製本／㈱渋谷文泉閣

表紙写真／中沢　健一

ISBN 978-4-88411-183-0 C0095

乱丁・落丁はお取り替え致します。